AF541841

अंधविश्वास उन्मूलन

पहला भाग

विचार

अंधविश्वास उन्मूलन

पहला भाग

विचार

डॉ. नरेंद्र दाभोलकर

संपादन
डॉ. सुनीलकुमार लवटे

अनुवाद
डॉ. चंदा गिरीश

सार्थक
राजकमल प्रकाशन का उपक्रम

मूल मराठी ग्रंथ 'तिमिरातुनी तेजाकडे' का हिंदी अनुवाद

ISBN : 978-81-267-2887-9

मूल्य : ₹695

पहला संस्करण : 2015
तीसरा संस्करण : 2025

राजकमल प्रकाशन का उपक्रम

प्रकाशक
राजकमल प्रकाशन प्रा.लि.
1-बी, नेताजी सुभाष मार्ग, दरियागंज
नई दिल्ली-110 002
शाखाएँ : अशोक राजपथ, साइंस कॉलेज के सामने, पटना-800 006
पहली मंजिल, दरबारी बिल्डिंग, महात्मा गांधी मार्ग, प्रयागराज-211 001
1, अनमोल सोराबजी सन्तुक लेन, धोबी तलाव, मरीन लाइंस, मुम्बई-400 002
वेबसाइट : www.rajkamalprakashan.com
ई-मेल : info@rajkamalprakashan.com

मुद्रक
विकास कंप्यूटर एंड प्रिंटर्स
ट्रॉनिका सिटी-201 102

ANDHAVISHWAS UNMOOLAN : VICHAR
by Narendra Dabholkar

महाराष्ट्र के समाजसुधारकों को—
इस राह का प्रकाश और पाथेय आपका ही!
उसे स्मरण कर कृतज्ञतापूर्वक समर्पित
और
'यह संकल्प मैं आजन्म निभाऊँगा'
—इस प्रतिज्ञा के साथ

मंतव्य

अंधविश्वास उन्मूलन के विषय पर लिखी मेरी दर्जन-भर से अधिक पुस्तकें हैं। पाठकों द्वारा पसंद किए जाने और प्रोत्साहन मिलने की वजह से उनके संस्करण भी दर्जन-भर से अधिक हो चुके हैं। इस विषय पर मैं पत्र-पत्रिकाओं में निरंतर लिखता आ रहा हूँ। भाषणों की तादाद पूछेंगे, तो वे हजार से अधिक रहे होंगे। यह सब बताने,-समझाने का कारण यह स्पष्ट करना भर है कि मैं पिछले 25 वर्ष से अंधविश्वास उन्मूलन, वैज्ञानिक दृष्टिकोण, विवेकवाद जैसे विषयों पर कलम, कागज और कृति से कथनी और करनी का अद्वैत निभा रहा हूँ। इतना सब होने पर भी मुझे यह पुस्तक लिखने की आवश्यकता क्यों महसूस हुई, इसे मैं समझाना चाहता हूँ।

इस विषय संबंधी मेरा आकलन विचार-विमर्श, वाद-विवाद, चिंतन से विकसित हुआ है। मेरी विनम्र धारणा के अनुसार प्रस्तुत विषय पर लिखने का कारण, इस पर समग्र चिंतन करने की परंपरा का अभाव-सा नजर आता है। हाँ, प्रस्तुत विषय पर पूर्ववर्ती समाज-चिंतक, सुधारकों ने छिटपुट जरूर लिखा है; परंतु वह प्रसंगवश किया गया लेखन है। मेरे पूर्व प्रकाशित दो-तीन मराठी पुस्तकों में उसका विवेचन है, पर स्थूल। आज जब मैं उन्हें पढ़ता हूँ, तो उनकी मर्यादाएँ मुझे अखरती हैं एवं बेचैन भी करती हैं। आज महाराष्ट्र में अंधविश्वास उन्मूलन का जो और जैसा आंदोलन सक्रिय है, उसके जैसा कोई आंदोलन मुझे भारतवर्ष में नजर नहीं आता। अंधविश्वास उन्मूलन आंदोलन बहुआयामी, प्रगतिशील प्रयास है। इस विषय के प्रति जिज्ञासा एवं आस्था रखनेवाले विशाल समुदाय के लिए इस पर विवेचनापूर्ण सामग्री न होने के कारण मैंने यह विस्तृत पुस्तक लिखने का संकल्प किया। इसमें मेरे पूर्व विवेचित अंश भी शामिल हैं, पर नए पाठकों के लिए वे पूर्णतः नए ही हैं। इस पुस्तक से पाठकों का प्रस्तुत विषय संबंधी आकलन सुस्पष्ट होगा, उसमें समग्रता एवं संपूर्णता आएगी,

इसका मुझे पूरा विश्वास है।

इस पुस्तक के तीन भाग हैं। पहले भाग में अंधविश्वास उन्मूलन से संबंधित बुनियादी बातों का जिक्र है। दूसरे भाग में महाराष्ट्र अंधश्रद्धा निर्मूलन समिति द्वारा किए गए कृतिशील संघर्ष का ब्योरा है। उसमें विभिन्न आंदोलनों, प्रबोधन कार्यक्रम तथा भंडाफोड़ जैसे प्रयासों का वर्णन है। इससे अंधविश्वास उन्मूलन विचार की बुनियाद स्वयं स्पष्ट होती है और चिंतन की पुख्ता जमीन उजागर होती है। वैसे देखा जाए तो इस आंदोलन का दायरा बड़ा व्यापक है। परंतु किसी पुस्तक की अपनी मर्यादा होती है। दूसरी बात यह है कि लेखक की हैसियत से इस लेखन को मेरे कार्य की परिधि में समेटा गया है। अंधविश्वास उन्मूलन के प्रयासों की सूची असल में लंबी है। परंतु पुस्तक की सीमा को देखते हुए इसमें एक-दो प्रातिनिधिक प्रसंगों, घटनाओं का ही जिक्र आया है। परंतु उन प्रसंगों से इस कार्य का एक समग्र चित्र जरूर उभर आता है। तीसरा भाग सैद्धांतिक है। अंधविश्वास उन्मूलन के सभी पहलुओं को उसमें लाया गया है।

इस पहले भाग में 'वैज्ञानिक दृष्टिकोण', 'विज्ञान की कसौटी पर फलित ज्योतिष', 'वास्तुशास्त्र नहीं, वास्तुश्रद्धाशास्त्र', 'छद्म विज्ञान अर्थात् स्यूडोसाइंस', 'मनोविकार', 'भूतप्रेत बाधा या भूतावेश', 'देवी सवारना', 'सम्मोहन', 'भानमती', 'पाखंड-फंडी' (बुवाबाजी) जैसे विषयों पर प्रकाश डाला गया है। इससे यथार्थ और भ्रम, पाखंड का अंतर स्पष्ट होता है। इसमें इस आक्षेप का उत्तर भी है कि महाराष्ट्र अंधश्रद्धा निर्मूलन समिति हिंदू धर्म की अंधश्रद्धाओं का ही विवेचन क्यों करती है।

प्रस्तुत पुस्तक लिखने में अनेक मराठी चिंतक, साहित्यकारों का पूर्व लेखन मेरे लिए कारगर सिद्ध हुआ। तर्कतीर्थ लक्ष्मणशास्त्री जोशी, गं.बा. सरदार, मे.पु. रेगे, दि.के. बेडेकर, डी.बी. बंदि, सुबोध जावड़ेकर, स.मा. गर्गे, आ.ह. सालुंखे, रावसाहेब कसबे, यशवंत सुमन, प्रभाकर संझगिरि जैसे लोगों के नाम इस संदर्भ में उल्लेखनीय हैं। और भी कई नाम हो सकते हैं। मेरे कार्य एवं विकास में इन सबका योगदान है जिसके लिए मैं इन सबका कृतज्ञ हूँ। इसके बावजूद ग्रंथ में जो खामियाँ हैं, वे सब मेरी हैं।

अंधविश्वास उन्मूलन संबंधी संक्षिप्त विचार व्यक्त कर इस भूमिका को मैं समेटना चाहूँगा। सन् 1980 के दशक में जब अंधश्रद्धा निर्मूलन समिति का कार्य शुरू हुआ, तब लोग इस कार्य को बाबावाद, भानमती,

भूत-प्रेत, टोना-टोटका के विरोध में खड़ी प्रगतिशील मुहिम के रूप में देखते थे। उन दिनों यह आंदोलन दोयम दर्जे का माना जाता था। पिछले दो दशकों में यह आंदोलन एक-एक पड़ाव पार कर अब अंधविश्वास उन्मूलन का शास्त्रीय विचार, वैज्ञानिक दृष्टिकोण, धर्मनिरपेक्ष कृति, विवेकवादी विचारधारा बन गया है। विवेकवाद के जिस मुकाम पर हम पहुँचे हैं, वहाँ हम दो बातों का खयाल रखते आए हैं। एक यह कि ईश्वर और धर्म को लेकर जो लोग नैतिक आचरण करने के पक्षधर हैं, समिति उनका सम्मान करती है। परंतु समिति खुद सद्विवेक की नीति की पक्षधर है। दूसरी महत्त्वपूर्ण बात यह है कि विवेक शक्ति को संगठित कर समिति शांतिपूर्ण ढंग और रास्ते से सामाजिक जीवन में हस्तक्षेप की हिमायती है। समिति चाहती है कि आज का सामाजिक जीवन भविष्य में वर्तमान से बेहतर बने। यह लाजिमी है और अनिवार्य भी। दूसरे शब्दों में कहा जाए तो यही इस विवेकवादी आंदोलन का मकसद है।

व्यक्ति को विवेकशील बनाकर ही विवेकवादी समाज-निर्माण का लक्ष्य हासिल किया जा सकता है। इसमें दो राय हो ही नहीं सकती। समिति का वही उद्देश्य है और कार्य भी। अंधविश्वास उन्मूलन समिति की क्रमश: यही प्राथमिकताएँ हैं। समिति उसे विवेकवादी मूल्यपरिवर्तन के कृतिशील संवाद का प्रस्थान बिंदु मानती है। इस संदर्भ में एक और प्रश्न किया जाता है, उस पर विचार जरूरी है।

जानकारी तथा ज्ञान शास्त्रीय विचार प्रणाली की पहली कड़ी है। वर्तमान जटिल माहौल में आज अप्रत्याशित ज्ञानस्रोत एवं संदर्भ हमारे हाथ आते हैं। व्यक्ति को इसका फैसला करना होता है कि उसमें से उचित क्या है और अनुचित क्या। जैसे कि स्वास्थ्य का विचार। बहुत सारी सामग्री से समुचित जानकारी का चयन हमारी समझदारी को सिद्ध करता है। आहार, स्वास्थ्य, व्यायाम संबंधी जानकारी में से उचित का ही हमें चयन करना होता है। उनके प्रयोग में वैज्ञानिक विचार करना ही पड़ता है। आहार, व्यायाम के पर्यायों में से इष्ट-अनिष्ट का विचार अनिवार्य होता है। यहाँ तक ठीक है। परंतु आगे जाकर सफलता के सोपान चढ़ते वक्त लोग पारंपरिक आधारों का ही बहुतायत में सहारा लेते नजर आते हैं। सफलता का विचार भी शास्त्रीय ढंग से ही होना चाहिए। परंतु उसके लिए जप, तप, यज्ञ-याग, होम-हवन, टोना-टोटका, पूजा-अर्चना, अनुष्ठान, ताईत, व्रत-वैकल्य, गंडा-

दोरा जैसे उपाय लोग करते नजर आते हैं। यदि दो-टूक बात करनी हो तो यह बताना जरूरी है कि लोग व्यावहारिक लाभ के लिए वैज्ञानिक दृष्टिकोण को तिलांजलि देते हैं। शास्त्रीय विचार प्रणाली और वैज्ञानिक दृष्टिकोण में बुनियादी अंतर होने की बात को सरासर नजरअंदाज किया जाता है। शास्त्रीय विचार प्रणाली में निरीक्षण, तर्क, अनुमान, गणितीय प्रमाण, प्रयोगादि शामिल होते हैं। 'अन्वेषणशीलता' जैसा मूल्य इस संदर्भ में ध्यातव्य है। 'वैज्ञानिक दृष्टिकोण' से निर्मित जीवन-दृष्टि शास्त्रीय विचार प्रणाली में अपेक्षित नहीं होती। यही कारण है कि शास्त्रीय विचार प्रणाली का अनुसरण करनेवाले लोग आमतौर पर खुलेआम अंधश्रद्धा का ही आचरण करते देखे जाते हैं। ऐसा करते समय उन्हें यह महसूस नहीं होता कि वे कुछ गलत कर रहे हैं। शास्त्रीय विचार प्रणाली 'गणितीय' तरीके से विचार करती है। दूसरे शब्दों में इसे व्यावहारिकता भी कहा जा सकता है। वैज्ञानिक दृष्टिकोण का संबंध मूल्यनिष्ठा या मूल्यविचार से है। वह एक तरह की प्रतिबद्धता है। यह एक तरह से दूर की कौड़ी हासिल करना है। वैज्ञानिक दृष्टिकोण में अन्वेषणशीलता अनिवार्य होती है। परंतु उसके साथ सम्यकता, निर्भयता, कृतिशीलता, नैतिकता का होना भी जरूरी है। वैज्ञानिक दृष्टिधारक मनुष्य एक विशिष्ट जीवन दृष्टि को आत्मसात् करता रहता है। यही कारण है कि वह अन्वेषणशीलता का प्रयोग सम्यकता से करता है। वह इस बात से भली-भाँति वाकिफ होता है कि उसके कार्य की सफलता या असफलता किसी बाह्य सुष्ट या दुष्ट शक्ति पर निर्भर नहीं होती। वह इस बात से पूरी तरह से आश्वस्त होता है कि विश्व स्वायत्त रूप से अस्तित्व में है। वह स्वयंभू है। यह सम्यक् दृष्टि ही उसे निर्भय बनाती है। दैववाद और अगतिकता से वह कोसों दूर होता है। यह निर्भयता उसे कृतिशील बनाती रहती है। वैज्ञानिक दृष्टिकोण तारतम्य का दूसरा रूप है। वैज्ञानिक दृष्टिकोण धारण करनेवाले व्यक्ति के नैतिक होने की संभावना अधिक होती है। इसका सीधा-सामान्य कारण यह होता है कि वह व्यक्ति अक्सर यही सोचता, व्यवहार करता देखा जाता है कि वह दूसरों के साथ वही व्यवहार करता रहे जिसकी उसे दूसरों से अपेक्षा रहती है। इस व्यवहार में निहित कार्य-कारण भाव से वह पूरी तरह से वाकिफ होता है और आश्वस्त भी। वही उसकी नैतिकता की नींव होती है। विवेकवादी व्यक्ति नीतिमान समाज निर्माण को तरजीह देता रहता है। यही कारण है कि वह ईश्वर और धर्म की संकल्पना का प्रयोग नीतिपूर्वक करनेवाले

लोगों का सम्मान करता है।

पुस्तक में इसकी विवेचना इसलिए अनिवार्य थी कि बार-बार यह सवाल किया जाता रहा है कि शिक्षित व्यक्ति और विज्ञान के अध्येता अंधविश्वास के शिकार कैसे बन जाते हैं? इसका सीधा जवाब है कि वे लोग शास्त्रीय विचार प्रणाली का प्रयोग भौतिक लाभ के लिए करते हैं। तभी वे परंपरा के शिकार होते हैं। यह स्वाभाविक इसलिए है कि हजारों वर्षों की परंपरा का उन पर प्रभाव होता है। उनके विचार में वह धर्म का अनुष्ठान है। वे अपने इर्द-गिर्द के लोगों जैसा व्यवहार करते देखे जाते हैं। इनसे एक तरह की गुलामी का अनुसरण ही होता रहता है। गुलामी सबसे घातक होती है। राजकीय या आर्थिक गुलामी में शोषण निहित होता है। उसके खिलाफ संघर्ष, प्रबोधन संभव है। इसके विपरीत गुलामी में विरोध, संघर्ष, निषेध की गुंजाइश ही नहीं होती। परंतु यथास्थिति में रहनेवालों को गुलामी सुखकर महसूस होती है और वे आँखें मूँदकर गुलामी को सिर-आँखों पर उठाते रहते हैं। वे किसी तरह की अस्थिरता, बदलाव या बेचैनी मोल लेने के पक्ष में न होने के कारण धारा के साथ बहना पसंद करते हैं। तभी तो वे गुलामी का समर्थन, संरक्षण, संगठन और और संवर्धन करते देखे जाते हैं। गुलामी के उदात्तीकरण से भी वे बाज नहीं आते। इसी वजह से संघर्ष करना कठिन हो जाता है। मात्र प्रबोधन से यह लड़ाई संभव नहीं। कृतिशीलता इसकी अनिवार्य शर्त है। इसके लिए स्वतंत्र विचार, निर्भय मन और ठोस कृति की आवश्यकता होती है। इनके साथ नैतिकता की सतर्कता भी अनिवार्य होती है।

प्रस्तुत पुस्तक के पठन-पाठन से यदि समाज एक कदम भी आगे बढ़ेगा, तो मुझे खुशी होगी। वही मेरे लेखन की सार्थकता, कृतार्थता होगी।

—डॉ. नरेंद्र दाभोलकर

संपादकीय

डॉ. नरेंद्र दाभोलकर अपने 'महाराष्ट्र अंधश्रद्धा निर्मूलन समिति' के कार्य के जरिए न सिर्फ महाराष्ट्र में अपितु समूचे भारतवर्ष में प्रगतिमूलक आचार, विचार और सिद्धांत के जरिए चिंतक और कृतिशील सामाजिक कार्यकर्ता के रूप में परिचित हैं। सन् 1989 में आपने उपरोक्त समिति की स्थापना की और उसके जरिए महाराष्ट्र के कोने-कोने में अंधविश्वास के खिलाफ अलख जगाया। वैसे महाराष्ट्र में समाजसुधारकों की और सुधारवादी विचार, उपक्रम और गतिविधियों की लंबी परंपरा रही है। उसके चलते महाराष्ट्र के सभी क्षेत्रों में एक तरह का प्रगतिशील माहौल रहा है। महात्मा फुले, 'सुधारककार गोपाल गणेश आगरकर, लोकहितवादी गोपाल हरि देशमुख, महर्षि विल रामजी शिंदे, महर्षि धोंडो केशव कर्वे, राजर्षि शाहू नरेश, डॉ. बाबासाहब आंबेडकर, संत गाडगेबाबा, स्वातंत्र्यवीर सावरकर, प्रबोधनकार ठाकरे आदि ने अंधविश्वास उन्मूलन में बड़ा योगदान दिया है। धर्म, ईश्वर, जातिभेद, स्त्री-पुरुष समानता, स्त्री शिक्षा, विषमता, शोषण, रूढ़ि-परंपरा आदि के संदर्भ में इन सुधारकों ने बड़ी भूमिका निभाई है। इसके चलते जाति-धर्मनिरपेक्षता, स्वातंत्र्य, समता, बंधुता, लोकतंत्र, विज्ञाननिष्ठा, विवेकवाद जैसे जीवनमूल्य यहाँ अपनी जड़ें जमा पाए। यही कारण है कि भारतवर्ष में महाराष्ट्र की पहचान अग्रणी, कृतिशील राज्य के रूप में है।

स्वातंत्र्योत्तर काल में इस परंपरा का निर्वाह करते हुए डॉ. नरेंद्र दाभोलकर की दूरदृष्टि, संगठन कौशल, कार्य की निरंतरता, उपक्रमशीलता, संयोजन कुशलता के कारण महाराष्ट्र अंधश्रद्धा निर्मूलन समिति ने विवेकवादी विज्ञाननिष्ठ समाज रचना का सपना देखा। सभी जाति, धर्म, तबके के कार्यकर्ताओं का निर्माण, वैचारिक रूप से समान संगठनों की एकता, पत्रकारिता, प्रकाशन, माध्यम, प्रबोधन, लोकजागरण—क्या नहीं किया डॉ. नरेंद्र दाभोलकर ने? यही कारण

है कि वे धर्मांध, जातिवादी, पाखंडी तत्त्वों के लक्ष्य बने रहे और अज्ञात बंधूकधारियों ने उनकी 20 अगस्त, 2013 को निर्मम हत्या कर दी। हत्यारों का लक्ष्य डॉ. दाभोलकर के संगठन और विचार को कुचलना था। हुआ उलटा। उनकी हत्या की प्रतिक्रिया समूचे भारत में हुई। राज्यसभा तक ने हत्या की निंदा की। महाराष्ट्र सरकार सक्रिय हो उठी। दाभोलकर की मृत्यु के कुछ ही दिनों पूर्व महाराष्ट्र अंधश्रद्धा निर्मूलन समिति ने सन् 1995 से की जा रही जादू-टोना प्रतिबंध अधिनियम पारित करने की माँग के प्रति महाराष्ट्र सरकार की निष्क्रियता, उपेक्षा और उदासीनता को उजागर करते हुए 'कृष्णपत्रिका' का प्रकाशन किया था। हत्या से उभरे लोकक्षोभ के आगे घुटने टेककर महाराष्ट्र सरकार अंततः 'महाराष्ट्र नरबलि और अन्य अमानुष, अनिष्ट एवं अघोरी प्रथा तथा जादू-टोना प्रतिबंधक एवं उन्मूलन अधिनियम-2013' अध्यादेश के जरिए अमल में ले आई। पर उसके लिए डॉ. नरेंद्र दाभोलकर को शहीद होना पड़ा।

महाराष्ट्र अंधश्रद्धा निर्मूलन समिति की करीबन 200 शाखाएँ राज्यभर में कार्यरत हैं। उसके जरिए राज्य में हजारों कार्यकर्ता सक्रिय हैं। उनमें छात्र, युवक, अध्यापकों की बड़ी तादाद है। समिति अंधविश्वास उन्मूलन, बुवाबाजी का पर्दाफाश, वैज्ञानिक जागरण, विवेकवादी जीवनदृष्टि का प्रचार, प्रसार, विवेकवाहिनी, व्यसन विरोध, अंतर्जातीय तथा धर्मीय विवाह समर्थन, ज्योतिष, भानमती, डाकिन, जादू-टोना का विरोध, धर्म चिकित्सा, पर्यावरण जागृति, यज्ञ संस्कृति, पुरोहितशाही, कर्मकांड का विरोध, प्रदूषण मुक्त त्योहार (दीवाली, होली) आदि उपक्रम कर सभी जाति, धर्म निहित शोषण एवं भेदमूलक व्यवहार, परंपरा का विरोध कर उसकी जगह रचनात्मक गतिविधियाँ चलाती है और उनका समर्थन करती है। समाज का बड़ा तबका अपने सक्रिय सहयोग से इन गतिविधियों की मदद करता है।

डॉ. नरेंद्र दाभोलकर ने अपने जीवनकाल में अंधविश्वास उन्मूलन संबंधी एक दर्जन से अधिक पुस्तकें लिखीं। उनके दर्जन से अधिक नए एवं संशोधित संस्करण प्रकाशित हुए। उनमें से 'तिमिरातुनी तेजाकड़े' (तमसो मा ज्योतिर्गमय अर्थात् अँधेरे से प्रकाश की ओर) पुस्तक महाराष्ट्र अंधश्रद्धा निर्मूलन समिति के विचार, आचार, और सिद्धांत को समग्रतः प्रतिबिंबित करती है। अतः उनके प्रथम स्मृतिदिन के उपलक्ष्य में यह सार संग्रह प्रकाशित करने का संकल्प उनकी हत्या के तुरंत बाद मैंने और मेरे तीन छात्रों ने मिलकर किया। प्रस्तुत पुस्तक

की उत्तराधिकारी डॉ. नरेंद्र दाभोलकर की पत्नी तथा सामाजिक कार्यकर्त्री श्रीमती डॉ. शैला दाभोलकर ने इसकी तुरंत अनुमति दी। उनके बेटे-बेटी डॉ. हमीद दाभोलकर, मुक्ता दाभोलकर तथा अंनिस के कार्याध्यक्ष अविनाश पाटील ने इसको बढ़ावा दिया। उन सबको हार्दिक धन्यवाद!

संपादक के रूप में मैं आरंभ में ही इस बात को स्पष्ट करना चाहूँगा कि 'अंधविश्वास उन्मूलन : विचार' पहला भाग, अनुवादक डॉ. चंदा गिरीश की असाधारण मेहनत का फल है। इस कार्य के प्रति उनकी निष्ठा और समर्पण का मैं गवाह हूँ। मैं एक ही उदाहरण से इन महानुभाव की भलमनसाहत को उजागर करना चाहूँगा। जब समिति की ओर से उन्हें अनुवाद के लिए मानदेय राशि की पेशकश की गई तो उन्होंने विनम्रता से उसे लेने से इनकार कर कहा, 'इस महत्त्वपूर्ण सामाजिक कार्य में यह हमारा छोटा-सा योगदान समझिएगा।' इस संवेदनशीलता और सामाजिक कृतज्ञता भाव से हम सब अभिभूत हैं और उनके ऋणी भी!

संपादन करते समय मैंने अनुभव किया कि पुस्तक में कहीं-कहीं दोहराव है। उसे निकाला जा सकता था। पर ऐसा करने से उस जगह उस बात की विवेचना में अधूरापन आता। अतः मूल पुस्तक को प्रमाण मानकर अनुवादित पुस्तक का संपादन किया गया है। प्रस्तुत पुस्तक के प्रकाशन की जिम्मेदारी राजकमल प्रकाशन समूह, नई दिल्ली ने सहर्ष स्वीकारी। प्रकाशन समूह के प्रबंध निदेशक एवं हमारे सहृदय श्री अशोक महेश्वरी जी के हम हमेशा ऋणी रहेंगे। हम उनके प्रति हृदय से कृतज्ञता प्रकट करते हैं।

—डॉ. सुनीलकुमार लवटे

अनुक्रम

वैज्ञानिक दृष्टिकोण

वैज्ञानिक दृष्टिकोण का महत्त्व

किसी भी घटना की पृष्ठभूमि में उपस्थित कार्य–कारण को जान लेना अथवा दो भिन्न घटनाओं के बीच के पूरक संबंधों को जान लेना ही 'वैज्ञानिक दृष्टिकोण' है। हम वैज्ञानिक दृष्टिकोण की ऐसी सरल और सीधी परिभाषा कर सकते हैं। खेद इस बात का है कि ऐसी सरल व्याख्या को माननेवाला आज के विज्ञानयुग का भारत बिलकुल अवैज्ञानिक नजर आता है। वैज्ञानिक दृष्टिकोण को समझने के लिए स्वयं वैज्ञानिक होना अथवा किसी भी विज्ञान संकाय की उपाधि लेना जरूरी नहीं है। हमारे आस–पास की भौतिक सृष्टि अपने स्वाभाविक नियमों के अनुसार आचरण करती है। इन नियमों का स्वरूप जानने की जिज्ञासा वैज्ञानिक दृष्टिकोण को विकसित कर सकती है। यूरोप में जागृति की हवा चलती रही। उससे अंधविश्वास की धूल जमीन से चिपक गई और सर्वसामान्य जनता के बौद्धिक व्यवहार अधिकाधिक रूप में चमकने लगे। भारत में अंग्रेजी सत्ता के आगमन से यूरोप की वैचारिक जागृति को समझने का हमें मौका मिला। देश की आजादी के पश्चात् शिक्षाप्रसार का उद्देश्य वैज्ञानिक मानसिकता का निर्माण रहा। वैज्ञानिक दृष्टिकोण को स्वीकारना भारतीय नागरिक का संवैधानिक कर्तव्य बन गया। परंतु बाद में वास्तविकता कुछ और ही नजर आने लगी। व्यक्तिगत, सामाजिक और भौतिक सुख–सुविधाओं के लिए अत्याधुनिक तकनीकी का उपयोग किया जाने लगा। दूसरी ओर, उसके वैज्ञानिक सूत्रों को नकारात्मक दृष्टि से देखते हुए अंधानुकरण करनेवाला व्यवहार शुरू हुआ।

स्वतंत्रता के पश्चात् पिछले छह दशकों में विज्ञान के विरुद्ध यह समझाने की साजिश रची जा रही है कि अतिप्राचीन परंपरा शाश्वत सुखों के लिए बेहद फायदेमंद है और पाश्चात्य मूल्यों से मनुष्य का अंतिम सुख नहीं साधा जा सकता। विज्ञान की जगह अध्यात्म ही मनुष्य के सुखों का आधार है—जैसी दलीलें दी जा रही हैं। लेकिन ऐसे अध्यात्म का अर्थ विकसित मानवतावाद से नहीं जोड़ा जा सकता। वह अंधविश्वास, तर्क एवं धर्मांधता का एक संभाव्य मार्ग जरूर हो सकता है। बुद्धकथाओं को याद रखना हमें आज जरूरी नहीं लगता। एक प्रसिद्ध जातककथा में बताया गया है कि प्रत्येक व्यक्ति के पास ऐसी कुंजी है, जिसके प्रयोग से नरक का दरवाजा भी

खोला जा सकता है। विज्ञान ऐसी ही कुंजी है, पर उसके प्रयोग से हम अगर नरक में जाते हैं, तो उस कुंजी को दोष नहीं दिया जा सकता। यदि दोष देना है, तो वह व्यक्ति की मर्यादा को देना पड़ेगा। मनुष्य का जीवन भौतिक सुखों से भर देना विज्ञान का मुख्य उद्देश्य नहीं है। मनुष्य को अचेतन सृष्टि के गुणविशेषों का परिचय करा देना, उसके आत्मविश्वास को बढ़ाना, उसका व्यक्तित्व निर्भय बनाना और समग्र रूप से जीवन की ओर देखने का उसका दृष्टिकोण विस्तृत बनाना, ताकि वह अपने जीवन का बौद्धिक-भावात्मक स्तर ऊँचा बनाए, यही विज्ञान का प्रमुख उद्देश्य है। मनुष्य जीवन के लिए यह एक बड़ी उपलब्धि है। मनुष्य की उन्नति के लिए यह उपलब्धि अत्यंत महत्त्वपूर्ण है। इससे प्राप्त सृष्टि का हम हर क्षण अनुभव करते हैं। लेकिन इसी मोड़ पर अधिकांश लोग दोहरा बर्ताव करते नजर आते हैं। मनुष्य जीवन के अंतिम सत्य का शोध कर लेनेवाले लोगों को समाज संत-महात्मा बना देता है। लेकिन दूसरी ओर अध्यात्म के जरिए ज्ञान की उपासना का सम्मान करनेवाली हमारी संस्कृति यह बात क्यों नहीं मानती कि जड़ पदार्थों के गुणविशेषों को समझ लेना भी ज्ञान की ही उपासना है? यह एक पेचीदा प्रश्न है। विद्युतशक्ति पर बुनियादी अनुसंधान कर अनेक उपयुक्त साधनों की संसार को भेंट देनेवाला एडिसन, मनुष्य के खून को विशिष्ट समूह के रूप में वर्गीकृत करनेवाला वैज्ञानिक, मोबाइल फोन के अनुसंधान के द्वारा संपूर्ण विश्व को एक नीड़ बनानेवाले वैज्ञानिक की ज्ञान-साधना को आराधना नहीं समझा जाता। अणुशक्ति पर बुनियादी अनुसंधान करनेवाले नोबेल पुरस्कार विजेता रिचर्ड फाइनमन की यह वेदना थी। उसके अनुसार फूल, पौधे, नदी, सागर, पर्वत, ईश्वर तथा ममता तक के सभी विषयों पर मनुष्य ने काव्य लिखे लेकिन विश्व की रचना में जो अद्भुत सत्य है, उस पर एक भी काव्य या गीत किसी ने नहीं लिखा। यह हमारी त्रासदी है। फाइनमन के अनुसार, किसी भी ललित कृति की अपेक्षा विज्ञान का अध्ययन जिज्ञासा को अधिक जाग्रत् करनेवाला होता है। स्वयं प्रकृति ही इतनी अजीबोगरीब है, जिसके अध्ययन से मनुष्य की जिज्ञासा की भूख अपने आप ही पूर्ण हो सकती है। उसे भविष्य, चमत्कार, जादू-टोना की कोई आवश्यकता नहीं है। ज्ञान अर्जन का एक महत्त्वपूर्ण लाभ सत्ता-प्राप्ति है। लेकिन प्रत्येक ज्ञान को भौतिक उपलब्धियों के साथ नहीं जोड़ा जा सकता। प्रत्येक क्षेत्र के ज्ञान को प्राप्त करना भी प्रत्येक व्यक्ति के लिए संभव नहीं होता है। उसके लिए आवश्यक दृष्टि का होना जरूरी है। ज्ञान के साथ ही वैज्ञानिक दृष्टिकोण को भी संवर्धित किया जाए तो व्यक्तिगत जीवन की घटनाएँ और अपने आस-पास की सृष्टि को एक-दूसरे से पृथक् करना सहज संभव होगा। अगर दैनिक जीवन के व्यक्तिगत और सामाजिक घटनाओं के तर्कसंगत कारणों की चर्चा की जाए तो प्रत्येक व्यक्ति की निरर्थक भय और मानसिक संत्रास से मुक्ति संभव है। इससे गलत कार्य-कारण का पता लगाकर

उसके लिए संत्रास और परपीड़न को प्रेरित करनेवाली, विपरीत दिशा में ले जानेवाली यात्रा रुक सकेगी।

वर्तमान समाज के दूषित वातावरण की सर्वत्र जोर–शोर से चर्चा होती है। राजनीतिक, धार्मिक, सांस्कृतिक, आतंकवाद से पीड़ित जीवन पर चिंता व्यक्त की जाती है। लेकिन मानसिक तौर पर आतंकित होना, उससे भी गंभीर चिंता का विषय है। अन्य बाहरी आतंक की अपेक्षा व्यक्तिगत आंतरिक आतंक स्वयंप्रेरित होता है। व्यक्ति उसमें ही जीना पसंद करने लगता है। सामान्य घटनाओं के बुनियादी कारणों को ढूँढ़ने की उपेक्षा करना अंधविश्वास, विचारशून्यता और ईश्वर के कोप के भय को निर्माण करता है। भयमुक्त जीवन जीने के लिए तर्कसंगत वैज्ञानिक दृष्टिकोण का स्वीकार जरूरी बन जाता है।

पृथ्वी की उत्पत्ति

आधुनिक विज्ञान के अनुसंधान के अनुसार पृथ्वी की उम्र चार सौ साठ करोड़ वर्ष है और मनुष्य की दस लाख वर्षों से अधिक नहीं। अगर पृथ्वी की वर्तमान उम्र एक वर्ष मानी जाए तो मनुष्य की उम्र उस वर्ष में निहित सिर्फ एक दिन के सवा दो घंटे के बराबर है। सम्राट अशोक के समय के संदर्भ में यह अवधि तो केवल अठारह सेकंड की हो जाती है।

मूल पदार्थ के रूप में यूरेनियम को हम सब जानते हैं। यूरेनियम के अणु से अलग–अलग किरणें निकलती हैं। उनका रूपांतरण रेडियम में होता है। उससे फिर किरणें निकलने के बाद एक स्थिर धातु तैयार होती है। यह धातु ही रेडियमयुक्त सीसा होता है। यूरेनियम से सीसा बनने तक अखंड परिवर्तनों का एक सिलसिला जारी रहता है। एक हजार ग्राम यूरेनियम से एक ग्राम सीसा तैयार होने में तकरीबन अस्सी लाख वर्षों की अवधि लगती है। यूरेनियम के कुल भंडार के एक–चौथाई हिस्से का सीसे में रूपांतरण होने में दो सौ करोड़ वर्षों का समय लगता है। किसी भी प्राचीन चट्टान में अगर यूरेनियम होता है, तो रेडियम से युक्त सीसा भी उसमें अवश्य होता है। दोनों का एक–दूसरे के साथ होनेवाला परिमाण यदि खोजा जाए तो उससे चट्टान की उम्र का पता अपने आप चलता है। पृथ्वी पर मौजूद अतिप्राचीन चट्टानों का समय तीन सौ करोड़ वर्ष पुराना माना जाता है। इसका मतलब है कि पृथ्वी का पृष्ठ भाग तीन सौ करोड़ वर्ष पूर्व ही तैयार होने लगा था। इसके आधार पर पृथ्वी की उत्पत्ति तो उससे भी पूर्व माननी होगी। पृथ्वी पर गिरी हुई उल्काओं की आयु चार सौ साठ करोड़ वर्ष मानी जाती है। इससे यह निष्कर्ष निकलता है कि पृथ्वी की उत्पत्ति भी चार सौ साठ करोड़ वर्ष पुरानी है।

पृथ्वी की उत्पत्ति के पूर्व जीव–जंतुओं का अस्तित्व नहीं था। वे बहुत समय बाद अस्तित्व में आए। जीव–जंतुओं की जन्म–कहानी भी बड़ी रोचक है। पृथ्वी पर

एक कोशिका के जंतु से लेकर पेड़, पशु, मनुष्य जैसे अनगिनत बहुकोशीय जीव रहते हैं। इन सभी की कोशिकाओं में प्रोटीन नामक मूलद्रव्य होता है। प्रोटीन अत्यधिक जटिल और मिश्र तरल पदार्थ है। हाइड्रोजन के दो और ऑक्सीजन के एक अणु के मेल से बना पानी एक तरल पदार्थ हं। सोडियम के एक और क्लोरीन के एक अणु के मेल से नमक का रेजा-रेणु बन जाता है। लेकिन प्रोटीन के एक रेजे में हजारों-लाखों अणुओं का जाल होता है। ये सभी अनुशासित रूप से एक-दूसरे से जुड़े हुए हैं। प्रोटीन के अणु में प्रमुख रूप से कार्बन, हाइड्रोजन, ऑक्सीजन और नाइट्रोजन जैसे मूल पदार्थों के बहुसंख्य अणु होते हैं। सजीव प्रोटीन का एक गुणविशेष यह है कि वह अस्थिर होता है। उनमें निरंतर हलचल होती रहती है। जीवन की इस प्रक्रिया में सजीव प्रोटीन का कुछ हिस्सा बेकार होकर उत्सर्जित हो जाता है। उसी समय वह बाहरी सजीव वातावरण से अपने लिए उपयोगी पदार्थों का शोषण करता है। वे पदार्थ हमारे शरीर में समा जाते हैं। शरीर के लिए बेकार चीजें शरीर से बाहर निकालना, आवश्यक चीजों का शोषण करना, उनका पुनर्घटन करना जैसी अत्यधिक जटिल रासायनिक प्रक्रियाएँ जारी रहती हैं। इसका मुख्य कार्य बाह्य प्रकृति से निरंतर आदान-प्रदान करना है। यह क्रिया जब रुक जाती है, तब जीवन का अंत होता है और प्रोटीन भी नष्ट हो जाता है। आधुनिक जीवशास्त्र और रसायनशास्त्र का विकास यह स्पष्ट करता है कि जीवों का पुनरुत्थान, आनुवंशिक लक्षणों का संक्रमण और शरीर के भिन्न-भिन्न प्रोटीनों के निर्माण के संदर्भ में न्यूक्लिक एसिड नामक तरल पदार्थ की भूमिका अधिक महत्त्वपूर्ण होती है। इसीलिए हम ऐसा कह सकते हैं कि जीवन न्यूक्लिक एसिड और प्रोटीन जैसे पदार्थों के अस्तित्व का ही हिस्सा है।

जीवसृष्टि की उत्पत्ति के साथ केवल कार्बन, हाइड्रोजन जैसे तरल पदार्थ (हाइड्रो-कार्बन) और पानी का निर्माण हुआ। कुछ समय बाद तरल हाइड्रो-कार्बन का नाइट्रोजन, ऑक्सीजन और पानी के साथ मेल हुआ जिससे चार मूल पदार्थों से मिश्र पदार्थ बने। तीसरी अवस्था में न्यूक्लिक एसिड, प्रोटीन जैसे मिश्र पदार्थ तैयार हुए। चौथी अवस्था में इन पदार्थों का विकास हुआ और उनमें विघटन-पुनर्घटन के विशेष लक्षण विकसित हुए जिसकी पहले चर्चा की गई है। अंतिम अवस्था में प्रारंभिक सजीव पदार्थों का विकास हुआ और पहले एककोशीय जीव अस्तित्व में आ गए। इसके बाद का इतिहास जीवों की उत्क्रांति का इतिहास है।

पृथ्वी के निर्माण के करोड़ों वर्षों बाद पृथ्वी पर फैले समुंदर में न्यूक्लिक एसिड और प्रोटीन पदार्थों का आदिम रूप पाया गया लेकिन वे निर्जीव थे। निर्णायक समय तो इसके बाद का है। बाह्य वातावरण से पोषक पदार्थों का शोषण कर उन्हें शरीर में पहुँचाना और बेकार चीजों को शरीर से बाहर फेंक देने की क्रिया को जारी रखकर स्वयं का पुनरुत्थान करना जीवन का सही लक्षण है। निर्जीव पदार्थ के

सजीव बनने के लिए उनमें इन गुणों का होना आवश्यक है। ये क्रियाएँ बहुत अद्भुत और रोमांचक लगती हैं। लेकिन ये क्रियाएँ अनेक रासायनिक क्रियाओं का सार हैं। ऐसी लाखों सामान्य रासायनिक क्रियाएँ अत्यधिक अनुशासित पद्धति से और क्रमबद्धता से घटित होती हैं। उसके माध्यम से जीवन निरन्तर सक्रिय रहता है। सारांश रूप में कहा जा सकता है कि जीवन साधारण प्रोटीन रेणु से उत्पन्न हुआ। सजीव अनेक प्रोटीन रेणुओं का संग्रह होता है, जिसके कारण लाखों की संख्या में घटित होनेवाली रासायनिक क्रियाओं को विशिष्ट क्रम, गति और दिशा मिलती है। यह सारी संरचना महज तर्काधारित नहीं है, बल्कि अनुसंधान के जरिए इसकी वास्तविकता को प्रयोगशालाओं में सिद्ध किया गया है। आज भी कुछ प्रयोगशालाओं में वैज्ञानिक परीक्षण द्वारा इसकी अधिक बारीक जाँच–पड़ताल में लगे हैं। वास्तविकता यह है कि प्रकृति की अनगिनत प्रयोगशालाओं में ऐसे प्रयोग करोड़ों वर्षों से होते रहे हैं। इससे हम पृथ्वी पर जीवित सृष्टि के इतिहास का अंदाजा लगा सकते हैं। प्रकृति में ऐसी अनंत क्रियाएँ घटित हुईं, जिनसे कुछ हासिल नहीं हुआ। पर कुछ विशिष्ट क्रियाओं से जीवों की उत्पत्ति जरूर हुई, जिसे हम आज के अनुसंधान में नजरअंदाज नहीं कर सकते। विशिष्ट परिस्थिति में यह प्रयोग किए जाते हैं। भविष्य में जीवों की उत्पत्ति के संदर्भ में लम्बे समय से जारी बहस खत्म हो जाएगी क्योंकि वैज्ञानिक इस महत्त्वपूर्ण इतिहास की खोज में दिन–रात एक कर रहे हैं।

उपर्युक्त विवेचन से एक बात स्पष्ट होती है कि जीवन का निर्माण कोई दैवी चमत्कार नहीं है। विशिष्ट भौतिक परिस्थिति के माध्यम से और प्रकृति के नियमों के अनुसार जीवों का निर्माण हुआ।

तकरीबन 400 करोड़ वर्ष पूर्व प्रारंभिक जीवों का अस्तित्व–निर्माण हुआ। आज बैक्टीरिया जैसे अनेक अतिसूक्ष्म एककोशीय जीव मौजूद हैं। इन जीवों की अपेक्षा प्रारंभिक जीव अत्यधिक सामान्य थे। उन्हें 'सजीव पदार्थ' भी कहा गया। ये प्रारंभिक जीव समुंदर के पानी में घुले हुए कार्बन के सामान्य मिश्र पदार्थों के आधार पर जीते थे। समुंदर में ऐसे पदार्थों का संग्रह सीमित था तथा सूक्ष्म जीवन के कारण इन पदार्थों में मौजूद कार्बन का रूपांतरण कार्बन डाईऑक्साइड में होता था। इससे मौजूद भोजन (सामान्य मिश्र पदार्थों) का संग्रह घटने लगा था। लेकिन दूसरी ओर वातावरण में कार्बन डाईऑक्साइड की मात्रा दिन–ब–दिन बढ़ रही थी। अगर हालात ऐसे ही बने रहते तो जीवन का विकास ही खंडित हो जाता। कुछ समय बाद जीवों में एक नई शक्ति का विकास हुआ। प्रकाश की किरणों का उपयोग कर कार्बन डाईऑक्साइड में मौजूद कार्बन का रूपांतरण वे अपने लिए आवश्यक भोजन के जर्रों में करने लगे। पेड़–पौधों में ऐसी शक्ति है। वे हवा से कार्बन डाईऑक्साइड का शोषण कर स्वयं ऑक्सीजन बाहर छोड़ते हैं। प्रकाश की किरणों से अपना भोजन बनाने का यह दौर दो सौ करोड़ वर्ष पूर्व का ही हो सकता है। इस

पद्धति से अपना अस्तित्व कायम रखनेवाले सर्वप्रथम सजीव पेड़–पौधे ही थे। दूसरे सजीवों में वे पशु तथा जीव थे, जो अपने आस–पास मौजूद भोजन के जर्रों को ग्रहण कर जीवित रहते थे। पेड़–पौधों का छोड़ा हुआ ऑक्सीजन जीवन प्रक्रिया के लिए उपयोगी सिद्ध हुआ। पृथ्वी की उत्पत्ति के तुरंत बाद उसके वातावरण में यह शुद्ध रूप में नहीं था क्योंकि यह अत्यधिक सक्रिय वायु थी। अन्य पदार्थों से इसका मेल शीघ्र हो जाता था इसीलिए उसकी शुद्धता अधिक समय तक टिकी नहीं रहती थी। हमारे वातावरण में शुद्ध ऑक्सीजन पहुँचाने में पेड़–पौधों की अहम भूमिका है। इन सारी घटनाओं से प्रारंभिक जीवों का विकास हुआ। बाद में एककोशीय जीवों से बहुकोशीय जीव तैयार हुए। आगे उनका अनेक स्तरों पर विकास होता गया और मानव का निर्माण हुआ।

प्रकृति की अजीबो–गरीब लीलाओं को आदिमानव चकित होकर देख रहा था। कानों के पर्दों को फाड़ देनेवाली बादलों की गड़गड़ाहट, रोंगटे खड़े कर देनेवाला बिजली का नृत्य, धुआँधार बारिश, जंगलों को राख कर देनेवाले भयावह दावाग्नि जैसे प्रकृति के अनेक रौद्र रूप आदिमानव की समझ से परे थे। यही कारण था कि उन्होंने इन सारी प्राकृतिक शक्तिओं को पंचमहाभूतों और देवताओं का स्वरूप माना। इन शक्तियों की कृपा पर ही अपना जीवन निर्भर है, ऐसा एहसास उन्हें कदम–कदम पर होने लगा। इसीलिए अपनी सोच के अनुसार वे इन शक्तियों के शरणार्थी बन गए। अपनी उत्क्रांति में मनुष्य सबसे छोटा और दुर्बल जीव है। मनुष्य मछली की तरह निरंतर पानी में नहीं रह सकता और न ही वह छोटी चिड़िया के समान उड़ सकता है। मृग की चपलता मनुष्य के पैरों में नहीं है। उससे अधिक शक्तिशाली हाथी और गैंडे जैसे जीव सृष्टि में मौजूद हैं। बाघ और सिंह को उनके पैने दाँत और खूँखार नाखून प्रकृति की देन है। बर्फीली चट्टानों में रहना भालू के लिए इसीलिए आसान है, क्योंकि प्रकृति ने उसे घने बालों से युक्त खाल दी है। बिल्ली का बच्चा अँधेरे में भी साफ देखता है। पेड़ों की एक डाल से दूसरी डाल पर बंदर आसानी से छलाँगें लगाता है। ये सारी बातें मनुष्य के लिए अत्यधिक मुश्किल है। गाय का बछड़ा जन्म के कुछ समय बाद ही खड़ा हो जाता है, मनुष्य के शिशु के लिए महीनों बाद यह संभव होता है। फिर भी इतना दुर्बल मनुष्य ही आज दुनिया पर राज कर रहा है। आखिर यह चमत्कार हुआ कैसे?

'ज्ञान' मनुष्य की विशेष उपलब्धि है। अन्य जीवों ने पर्यावरण के साथ स्वयं को ढाल लिया। वे प्रकृति के साथ जुड़े रहे, लेकिन मनुष्य ने प्रकृति को स्वयं के अनुसार ढालने का प्रयत्न किया है। वह मानो उसका 'स्वामी' ही बन गया। केवल मनुष्य नाम का जीव ही अँगूठे से बाकी चार उँगलियों को अपने में बाँध सकता है। आदिम मनुष्य ने अपनी दस उँगलियों का शस्त्र के रूप में इस्तेमाल किया। धीरे–धीरे पत्थरों के अस्त्र बनाए। पत्थरों को नुकीला बनाया और पेड़ की लकड़ी के

सहारे कुल्हाड़ी बनाई। धातुओं की खोज हुई। शस्त्र और उपकरणों में भिन्नता आई। इनके जरिए आस-पास की प्रकृति का लाभ उठाने लगा और उसका दिमाग और गतिमान हो उठा। मनुष्य को एक अनूठा स्वरयंत्र और ऊपर-नीचे होनेवाला मुख मिला है, जिसने 'भाषा' का निर्माण किया। मनुष्य ने भाषा को ज्ञानार्जन का साधन बनाया। 'मनुष्य' प्राणी की यह एक विशेषता है कि 'ज्ञान और भाषा' उसके लिए अद्वितीय उपलब्धि और वरदान सिद्ध हुई है।

अंग्रेजी के 'साइंस' शब्द का हिंदी पर्याय 'विज्ञान' है। लैटिन भाषा के 'साइंसिया' शब्द से 'साइंस' शब्द बना है। 'साइंसिया' शब्द का अर्थ ज्ञान है। जिज्ञासा विज्ञान की प्रेरणा है। सृष्टि के संदर्भ में अनंत जिज्ञासाओं के कारण ही विज्ञान का जन्म हुआ। जैसे पँखुड़ी के रंग-बिरंगे दल कहाँ से आए? खुली आँखों से आसमान के तारों को कैसे नापा जाए? सूरज के उदय और अस्त के समय दिखाई देनेवाले बिंब अलग-अलग क्यों हैं? मच्छर क्यों गुनगुनाते हैं? इस तरह अनगिनत प्रश्नों की भीड़ द्वंद्वात्मक मनुष्य के मन में बनी रहती है। विश्व की अलग-अलग घटनाओं, क्रियाओं और उनके पीछे के कारण ढूँढ़ने की स्वाभाविक जिज्ञासा मनुष्य में होती है। उसका समाधान उसे अंत में शांत कर देता है। आनंद-प्राप्ति के लिए उसका संघर्ष उसकी स्वाभाविक और सहज प्रवृत्ति है। मनुष्य को प्राप्त बुद्धि का ऐतिहासिक वरदान और उसकी परंपरागत कुशलता ही विज्ञान की बुनियाद है। प्राकृतिक कुशलता और व्यावहारिक अनुभव मनुष्य की एक पीढ़ी से दूसरी पीढ़ी तक लगातार पहुँचते रहते हैं। उसका विकास भी जारी रहता है। मनुष्य की यह कमाई आधुनिक विज्ञान से पहले की है। आधुनिक वैज्ञानिक दृष्टिकोण निरीक्षण, तर्कसंगत विचार और प्रयोग पर आधारित है। आधुनिक दृष्टिकोण का उपयोग करने के रास्ते में प्रारंभ में दो बाधाएँ उपस्थित हुई थीं। पहली यह कि कुशल कारीगर होनेवाले व्यक्ति में भी तर्कशुद्ध विचार और उसके लिए आवश्यक समग्र दृष्टिकोण का अभाव था। दूसरी बड़ी बाधा यह थी कि प्राकृतिक घटनाओं के संबंध में मनुष्य की कल्पनाएँ उस समय संदिग्ध थीं। वह पूर्वग्रह पोषित थी। विज्ञान की रचना बौद्धिक होती है। उसकी बुनियाद इंद्रियों द्वारा की गई वस्तुनिष्ठ प्रतीति है। पंद्रहवीं शती में या उससे भी पहले वैज्ञानिक दृष्टिकोण के निर्माण होने से पूर्व यूरोप में राजा और धर्म की मान्यताओं के अनुसार ही सत्य या असत्य का निर्धारण होता था। इसी कारण विज्ञान की उन्नति धीमी हो गई थी। समाज में प्रकृति के बारे में अनेक गलतफहमियाँ प्रचलित हो गई थीं, जैसे—पृथ्वी ब्रह्मांड के केंद्र में है, मानव का निर्माण ईश्वर ने किया है, आदि। श्रद्धा इस काल के विज्ञान का आधार थी। एक ओर चर्च और बाइबल द्वारा प्रसारित ज्ञान और दूसरी ओर सर्वश्रेष्ठ ज्ञानसाधक अरस्तु का प्रचलित मत। इन दोनों के सनन्वय से विज्ञान का अर्थ तय हो रहा था। विज्ञान बौद्धिक पहेली बन गया था। जैसे अरस्तु के मतानुसार किसी प्राकृतिक आविष्कार के पीछे दो महत्त्वपूर्ण कारण

होते हैं। एक कार्यकुशल कारण (एफिशियंट कॉज) और दूसरा अंतिम कारण (फाइनल कॉज), जिसे हम कार्य–कारण भाव भी कहते हैं। कार्य और कारण में संगति प्रयत्न और अंतिम कारण का उद्देश्य होता है। इसके लिए उद्देश्य और धर्मग्रंथों के विचारों में तालमेल होना जरूरी होता है।

दुनिया के विभिन्न देशों का इतिहास यह दर्शाता है कि स्वतंत्र चिंतन, निरीक्षण, अनुभूति और उस पर आधारित ज्ञान को किसी क्षेत्र में अगर उचित अवसर मिलता है, तो उस क्षेत्र में समाज का विकास होता है। प्राचीन काल अन्धकार का था। चौथी शती से लेकर तेरहवीं शती तक यूरोप इसी स्थिति में था।

गैलिलियो की दूरबीन (दूरदर्शक) उसके मौलिक अनुसंधान की एक उपलब्धि थी। उससे यूरोप के वैचारिक–जगत् में मानो तहलका मच गया। गैलिलियो कोपरनिकस के विचारों का समर्थक था। वह धर्मग्रंथों के सामने नए–नए प्रश्नचिह्न खड़े कर रहा था; अरस्तु की मान्यता को प्रायोगिक आधार देने की कोशिश कर रहा था। उसके दूरबीन के आविष्कार ने मानो क्रांति ही कर दी थी। कोपरनिकस यह बात जानता था कि चंद्रमा की तरह शुक्र की भी लेखाएँ होती हैं। सिद्धांत की पुष्टि के लिए इसे सच साबित करके दिखाना अनिवार्य था। इस सच्चाई को साबित न करने से उसका दावा निरर्थक हो रहा था। गैलिलियो की दूरबीन ने इसे साबित किया कि चंद्रमा पर पहाड़ है तथा सूर्य पर दाग। लोगों को यह बात आश्चर्यजनक लगी और धर्म के इजारेदार चिंतित हुए। चारों ओर कानाफूसी होने लगी—यह तो साक्षात् दुनिया बनानेवाले के कर्म में दोष दिखाना है। कैथालिक विश्वविद्यालय के अध्यापकों पर यह पाबंदी लगाई गई कि वे सूर्य के दागों का उल्लेख कतई न करें। अन्य कुछ विश्वविद्यालयों ने भी कई सदियों तक इस बात को नहीं माना। सभी धर्मगुरु 'भूमिति' को शैतान का शास्त्र और गणित के वैज्ञानिकों को पाखंडी करार देकर अपने आपको श्रेष्ठ सामाजिक विद्वान सिद्ध करते रहे। ईसाई धर्म की न्यायसभा ने इस विषय पर व्यापक चर्चा की और दो महत्त्वपूर्ण निष्कर्ष निकाले—'सूर्य ब्रह्मांड के केंद्र में है और वह पृथ्वी की परिक्रमा नहीं करता, वैज्ञानिकों का यह पहला सिद्धांत एक पागलपन है और यह धर्मशास्त्र की दृष्टि से झूठ और पाखंड है।' 'पृथ्वी ब्रह्मांड के केंद्र में नहीं है बल्कि वह सूर्य की परिक्रमा करती है,' यह दूसरा सिद्धांत दर्शनशास्त्र की दृष्टि से सरासर झूठ और धर्मशास्त्र के विरुद्ध है।

इसके पश्चात् पोप ने गैलिलियो को धार्मिक न्यायसभा के सामने हाजिर होने का आदेश दिया। न्यायसभा ने गैलिलियो को अपनी गलती कबूल करने का आदेश दिया। 26 फरवरी, 1623 को गैलिलियो ने अपनी 'गलती' मानकर स्वयं को बचा लिया। उसने हलफनामा दिया कि 'वह कोपरनिकस के मतों को अस्वीकार करेगा तथा उनका लिखित अथवा मौखिक रूप से प्रचार नहीं करेगा।'

इस घटना के बाद पोप के आदेश का पालन किया गया और 'पृथ्वी परिक्रमा करती है' सिद्धांत का समर्थन करनेवाली सभी किताबें 'वर्जित' ग्रंथों की सूची में रखी गईं।

गैलिलियो आशावादी मनुष्य था। सन् 1623 में उसके मित्र कार्डिनल बेबेरिनी ने 'आठवाँ आर्बन' बिरुदावली स्वीकृत की और पोप पद पर आसीन हो गया। बदली परिस्थितियों में खुद को सुरक्षित समझते हुए गैलिलियो ने 'विश्व के दो महान सिद्धांतों पर चर्चा' शीर्षक किताब लिखी। यह उत्कृष्ट ग्रंथ यूरोप के श्रोताओं में काफी लोकप्रिय हुआ।

इससे धर्म के इजारेदारों के तेवर चढ़ गए। गैलिलियों पर जबर्दस्ती मौन थोपा गया। एक बार फिर गैलिलियो के निष्कर्ष के विरुद्ध यह प्रचार किया जाने लगा कि 'पृथ्वी परिक्रमा करती है' का निष्कर्ष अत्यधिक पाखंडपूर्ण और तिरस्कृत है और यह एक दुष्कर्म है, जबकि पृथ्वी के अचल तत्त्व की कल्पना इससे तीन गुना अधिक पवित्र है। आत्मा के अमरत्व को, ईश्वर के अस्तित्व को अथवा उसके मानवी रूप के मंडन को स्वीकृत किया जा सकता है, लेकिन पृथ्वी के परिक्रमा करने की बात को किसी भी हालत में स्वीकार नहीं किया जा सकता।''

इससे रोम की धार्मिक न्यायसभा के सामने गैलिलियो को फिर हाजिर होने का हुक्म जारी किया गया। गैलिलियो ने सभा में विनम्रता से सूचित किया कि वह बीमार है और क्लारेंझा से रोम तक की यात्रा उसके लिए असंभव है। लेकिन मित्र पोप ने उसे धमकाया कि वह एक अपराधी है और उसकी बीमारी को जाँचने के लिए एक वैद्य भेजा जाएगा। अगर उसे बीमार नहीं पाया गया, तो उसे बेड़ियों में जकड़कर सभा के सामने हाजिर किया जाएगा। गैलिलियो रोम पहुँच गया। वहाँ उसे न्यायसभा की नजरबंदी में रखा गया। वास्तव में उसे मृत्युदंड की ही सजा दी जानी थी लेकिन ऐलान किया गया कि 'अगर उसने अपनी गलतियाँ मान लीं और पछतावा जाहिर किया तो हमारी मर्जी के अनुसार पवित्र न्यायसभा द्वारा सुनाई गई कैद की सजा उसे काटनी होगी और मानसिक परिवर्तन के लिए अगले तीन वर्षों तक धर्मग्रंथ से पछतावा जाहिर करनेवाली प्रार्थनाओं का हर हफ्ते पठन-पाठन करने का आदेश दिया जाएगा।'

अपराध को कबूल करने पर सौम्य शिक्षा की संभावना से गैलिलियो ने जमीन पर अपने घुटने टेककर न्यायसभा की लंबी फेहरिस्त सुनी और कहा, ''मैं अपनी गलतियों को मानता हूँ और उन पाखंडी मतों को तिरस्कृत कर उन्हें त्याग देता हूँ। मैं कसम खाता हूँ कि इसके बाद मैं ऐसा लेखन कभी नहीं करूँगा, जिससे मुझ पर उँगलियाँ उठें। ऐसा कथन भी मैं भविष्य में नहीं करूँगा जिस पर बहस हो। 'पृथ्वी परिक्रमा करती है' जैसे पाखंडी मत के समर्थक व्यक्ति का मैं न्यायसभा के सामने विरोध करूँगा।''

गैलिलियो ने बाइबल पर हाथ रखकर अपने ही विचारों को त्यागने की कसम खाई। न्यायसभा ने उदारता को दिखाते हुए उसे शेष जीवन बंदी बनाकर नहीं बल्कि एकांतवास में मौन व्रत धारण कर जीने की शर्त पर रिहा किया। अंत तक उसे अपने परिवारवालों और दोस्तों से मिलने की अनुमति नहीं दी गई। 1637 में वह अंधा हो गया और 1642 में उसकी मृत्यु हो गई।

अब प्रश्न यह है कि गैलिलियो ने ऐसा कौन सा गंभीर अपराध किया था जो उसे ऐसी सजा मिली? आज के युग में जो पाठ पहली-दूसरी कक्षा के बच्चों को पढ़ाया जाता है, उसे प्रयोग के आधार पर साबित करने पर भी गैलिलियो बिना शर्त माफी माँगने पर क्यों मजबूर हो गया? इसका कारण यह है कि गैलिलियो ने लोगों को विश्व की रचना का जो कार्य-कारण बताया था, वह बाइबल से अलग था। सूर्य-चंद्रमा के अस्तित्व का, उनके उदित और अस्त होने का जो कार्य-कारण भाव बाइबल बता रहा था, वह गैलिलियो से बिलकुल भिन्न था। विश्व के चक्र को स्पष्ट करनेवाली दलीलें कोपरनिकस ने बदल दीं और गैलिलियो ने उस पर अपनी मुहर लगा दी। इससे मनुष्य ने विश्व का नया रूप समझानेवाला ऐतिहासिक सिद्धान्त निर्मित किया। उसके अनुसार :

1. प्रत्येक कार्य के पीछे कोई-न-कोई कारण अवश्य होता है।
2. उस कारण को समझने में मनुष्य सक्षम है।
3. प्रत्येक घटना का कारण तुरंत पता होगा, ऐसा नहीं, लेकिन जब वह मालूम होगा, तब उसका स्वरूप भी निश्चित ही स्पष्ट होगा।
4. वास्तविक ज्ञान प्राप्त करने का यह सुलभ मार्ग आधुनिक मनुष्य के लिए अधिक विश्वसनीय है।

उपर्युक्त दलीलों के कारण मनुष्य को विश्व की ओर देखने का पारदर्शी नजरिया प्राप्त हुआ। आज तक बताया गया है कि मनुष्य जीवन में जो भी घटित होता है, उसके पीछे ईश्वर या मनुष्य का अपना भाग्य होता है। भाग्य, नियति आदि ऐसे ही ईश्वरीय शक्ति के अलग-अलग नाम थे। इसमें कमी थी इसीलिए शायद भारत में इन सभी बातों को दर्शनशास्त्र के एक सिद्धांत का रूप दिया गया। वह था 'कर्मविपाक या कर्मफल का सिद्धांत'। इसका मतलब था कि व्यक्ति जिस प्रकार के कर्म करेगा, उसी प्रकार का फल उसे मिलेगा। वह अगर गरम राख पर उँगली रखेगा तो जलने का फल उसे मिलेगा। व्यक्ति अगर फूल को सूँघता है तो खुशबू का अनुभव लेने का अच्छा फल उसे मिलेगा। इसका अर्थ यह हुआ कि व्यक्ति को जो भी भुगतना पड़ता है, उसके पीछे उसका कर्म होता है, जो अदृश्य होता है। यदि कोई व्यक्ति गरीबी और अन्याय से जूझ रहा है, तो सहज ही सवाल उभरता है कि उसे ऐसा दुख का फल क्यों मिल रहा है? इस प्रश्न का उत्तर वैदिक दर्शन ने यह दिया कि संबंधित व्यक्ति अपने पिछले जन्म में किए बुरे कर्मों का फल इस जन्म में गरीबी

के रूप में भुगत रहा है। इस तरह से कर्मविपाक सिद्धांत ने मनुष्य को एक झटके में ही पराधीन बना दिया। कर्मविपाक सिद्धांत सीधी तरह से यह स्पष्ट करता है कि 'व्यक्ति अपने पिछले जन्म के बुरे कर्मों के कारण इस जन्म में गरीब और लाचार बन जाता है और इस जन्म में वह जो भी कर्म करेगा, उसका फल उसे अगले जन्म में प्राप्त हो सकता है।' यह विचार वैज्ञानिक दृष्टिकोण के केंद्र में होनेवाले कार्य-कारण भाव का सीधे-सीधे विरोध करता था। लेकिन वैज्ञानिक दृष्टिकोण ने व्यक्ति को यह आत्मविश्वास दिया कि इस जन्म में मुझे जो दुख सहना पड़ रहा है, वह ईश्वर, नसीब या पिछले जन्म का पाप नहीं बल्कि यह शोषण के कारण है और इसके पीछे कोई कार्य-कारण नहीं है। मुझे इसका सही कारण ढूँढ़कर उसे बदलना होगा। इस आत्मविश्वास के कारण मनुष्य आत्मनिर्भर हो गया। स्वाधीन हो गया और भी कुछ बातें इस वैज्ञानिक दृष्टिकोण ने मनुष्य को प्रदान कीं। एक बात द्रष्टव्य है कि भारतीय महिलाओं अथवा दलितों को कार्य-कारण भाव के ज्ञान अथवा अन्य किसी भी प्रकार के ज्ञान प्राप्त करने की अनुमति नहीं थी। आधुनिक वैज्ञानिक दृष्टिकोण ने व्यक्तिगत अधिकार की घोषणा कर प्रत्येक व्यक्ति को लिंग, जाति, धर्म अथवा वंश के भेद-भाव के बिना कार्य-कारण भाव का ज्ञान प्राप्त करने की इजाजत दी। इससे जो ज्ञान मुट्ठी भर लोगों के लिए सीमित था, वैज्ञानिक दृष्टिकोण ने तात्त्विक स्तर पर उसे सभी के लिए खोल दिया। आगे जाकर शिक्षा को एक सामाजिक अधिकार बना दिया।

वैज्ञानिक दृष्टिकोण ने कभी यह दावा नहीं किया था कि वह सभी बातें जानता है। दो सौ वर्ष पहले विज्ञान को यह पता नहीं था कि प्लेग या कैंसर की बीमारी क्यों होती है। आज भी कैंसर का ठोस कारण वह नहीं बता सकता, लेकिन कॉलरा जैसी बीमारी का कारण विज्ञान ने ढूँढ़ ही निकाला। यह जानते हुए भी लोग अनजान बनकर पूछते हैं कि बताइए, कैंसर कैसे और क्यों होता है? एड्स ठीक होने का कोई इलाज है? विज्ञान आज सभी बातों के कारण नहीं जानता, लेकिन वह भविष्य में जरूर जान लेगा और उस ज्ञान का आधार भी निश्चित ही वैज्ञानिक दृष्टिकोण ही होगा।

आज वस्तुनिष्ठ ज्ञान-प्राप्ति का भरोसेमंद तरीका केवल वैज्ञानिक दृष्टिकोण ही है, इसमें कोई शक नहीं है। ग्रंथ (अथवा शब्दों के संदर्भ को सच मानना) में लिखा है, इसीलिए (अथवा बोलनेवाला व्यक्ति उच्च पदस्थ है इसलिए उसके शब्द या कथन प्रामाणिक हैं, ऐसा मनुष्य का स्वभाव है) साक्षात्कार (अचानक किसी दिव्य शक्ति के कारण विश्व का ज्ञान प्राप्त होना), संक्रमण (विश्वज्ञाता गुरु के स्पर्श से उस ज्ञान का संक्रमण उसके शिष्य में होना) जैसे ज्ञान-प्राप्ति के धार्मिक और परंपरागत मार्ग को विज्ञान नहीं मानता।

वैज्ञानिक दृष्टिकोण का एक और बुनियादी तत्त्व उसकी 'प्राकृतिक समरूपता' है। इसका अर्थ यह है कि विश्व के किसी भी कोने में अगर हम जाएँगे तो वहाँ

होनेवाली घटनाओं के नियम समान होते हैं। प्रकृति के स्वरूप चाहे भिन्न-भिन्न रूपों में हों, उन्हें एकसूत्र में पिरोनेवाले नियम सर्वत्र समान होते हैं। जैसे विषुववृत्त पर बर्फीला प्रदेश सहजता से नजर नहीं आता लेकिन ध्रुव प्रदेश पर चारों ओर बर्फ की चादर फैली होती है। इन दोनों दृश्यों के मूल में तथा विशिष्ट तापमान पर पानी से बर्फ बन जाने की बात बतानेवाला नियम एक ही है। विषुववृत्त पर लागू नियम दक्षिण ध्रुव पर बदल नहीं जाता। स्थान के बदलने से नियमों में कोई परिवर्तन नहीं होता। पानी और बर्फ का नियम अतिप्राचीन काल से एक ही है, भविष्य में भी वह एक ही होगा। स्थान और काल में परिवर्तन होने पर भी वस्तुओं के वर्तन का मूल नियम अपरिवर्तनशील होता है।

वैज्ञानिक दृष्टिकोण की प्रक्रिया

वैज्ञानिक दृष्टिकोण का सुलभ अर्थ है—मौजूद प्रमाण के अनुसार ही किसी चीज का विश्वास करना। हम अपने रोजमर्रा के जीवन में निर्णय लेते समय सहजता से लेकिन सोच-समझकर काम लेते हैं। मान लीजिए, हमें किसी दृश्य की जानकारी चाहिए। चार लोगों ने वह जानकारी अलग-अलग रूपों में दी है। प्रथम व्यक्ति के अनुसार, उसने सपने में सब कुछ देखा, जिसके कारण उसके पास वह जानकारी है। दूसरे व्यक्ति के अनुसार, एक रेलवे स्टेशन पर उसने एक अजनबी को दूसरे अजनबी से यह जानकारी देते हुए सुना है। तीसरे के अनुसार, उसने यह जानकारी किताबों में पढ़ी है और चौथा व्यक्ति कहता है कि उसने स्वयं दृश्यस्थल पर जाकर जाँच-पड़ताल करके यह जानकारी हासिल की है। ऐसी परिस्थिति में कोई भी व्यक्ति चौथे शख्स पर अधिक विश्वास करेगा क्योंकि उसके पास जानकारी का प्रमाण है।

वैज्ञानिक दृकोिण हर बात को वैज्ञानिक पद्धति के द्वारा सिद्ध करता है। इस पद्धति की इकाइयाँ होती हैं—निरीक्षण, तर्क, अनुमान, प्रतीति और प्रयोग। विज्ञान की शुरुआत ही जिज्ञासा, निरीक्षण और प्रश्न से होती है। इंग्लैंड को जानेवाली बोट में सी. वी. रमन जब बैठते थे तब ऊपर नीले आकाश और नीचे समुंदर के नीले पानी को घंटों ताकते रहते थे। उन्होंने—'हे ईश्वर, कितना सुंदर बनाया है तूने यह नीला आसमान!'—ऐसा कभी नहीं कहा; बल्कि आकाश और समुंदर के नीले रंग का राज ढूँढ़ने का प्रयास किया और 'रमन इफेक्ट' सिद्धांत की उत्पत्ति हुई। इस खोज के लिए उन्हें सर्वोत्कृष्ट नोबेल पुरस्कार भी मिला। जिज्ञासा के कारण निरीक्षण करना, प्रश्नों के उत्तर खोजना केवल मनुष्य ही कर सकता है। अपना शिकार निगलकर शांति से पेड़ के नीचे पड़े अजगर का ध्यान आसमान में चमकनेवाले तारों की ओर नहीं जाता। यह भी सही है कि प्रत्येक घटना का निरीक्षण संभव नहीं होता। तब तर्क-पद्धति और अनुभवों को उपयोग में लाया जाता है। दो प्रसिद्ध उदाहरण

हैं : मान लीजिए, आपके दोस्त ने आपसे कहा—'कल सुबह मैं तुम्हारे पास आऊँगा, सूरज उगते ही हम दोनों घूमने जाएँगे।' आप कभी उससे ऐसा प्रश्न नहीं पूछेंगे कि 'कल अगर सूरज नहीं उगा तो ?' देखा जाए तो यह प्रश्न गलत नहीं है, लेकिन कोई ऐसा प्रश्न नहीं पूछता। इसका कारण यह है कि विगत करोड़ों वर्षों से सूर्य अपने निश्चित समय पर उगता है, इसमें कभी कोई परिवर्तन नहीं हुआ है। इस निरीक्षण का अर्थ यह हो जाता है कि दूसरे दिन सूरज उस समय निश्चित ही उदित होगा। घने जंगल में कोई मुसाफिर रास्ता भूल गया, उसे रास्ता नहीं मिला तो कहीं दूर एक कोने में 15-20 स्थानों से उठता हुआ धुआँ देखकर उसने सही अनुमान लगाया कि वहाँ पर लोगों की बस्ती है। उसे पता है, शाम के वक्त लोग अपना भोजन बनाते हैं। जंगली लोग भोजन बनाने के लिए अँगीठी जलाते हैं, जिससे धुआँ निकलता है। यह पूर्व जानकारी उसके सही अनुमान के लिए सहायक बना। वैज्ञानिक दृष्टिकोण प्रतीति पर आधारित होता है। वह कही-सुनी बातों पर विश्वास नहीं करता। अगर किसी ने दावा किया कि फलाँ दवा से फलाँ मरीज ठीक हो सकता है, तब संबंधित बीमारी के मरीजों को वह दवा उचित मात्रा में दी जाती है। वह रोगमुक्त हुआ या नहीं, इसकी जाँच-पड़ताल कर प्रतीति ली जा जाती है। यह प्रतीति कभी भी व्यक्तिनिष्ठ नहीं होती, वह वस्तुनिष्ठ रहती है। कोई व्यक्ति पुण्यवान है, इसीलिए वह उस दवा से ठीक हो गया अथवा कोई व्यक्ति पापी है, इसीलिए वह ठीक नहीं हुआ, जैसी दलीलें वैज्ञानिक दृष्टिकोण नहीं देतीं। यह प्रतीति वैश्विक होती है। पूरे विश्व में वह दवा बीमार होनेवाले मरीज को दी जाती है, जिससे वह ठीक होता है। ऐसी प्रतीति नहीं होने पर उसका कारण भी शास्त्रीय भाषा में वैज्ञानिक दृष्टिकोण बताता है।

वैज्ञानिक दृष्टिकोण में जो जाँच-पड़ताल की जाती है, उसमें प्रत्यक्ष प्रयोग का आधार बहुत महत्त्वपूर्ण होता है। यह इसका अंतिम निकष होता है। प्रत्यक्ष प्रयोग के माध्यम से हम यह जाँच सकते हैं कि पानी 100 डिग्री सेंटीग्रेड उष्मांक पर उबलता है या नहीं। प्रयोग के द्वारा निकाला हुआ निष्कर्ष सार्वकालिक और वैश्विक होता है। एक लाख वर्ष पूर्व पानी जितने उष्मांक पर उबलता था, आज भी उतने ही उष्मांक पर उबलता है। विश्व के किसी भी देश में यह शाश्वत सत्य है। मुंबई में धार्मिक लोगों की संख्या अधिक है, उन पर ईश्वर की कृपा अधिक है इसीलिए वहाँ पर 90 डिग्री सेंटीग्रेड पर पानी उबलता है और मास्को में नास्तिक लोगों की तादाद अधिक है, इसीलिए पानी उबलने के लिए वहाँ 110 उष्मांक की जरूरत होती है, ऐसा कतई संभव नहीं है। यह बात प्रयोग के माध्यम से विज्ञान प्रमाणित कर सकता है। कम उष्मांक में अथवा अधिक उष्मांक में पानी उबलता है तो उष्मांक (बॉयलिंग पॉइंट) बढ़ने अथवा कम होने का नियम वैश्विक होता है। प्रयोग के द्वारा उसकी प्रतीति भी समान ही होती है। 'जलने के लिए ऑक्सीजन की आवश्यकता होती है।' इस कथन

को प्रयोग के माध्यम से प्रमाणित किया जा सकता है। जलती मोमबत्ती अगर औंधे घड़े के नीचे रख दी जाए, तो घड़े के अंदर मौजूद ऑक्सीजन खत्म होने के बाद मोमबत्ती बुझ जाती है। मोमबत्ती के जलने के लिए ऑक्सीजन की जरूरत होती है, यह बात इस प्रयोग से प्रमाणित हो जाती है।

निरीक्षण, परीक्षण, तर्क, सूत्रबद्ध गणित और प्रतीति के आधार पर वैज्ञानिक दृष्टिकोण पूर्वानुमान देता है। भिन्न-भिन्न स्थानों पर 'भिन्न परिस्थिति में प्रयोग कर इन पूर्वानुमानों की जाँच की जाती है। तत्पश्चात् कोई सिद्धांत घोषित किया जाता है। जैसे पृथ्वी के चुंबकीय बल के कारण प्रत्येक वस्तु पृथ्वी की तरफ खिंचती है, ऐसा प्रतीति के आधार पर बताया जाता है। पेड़ से टूटा फल, हवा में गोता लगानेवाला पंख, इंजन बंद पड़ा हवाईजहाज अथवा हवा में फेंका हुआ पत्थर—ये सारी चीजें जमीन पर गिर जाती हैं और गैस से भरा गुब्बारा पृथ्वी की विरुद्ध दिशा में ऊपर चला जाता है, जैसी भिन्न-भिन्न घटनाएँ अलग-अलग प्रयोगों द्वारा जाँच ली गई हैं जिससे चुंबकीय बल (गुरुत्वीयशक्ति) का सिद्धांत मनुष्य के हाथ आया है।

वैज्ञानिक दृष्टिकोण की विशेषताएँ

ज्ञान को प्राप्त करने के लिए अपनाई गई वैज्ञानिक पद्धति को वैज्ञानिक दृष्टिकोण कहा जाता है। धार्मिक श्रद्धा मनुष्य की मूल और शक्तिमान प्रेरणा है, लेकिन उसे जिज्ञासा की पूर्ति करने की शक्ति मिली है। व्यवहार में इसी दूसरी शक्ति का उपयोग वह करता है। इस दृष्टिकोण की कुछ विशेषताएँ इस प्रकार हैं :

1. किसी ग्रंथ में लिखे हुए अथवा किसी अधिकारी व्यक्ति के कहे हुए वचन को सच मानना गलत है क्योंकि अंतिम सत्य का निकष प्रत्यक्ष प्रमाण अथवा निरीक्षण होता है। धर्म और ज्ञान के बीच का विवाद शब्द और ग्रंथ का प्रमाण तथा निरीक्षण और प्रत्यक्ष प्रयोग के परस्पर विरुद्ध होने को लेकर ही था। आवश्यक निरीक्षण और प्रयोग करने से जिसका सहज बोध हो, ऐसी वास्तविकता पर सत्य तत्त्व निर्भर थे। इस नई पद्धति को इतनी सफलता मिली कि धर्मशास्त्र को विज्ञान से सुलह करनी पड़ी।
2. विश्व का चक्र विशेष नियमों पर चलता है। इसका पता हमें प्रयोग, अनुमान और पड़ताल से चलता है। विज्ञान से संबंधित भौतिक विश्व मनुष्य की अनुभूति से परे है। नियमित प्रक्रियाओं के माध्यम से उसमें परिवर्तन आता है। यह विश्व स्वयंभू है। नियम अथवा गतिमानता को उसे किसी ईश्वर नामक शक्ति ने नहीं थोपा है। उसमें मौजूद वस्तुएँ, घटनाएँ ही उसको स्पष्ट करती हैं। मनुष्य इस विश्व का ही एक हिस्सा है, विश्व को समझने की उसमें क्षमता है। यह क्षमता उसे ईश्वर नहीं देता, बल्कि उसका व्यावहारिक जीवन ही प्रदान करता है।

3. अंतिम और श्रेष्ठ ज्ञान मनुष्य को उसकी बुद्धि से नहीं, साक्षात्कार और उसके अंतर्गत इंद्रियों के अनुभवों से प्राप्त होता है, ऐसी धार्मिक श्रद्धा अथवा तत्त्वज्ञान को वैज्ञानिक दृष्टिकोण नकारता है। साक्षात्कार से प्राप्त ज्ञान को श्रेष्ठ मानने से जनतंत्र के स्वास्थ्य में बाधा डालनेवाले नतीजे निकलते हैं। इस ज्ञान को 'अद्‌भुत' माना जाता है। समाज में इस ज्ञान के अधिकारी वर्ग और साधारण भक्त वर्ग जैसे दो वर्ग बन जाते हैं। साधारण लोगों को इस 'साक्षात्कार' का अनुभव नहीं होता, जिस कारण वे मजबूरन परंपरागत अधिकारी वर्ग के ज्ञान को स्वीकार लेते हैं। ऐसी एकांगी मनोभूमिका विज्ञान की उन्नति को रोकती है।
4. वैज्ञानिक दृष्टिकोण को प्रमाणित करने के लिए जो प्रयोग किया जाता है, जिस परिस्थिति में किया जाता है, उस पर वैज्ञानिक का नियंत्रण रहता है। वह किसी अज्ञात शक्ति पर निर्भर नहीं होता। नियंत्रित परिस्थिति में, सूक्ष्म जाँच-पड़ताल के बाद अगर एक भी अपवाद नजर आया तो ताश का महल जिस प्रकार हवा के हलके झोंके से ढह जाता है, वैसे ही विज्ञान के सिद्धांत का ढाँचा चरमराकर गिर जाता है।
5. विज्ञान सार्वजनिक होता है। इसका सत्य वैश्विक होता है। उसके बारे में अगर किसी को जिज्ञासा हो तो उसका समाधान उसे मिल सकता है। वैज्ञानिक दृष्टिकोण मत के बन्धन को स्वीकार नहीं करता क्योंकि वह वस्तुनिष्ठ होता है। वह पूर्वानुमान पर आधारित होता है। श्रद्धा को आधार माननेवाला मत व्यक्तिगत होता है जबकि विज्ञान व्यक्तिनिष्ठ नहीं, बल्कि वस्तुनिष्ठ होता है।

वैज्ञानिक दृष्टिकोण और मूल्यधारणा

मानव जीवन में आधुनिक वैज्ञानिक दृष्टिकोण ने केवल चार सौ वर्ष पूर्व ही प्रवेश किया है। उसने विश्व की ओर देखनेवाली मनुष्य की 'दृष्टि' को आमूल बदल दिया; अर्थात् वैज्ञानिक दृष्टिकोण का परिणाम केवल गणितीय प्रक्रिया तक सीमित नहीं रहा; उसमें कुछ मूल्य निर्मित हुए हैं। वे मूल्य निम्नांकित हैं :

स्वायत्तता

वैज्ञानिक दृष्टिकोण कार्य-कारण भाव को मानता है। इसीलिए वह विश्व को स्वाधीन मानता है, स्वतंत्र मानता है। इस विश्व में जो भी घटनाएँ घटित होती हैं, कार्य-कारण भाव उनका आधार है। हमने पहले भी कहा है कि मनुष्य को हर एक घटना का कार्य-कारण भाव ज्ञात नहीं है। जैसे कैंसर बीमारी का ठोस कारण वह अभी तक नहीं जान पाया है। जब वह जान जाएगा तब उसका सूत्र कार्य-कारण भाव पर ही आधारित होगा। संसार पर किसी भी दुष्ट अथवा सज्जन शक्ति का नियंत्रण नहीं है।

इसीलिए इस अंधविश्वास को अपने मन में स्थान नहीं देना चाहिए कि सज्जन शक्ति की आराधना से मेरा कल्याण होगा अथवा दुष्ट शक्ति को कर्मकांड द्वारा नष्ट करने पर किसी संकट से मैं बच जाऊँगा, आदि। यह भावना वैज्ञानिक दृष्टिकोण के बिलकुल विरुद्ध है। विश्व स्वतंत्र है और उसके नियमों को टालकर कुछ भी घटित नहीं होता। यह मूल्य-विचार मनुष्य को ईश्वर और नियति नाम की कल्पनाओं से दूर रखेगा और घटनाओं का कार्य-कारण भाव ढूँढ़ने के लिए प्रेरित करेगा। भौतिक घटनाओं की अपेक्षा सामाजिक घटनाओं का कार्य-कारण भाव भले ही अस्पष्ट हो, उसके प्रश्नों का उत्तर भी वैज्ञानिक दृष्टिकोण अधिक विश्वासापूर्वक दे पाएगा। तकदीर, नियति जैसी कल्पनाएँ इसके उत्तरों का आधार नहीं बननी चाहिए।

शोधक वृत्ति

दुर्योग से घटी घटनाओं के कार्य-कारण भाव को अगर समझ लिया जाए और बुद्धिमत्ता से उसका उपयोग रोजमर्रा के जीवन में किया जाए तो आश्चर्यजनक परिणाम हमारे सामने आएँगे। जॉर्ज दमेस्ट्रॉल को 'वेलक्रो' की कल्पना उसकी पैंट में अटके हुए घास के तिनके को सूक्ष्मता से देखने पर सूझी थी। एक समय था, जब कपास के डोंडे से बिनौले को अलग करने में बहुत श्रम करना पड़ता था। इस वजह से कपड़ा व्यवसाय धीमी गति से चलता था। एलिविट नामक वैज्ञानिक ने एक मजेदार दृश्य देखा। लोहे के छड़ लगाए हुए बक्से में कुछ मुर्गियाँ रखी थीं। उन मुर्गियों को पकड़ने के लिए एक भेड़िया अपना पंजा बार-बार छड़ों पर मार रहा था। कभी पंजा अंदर डालने की कोशिश कर रहा था। मुर्गियों के छोटे-छोटे पंख बाहर आकर हवा में उड़ रहे थे लेकिन मुर्गियाँ अंदर सलामत बैठी थीं। यह दृश्य देखकर एलिविट ने कपास के बिनौले अलग करने का यंत्र बनाया। इसी तरह रॉण्टजेन ने एक्स-रे ढूँढ़ा, पॉश्चर को कॉलरा का टीका मिला, फैराडे ने चुंबकीय प्रवर्तन के नियम दिए। ये वैज्ञानिक आविष्कारों के उदाहरण हैं। वैज्ञानिक दृष्टिकोण को जाननेवाला मन सजगता से वास्तविकता के बारे में सोचता है। यह सजगता और यह सोच जनतंत्र के लिए पूरक मानी जाती है। जनतंत्र में निश्चित समय के पश्चात् जनप्रतिनिधियों का चुनाव होता है। इस बहाने जनता के प्रतिनिधियों का वर्तन, उनके वचनों की पूर्ति अथवा उनके द्वारा किए गए कामों का लेखा-जोखा लिया जाता है। कम-से-कम लेखा-जोखा लेने की उम्मीद तो जरूर की जाती है। इस सजगता से ही मतदाता भी मतदान करता है। इसलिए वैज्ञानिक दृष्टिकोण और जनतंत्र एक-दूसरे के पूरक होते हैं।

सम्यकता

वैज्ञानिक दृष्टिकोण का महत्त्वपूर्ण काम यह होता है कि प्रत्येक घटना पर सभी दृष्टि से विचार कर उसका अर्थ निर्मित करनेवाले मानस का निर्माण करना। यह करते

समय प्रश्न का आकलन 'बंदबुद्धि' की चौखट के बाहर आकर हो जाए, ऐसी कोशिश करनी चाहिए। परिवार-नियोजन का उदाहरण देखें। विगत 50 वर्षों से यह कार्यक्रम हमारे देश में सक्रिय है। फिर भी जनसंख्या घटने का अपेक्षित परिणाम आज हम नहीं देख पाते हैं। इसके लिए हम कारण बताते हैं कि सरकार भ्रष्ट है, जनता भी अनपढ़ है। यह अर्ध सत्य है। स्वतंत्रता के बाद वैद्यक क्षेत्र उन्नत हुआ है। परिणामस्वरूप वृद्धों की आयु-दर बढ़ गई है, गर्भवती माता की मृत्यु एवं जन्म के बाद नवजात शिशु की मृत्यु के अनुपात में कमी आई है। परिणामस्वरूप जनसंख्या में बढ़ोतरी हुई है। इसीलिए अगर समग्रतः सोचा जाए तो परिवार-नियोजन की योजना नाकाम नहीं हुई है। कठोर नियमों को लागू करके उसे सौ फीसदी सफल बनाया जा सकता है।

इस प्रश्न के समग्र आकलन के लिए एक मजेदार वस्तुस्थिति देखते हैं। 10 + 2 की शिक्षा-पद्धति व्यवस्था में आई और राइगढ़ (महाराष्ट्र) जिले में चावल की पैदावार कम होने लगी। इन दो अलग-अलग घटनाओं का ऊपरी संबंध बिलकुल नहीं दिखाई देता, लेकिन समग्रता में विचार करने पर यह निष्कर्ष निकलता है कि 10 + 2 की नई शिक्षा पद्धति में साइंस के छात्रों को 'डिसेक्शन' के लिए मेढक जरूरी होते हैं। राइगढ़ में मेढकों की पैदाइश अधिक है इसीलिए उसे 'फ्रॉगरी' माना जाता है। छात्रों की जरूरत पूरी करने के लिए राइगढ़ से भारी संख्या में मेढक पकड़े जाने लगे। बारिश के दिनों में चावल की फसल पर जो कीड़े लगते हैं, उन्हें मेढक खाते हैं। राइगढ़ से मेढकों के पकड़े जाने से उनकी आबादी घटी। परिणामस्वरूप वहाँ चावल की पैदाइश कम हो गई।

नम्रता

वैज्ञानिक दृष्टिकोण नम्र होता है। अपना निष्कर्ष या अपने शब्द को वह कभी भी अंतिम सत्य नहीं मानता। धर्म हमेशा आज्ञा देता है कि 'विश्व का राज मैं जान चुका हूँ, अब केवल मेरी आज्ञा का पालन करो।' वैज्ञानिक दृष्टिकोण कहता है कि वस्तु अथवा घटनाएँ जाँच ली जाएँ तथा अज्ञात तत्त्व की जाँच जारी रखी जाए। लेकिन साबित हुए सत्य के आधार पर ही आचार-विचारों का व्यवहार हो। शास्त्र के पूर्वग्रह अगर सत्य की कसौटी पर खरे नहीं उतरते हैं, तो निर्भयता से उसे ठुकरा दो। उन्हें नष्ट होने का भय नहीं होता। कोई भी धर्म अथवा उसका प्रवक्ता इतना निर्भय नहीं होता। वैज्ञानिकों को प्रशंसा का लोभ नहीं होता। उन्होंने किसी बुनियादी तत्त्व को ढूँढ़ लिया, तो वह उनकी सृजनशीलता एवं प्रतिभा की फलश्रुति होती है। वह अपने आप प्रशंसा के पात्र होते हैं। अनेक महान हस्तियों के मौलिक योगदान के बाद भी शास्त्र वस्तुनिष्ठ होता है। न्यूटन महान शास्त्रज्ञ था, लेकिन उसके अधूरेपन को जब आइंस्टाइन पूरा कर सकता है, तब उसमें न्यूटन की कोई दखलंदाजी

नहीं होती है। इन दोनों के अधूरे काम को किसी तीसरे ने पूरा किया, तो उन दोनों का कोई अपमान नहीं होता। सत्य की जाँच हेतु उनके सिद्धांतों की पड़ताल करने की अनुमति हर एक को होती है। विज्ञान के सभी सिद्धांत पुन:परीक्षा के लिए हमेशा तैयार रहते हैं। भले ही उन्नत हो लेकिन 'संपूर्ण ज्ञानी' होने का दावा विज्ञान नहीं करता क्योंकि उसे पता होता है कि नए प्रश्नों का सिलसिला हमेशा बना रहता है।

न्यूटन के गति एवं गुरुत्वीय बल के सिद्धांत का इतिहास इस दृष्टि से महत्त्वपूर्ण हैं :

न्यूटन के गुरुत्वीय बल के सिद्धांत की मान्यता के अनेक दशकों बाद खगोल वैज्ञानिकों के सामने एक गुत्थी खड़ी हुई। 'यूरेनस' ग्रह की परिक्रमा की कक्षा न्यूटन के गुरुत्वीय बल के सिद्धांत पर आधारित नहीं हो रही थी। उसमें कुछ परिवर्तन हो रहे थे। सिद्धांत का निष्कर्ष और प्रत्यक्ष निरीक्षण की जाँच-पड़ताल के बाद तीन विकल्प सामने आए—1. सिद्धांत गलत है, 2. निरीक्षण में गड़बड़ी है, 3. सिद्धांत और निरीक्षण दोनों ठीक हैं लेकिन उनमें समन्वय स्थापित करने के लिए कुछ नई बातों की आवश्यकता है। न्यूटन के सिद्धांतों को गलत कहना, इतना आसान नहीं था। अनेक वर्षों से अनेक स्थलों पर किया गया निरीक्षण भी गलत नहीं हो सकता था, इसीलिए दूसरा विकल्प भी सही नहीं लग रहा था। जॉन एडम्स और लवेरिये नामक दो वैज्ञानिकों ने तीसरे विकल्प पर गौर कर यह वक्तव्य दिया कि यूरेनस के पास एक नया तारा है और उसके गुरुत्वीय बल के कारण यूरेनस की परिक्रमा-कक्षा परिवर्तित होती रहती है। उन दोनों का निकाला हुआ यह निष्कर्ष भिन्न-भिन्न सूत्रों के प्रस्तुतीकरण के आधार पर एक 'सत्य' बन गया। उसके बाद जो नया तारा दिखाई दिया, उसको 'नेपच्यून' नाम दिया गया। भविष्य में फिर एक उलझन सामने आई। अनेक दशकों बाद 'बुध' ग्रह की परिक्रमा की कक्षा में भी परिवर्तन नजर आने लगा। लवेरिये ने पूर्व उपाय का सुझाव दिया। उसके अनुसार, सूर्य के नजदीक बुध की अपेक्षा 'वल्कन' नामक ग्रह है, जिसके कारण बुध की परिक्रमा-कक्षा परिवर्तित होती है। प्रत्यक्ष रूप में 'वल्कन' का दर्शन कभी नहीं हुआ। अनेक दशकों में भिन्न-भिन्न वैज्ञानिकों ने अपने निष्कर्ष दर्ज किए थे, वे एक-दूसरे से मिलते-जुलते थे। मतलब, न्यूटन के सिद्धांत को गलत साबित किया जाए तो फिर कौन सा सिद्धांत सही है, यह स्पष्ट करना भी एक समस्या थी।

सन् 1916 तक यह प्रश्न अनुत्तरित ही रहा। उसी वर्ष आइंस्टाइन का सापेक्षता सिद्धांत प्रस्तुत हुआ, जिसके माध्यम से उस परिवर्तन के कारण-विवेचन में सफलता मिली। न्यूटन की इस एक 'हार' ने उसकी अन्य सफलताओं को पीछे छोड़ दिया। इसका मतलब यह नहीं कि वह अपमानित हुआ। उसकी हार उसका अपमान नहीं। वैज्ञानिक दृष्टिकोण की कार्य-पद्धति में स्थापित किसी सिद्धांत को जब तक

नए रहस्य से पर्दा उठाने में कामयाबी नहीं मिलती, तब तक उसकी अपनी मान्यता बनी रहती है।

निडरता

16वीं शती में यूरोप में वैज्ञानिक दृष्टिकोण का आरंभ माना जाता है। जाँच-पड़ताल की विकसित, उचित और सही पद्धति केवल उसका नतीजा है। अपनी प्रतिभा के आधार पर निडरता से किसी स्थापित मान्यता को चुनौती देना और उसके लिए मृत्यु तक की अनंत वेदनाओं को सहने में ही इस दृष्टिकोण का निचोड़ है। वास्तव में इसकी शुरुआत ई.पू. 399 में होती है। एथेंस नगर की लोकसभा में सॉक्रेटिस (सुकरात) पर जो मुकदमा चला था, तभी से इसका आरंभ हुआ था। वहाँ के शासक के अनुसार सॉक्रेटिस के स्पष्टीकरण का अर्थ पाखंड का प्रचार था, जिसके लिए उसे जहर पीना अथवा सभी के सामने अपने मत को त्यागकर राज्य से बहिष्कृत किए जाने का दंड फरमाया गया था। सॉक्रेटिस ने बिलकुल तटस्थ होकर जहर पी लिया। अपनी प्रतिभा और आग्रह को साबित करने के लिए स्वजनों और समाज के विरुद्ध डटे रहने का साहस जब किसी ने किया है, तब अंधविश्वासों की बेड़ियाँ टूटी हैं और विज्ञान के दरवाजे खुले हैं। अपने तत्त्वों का अस्तित्व कायम रखने के लिए मृत्यु को स्वीकार करने की संस्कृति सर्वप्रथम सॉक्रेटिस ने विश्व के सामने रखी। सॉक्रेटिस की यह परंपरा जिस काल में नष्ट हो गई, तभी से यूरोप को अवनति का सामना करना पड़ा। वैज्ञानिक दृष्टिकोण और बौद्धिक सामग्री को साथ लेते हुए जान हथेली पर रखकर समाज को निडर बनाने का काम यूरोप में 700 वर्ष पूर्व ही हुआ था। इससे नवजागरण की सुबह, 'रिनेसाँ' हुई, लेकिन संघर्ष की लंबी रात जानलेवा थी। रॉजर बेकन (1214-94) अपनी छात्रावस्था में ही अरस्तु के वचन और उसके सिद्धांतों के प्रयोगों की जाँच-पड़ताल करने की बातें कर रहा था। वह बताने लगा कि 'सत्य का ज्ञान धर्मग्रंथों से नहीं प्राप्त होता। अंधविश्वासों के कारण उसका लाभ नहीं होता, बल्कि बुद्धि, स्वानुभव, चिंतन और प्रयोगों द्वारा ही उसे प्राप्त किया जा सकता है।' बेकन फ्रांसिस्कन संप्रदाय का धर्मगुरु होने के कारण उसके धर्मबंधुओं ने उसे मृत्युदंड की बजाय आजीवन कारावास की सजा दी। विश्व को ज्ञान से रोशन करने की चाह रखनेवाले इस महापुरुष को मृत्यु तक (14 वर्ष) कारावास सहना पड़ा। भारत में चार्वाक और बुद्ध के बाद दो हजार वर्षों तक 'विचार तो करो' की पुकार कर शहीद होने का कोई प्रयास नहीं हुआ। 'सुधारककार गोपाल गणेश आगरकर ने कहा भी था कि केवल ज्ञान-वृद्धि ही नहीं, साथ में साहस भी होना चाहिए; ताकि उस ज्ञान को उपयोग में ला जाया सके। न्यायमूर्ति महादेव गोविंद रानडे विधवा-विवाह और बालिग कन्याओं के विवाह के समर्थक थे। उनकी प्रथम पत्नी स्वर्गवासी हुई तब महात्मा फुले ने उनसे कहा, ''जो हुआ, अच्छा

नहीं हुआ। अब आपके लिए यह एक मौका है कि अगर आप पुनर्विवाह करना चाहें तो किसी विधवा अथवा बालिग कन्या के साथ कर सकते हैं।'' एक अच्छे विचार के तौर पर न्यायमूर्ति रानडे को यह बात मंजूर थी। लेकिन अगर वे ऐसा करते तो परिवार और समाज से बहिष्कृत किए जाते। इसीलिए परंपरा के अनुसार उन्होंने छोटी उम्र की लड़की से ही विवाह किया। उसी समय से महाराष्ट्र में सुधारकों के 'कर्ता सुधारक' और 'बातूनी सुधारक' जैसे दो वर्ग बने। निडर बनने का साहस बहुत कम लोग कर पाते हैं। जो निडर और कर्मठ होते हैं, अंधविश्वास हटाने अथवा रूढ़ि–परंपराओं को बदलने की उनकी भाषा में कोई पाखंड नहीं होता। केवल ऐसी भाषा ही संघर्ष को जन्म देती है, इसीलिए निडरता आवश्यक होती है।

भारत में वैज्ञानिक दृष्टिकोण का अभाव क्यों?

भारत के संदर्भ में अगर सोचा जाए तो ईसवी सन् तीसरी और चौथी शती में नागार्जुन नामक विश्वविख्यात रसायनशास्त्रज्ञ के 'रसरत्नाकर' और 'काल्कपुरतंत्रम्' नामक दो ग्रंथ प्रकाशित हुए थे। उसमें गंधक, पारद, ताँबा, चाँदी और सोने से बने रासायनिक संयुगों की जानकारी और उपयोग बताए गए हैं। भारतीय ज्योतिषाचार्य वराहमिहिर उसी समय के विद्वान थे, जिनके 'बृहत्संहिता' नामक ग्रंथ में 'सूर्य एक तारा है' लिखा गया है तथा अन्य ग्रहों की जानकारी दी गई है। इस काल में ही चर्चित अमरसिंह नामक कोशकार ने पेड़–पौधों तथा अन्य जीव–जंतुओं जैसे सजीवों की आदतें, उनके गुणविशेष, प्रजनन के सूक्ष्म निरीक्षणों को दर्ज कर उनको वर्गीकृत करने का भी प्रयास किया था। शून्य संबंधी अनुसंधान भारत में हुआ। आर्यभट्ट और भास्कराचार्य के ग्रंथों में गणित और खगोलशास्त्र पर आधारित महत्त्वपूर्ण सिद्धांत मिलते हैं। लेकिन ईसवी सन् आठवीं शती के अंतिम दशक में भारत में 'बाबा वाक्यं प्रमाणम्' की प्रवृत्ति बढ़ी। ज्ञान प्राप्त करने की लालसा कम होने लगी। परंपरागत ज्ञान के स्त्रोत सूखने लगे। इस बात का किसी को खेद भी नहीं रहा। उसके बाद तकरीबन एक हजार वर्ष तक कुछ अलौकिक हस्तियाँ सामने आईं। दर्शनशास्त्र के ग्रंथ भी लिखे गए। लेकिन कोई वैज्ञानिक नहीं बन पाया। इस दौरान किस पाँत में या किसके साथ बैठे अथवा न बैठे, चातुर्मास में प्याज खाए या न खाए, माथे पर तिलक सीधा लगाए या आड़ा लगाए, कितनी परतों का जनेऊ पहने, गाय की पूँछ मुँह पर घूमाने से कितने पुण्य की कमाई होगी, गोमूत्र पीने से आत्मा का उद्धार होता है या नहीं—जैसे विषय ही विवादों में प्रमुखता पाते रहे। ऐसी निरर्थक चर्चा और कर्मकांडों में खोखली रूढ़ि–परंपराओं में और शोषक धर्म से बने समाज में जनता अपना जीवन निष्क्रिय बिताती रही। स्वतंत्रता प्राप्ति के पश्चात् जो शिक्षा दी गई, उसमें इस बात को नजरअंदाज किया गया। अनपढ़ लोगों के बारे में यह समस्या और अधिक गंभीर है। स्कूल और कॉलेज में पढ़नेवाले छात्रों को आज तक कौन से

संस्कार सिखाए गए हैं ? पाठ्यक्रम में विज्ञान तो है, लेकिन उसका अनुसंधानात्मक पक्ष बहुत कमजोर है। धर्म द्वारा बताई गई बातें सर्वश्रेष्ठ मानी जाती हैं। मेरी जाति उच्च है या नीच, यही आज का छात्र सोचता है। सफलता-असफलता को वह ईश्वर भरोसे छोड़ देता है। शगुन, पूजा-अर्चा, आशीर्वाद, ईश्वर-नियति, अवतार, शाप-अभिशाप, पाप-पुण्य, लोक-परलोक, स्वर्ग-नरक, तीर्थ, प्रसाद, प्रार्थना-आराधना, जन्म-पुनर्जन्म, कर्म-दुष्कर्म जैसी अवैज्ञानिक कल्पनाओं में आज का अध्यापक घिरा है। उनसे होकर ये कल्पनाएँ नई पीढ़ी तक पहुँचती हैं। सोमवार शिव का, मंगलवार दुर्गा का, बुधवार विट्ठल का, गुरुवार दत्त का, शुक्रवार पुनश्च दुर्गा का, शनिवार हनुमान का और इतवार ज्योतिबा का—ऐसी सीख हमारे छात्रों को दी जाती है। विष्णु को सफेद और गणपति को लाल फूल अच्छा लगता है, यह पता चलने पर विज्ञान की जिज्ञासा का फूल खिलने की उम्मीद ही बाकी नहीं रहती।

भारत में जाति-व्यवस्था अस्तित्व में आई और उसकी जड़ें बहुत मजबूत बनीं। समाज की आधी आबादी अर्थात् स्त्री का ज्ञान-प्राप्ति का अधिकार छीन लिया गया। दलितों को भी वह नहीं दिया गया। अन्य जातियों में वह उनके स्तर पर ही सीमित रहा। श्रमजीवियों को इससे उपेक्षित रखा गया; अर्थात् निरीक्षण, परीक्षण, प्रयोग, प्रतीति आदि अवस्थाओं से विज्ञान के विकास की प्रक्रिया उतनी सर्वव्यापक नहीं बनाई गई। जो लोग ज्ञान-प्राप्ति का दावा करते थे, वे भी परंपरागत शब्दों और ग्रंथों के आधार पर ही जी रहे थे। तभी तो वे ज्ञान से तर्क का महत्त्वपूर्ण संबंध जोड़ने के लिए तैयार नहीं थे। जाति-व्यवस्था तक हीन विचारों पर आधारित थी। परिणामस्वरूप जिस विज्ञान का आधार ही प्रयोग और तर्क था, उसका विकास असंभव था। इस देश के दर्शन की बुनियाद 'ब्रह्मं सत्य, जगत् मिथ्या' की धारणा पर आधारित थी। जिस विश्व के अस्तित्व का एहसास हमें हर पल होता है, जिससे निर्मित सुख-दुख का हम अनुभव लेते हैं, वह 'माया' अर्थात् 'निरर्थक' है जैसे विचारों की परवरिश भारतीय जनमानस में हुई। 'ब्रह्म' के अस्तित्व की कोई गवाही न देते हुए उसमें ही अपना अस्तित्व (अहं ब्रह्मास्मि) माना गया। विश्व का परब्रह्म कौन-सा है, इसका पता नहीं था। लेकिन उससे अपने अन्दर के ब्रह्म का अद्वैत मिलन ही मोक्ष या सार्थकता मानी गई। ऐसे वैचारिक माहौल में वैज्ञानिक दृष्टिकोण का पनपना असंभव था।

वैज्ञानिक दृष्टिकोण की इस असफलता का तीसरा कारण हमारी जड़ शिक्षा-पद्धति है। हमारी समाज-व्यवस्था में प्रश्न पूछने की आजादी नहीं दी जाती है। पूछे जानेवाले प्रश्नों को छात्रों की जिज्ञासा नहीं बल्कि उनकी गुस्ताखी समझा जाता है। वह अध्यापकों का अपमान माना जाता है। वास्तव में शिक्षा प्रक्रिया में 'क्यों' अथवा 'कैसे' जैसे प्रश्नों का असाधारण मूल्य होता है। छात्रों का मन जिज्ञासा एवं आशंकाओं का कुंभ होता है। वे जवाब की आशा से चारों ओर नजरें लगाए रहते हैं। हमारे आस-पास ऐसी घटनाएँ विशेष पद्धति से क्यों घटित होती हैं ? इस तरह की अनेक

उलझनों में वे पड़े रहते हैं। उन्हें सुलझाने की क्षमता हमारी वर्तमान शिक्षा पद्धति में नहीं है। इसमें अगर कोई छात्र प्रश्न पूछने की कोशिश करता है, तो अध्यापक कहते हैं, 'अबे बदमाश, कितना बकबक करता है, चुप बैठ परमात्मा की तरह!' मतलब, यहाँ की संस्कृति में परमात्मा मनुष्य को चुप करने का साधन है। जहाँ ईश्वर खामोश रहने की ताकीद करता है, मुँह पर उँगली रखने के लिए कहता है, वहाँ के बच्चों को, युवाओं को प्रश्न पूछने की सलाह देनी पड़ती है। इसी नजरिए और जिज्ञासा के बल पर कल का उन्नत राष्ट्र खड़ा होने वाला है। उन्हें वैसी शिक्षा देनी पड़ेगी। हमारे देश में ऐसी स्थिति नहीं है। जो है, वह चिंताजनक है। यहाँ के तीस प्रतिशत बच्चे अभी भी स्कूल नहीं जा पाते हैं। कॉलेज में पढ़नेवाले युवा आठ से नौ प्रतिशत ही हैं। इसका अर्थ यह है कि आज जो दूषित शिक्षा-पद्धति मौजूद है, वह छात्रों को वैज्ञानिक दृष्टिकोण का स्वरूप और महत्त्व नहीं बता पाएगी।

चौथे क्रम पर परिवार संस्था है जो वैज्ञानिक दृष्टिकोण के विकास में बड़ी बाधा है। व्यक्ति का बहुआयामी विकास उसके परिवार में होता है। माता-पिता उसके पथदर्शक होते हैं। भारतीय परिवारों पर पिता का एकाधिकार होता है। परिवार का मुख्य सदस्य पिता होता है। छोटे से लेकर बड़े निर्णय लेने में पिता की राय पूछी जाती है। यह एकाधिकार अनुशासन होता है। 'खुली चर्चा' का मतलब स्वैराचार माना जाता है। 'बालादपि सुभाषितं ग्राह्यम्' एक प्रचलित कहावत है। छोटे बच्चे को भी अपनी इच्छा व्यक्त करने का अवकाश मिलना चाहिए। उस पर गौर कर अमल भी होना चाहिए। इसी से परिवार संस्था समृद्ध और मजबूत बनेगी।

हमारे समाज में प्रत्येक व्यक्ति की किस्मत अलग-अलग होती है, जो वैज्ञानिक दृष्टिकोण के संस्कार बनने को लगभग असंभव बना देती है। वर्तमान व्यक्ति के अभिमान का स्थान उसके अहं, अस्मिता ने लिया है। उसके संदर्भ में गहराई से अनुसंधान कर निष्कर्ष निकालना बहुत कठिन काम है। उसके निरीक्षण-परीक्षण का अर्थ उसका अपमान माना जाता है। परिणामस्वरूप वर्तमान समाज दिन-ब-दिन अधिक संवेदनशील और हिंसक बनता जा रहा है। किस्मत की बात पर अधिक विश्वास संघर्ष को टालता जाता है। व्यक्ति, विचार, घटनाओं का दैवीकरण वैज्ञानिक दृष्टिकोण से दूर ले जाता है।

इस संदर्भ में एक और महत्त्वपूर्ण कारण पर गौर करना जरूरी है। प्रगतिवादी विचारों के आधार पर समाज को आगे बढ़ानेवाली राजनीतिक शक्ति का अभाव एक मौजूदा कारण है। सभी स्तरों पर सामाजिक जीवन को जाँचने, उसका मूल्यांकन करने और उसमें परिवर्तन लानेवाली राजनीतिक सत्ता अगर सक्रिय रहे तो बड़े पैमाने पर समाज वैज्ञानिक दृष्टिकोण से प्रभावित होगा। हमारे समाज में धर्म, रूढ़ि, परंपराओं का मजबूत जाल बड़े पैमाने पर फैला हुआ है। रूढ़ियाँ कालातीत और परंपराएँ शोषण पर आधारित होंगी तो उनकी जाँच-पड़ताल करने की अनुमति

हमारा जनमानस नहीं देगा। यही कारण है कि ढेर सारी लकड़ियों और 'पुरणपोळी' जैसे मिष्टान्न का व्यर्थ नाश करानेवाली होली जैसा त्योहार आधुनिक काल में भी धूमधाम से मनाया जाता है। ऐसे त्योहार के अवसर पर गालियाँ देना, चिल्लाना जैसी ऊटपटाँग कृतियों को रूढ़ि के नाम पर बढ़ावा दिया जाता है। आधुनिक काल में भी ऐसे रीति-रिवाजों का बोलबाला हमारे समाज में कायम है। इन परिस्थितियों को आगे बढ़ाने में जनमानस आज दो कदम आगे नजर आता है। उनके अंधविश्वासों को पुचकारकर राजनीतिक लाभ उठानेवाली विरोधी शक्तियों ने अपना स्थान समाज में मजबूत किया है। वे वैज्ञानिक दृष्टिकोण को टिकने नहीं देतीं।

धार्मिक जीवन और वैज्ञानिक दृष्टिकोण

अब हम धार्मिक और आध्यात्मिक जीवन की विवेचना करेंगे। धर्म का बाह्य स्वरूप चाहे कितना भी आडंबर से भरा हो, औपचारिक हो, उसका केंद्र आध्यात्मिकता ही है। भारतवर्ष में 'धर्म' शब्द से आमतौर पर हिंदू, ईसाई, इस्लामी, बौद्ध और जैन संप्रदायों को निर्देशित किया जाता है। ऐसे धार्मिक संगठनों के तीन प्रमुख अंग होते हैं :

(अ) धार्मिक विचार—प्रत्येक धर्म में स्वीकार की गई धारणाएँ, विश्वास, पवित्र ग्रंथ, धर्म संस्थापक तथा दैवी संदेशवाहक आदि।

(ब) धार्मिक आचार—प्रत्येक धर्म में स्वीकार किए संस्कार, अनुष्ठान, त्योहार, रस्म-रिवाज, मंदिर, तीरथधाम आदि।

(स) उपर्युक्त दोनों अंगों के आधार पर प्रत्येक धर्म अपने अनुयायियों के मन में नैतिक परिवर्तन लाने का विश्वास दिलाता है।

धर्म की इस दशा को ईश्वर दर्शन, आत्मसाक्षात्कार, मुक्ति, निर्वाण आदि नाम दिए गए हैं।

परंतु, वैज्ञानिक दृष्टिकोण को स्वीकृत करनेवाला व्यक्ति निम्नलिखित धारणाओं को स्वीकार करता है :

(अ) वैज्ञानिक निष्कर्ष किसी सिद्धांत के समान होता है। नया प्रमाण मिलने पर उनमें परिवर्तन लाना अथवा आवश्यकता के अनुसार उसको त्याग देना भी जरूरी होता है। मानवी ज्ञान कभी भी संपूर्ण नहीं होता। वह अंतिम सत्य भी नहीं होता। सत्य परिवर्तनशील होता है, ऐसा वैज्ञानिक दृष्टिकोण का मानना है।

(ब) निरीक्षण और प्रयोग के द्वारा अर्थात् अनुभवों पर आधारित उन्नत वैज्ञानिक पद्धति से प्रमाणित निष्कर्ष और धारणा को स्वीकार किया जाता है।

(स) यथेष्ट और तथ्यपूर्ण घटनाओं के आधार पर किसी पूर्व प्रचलित वैज्ञानिक निष्कर्ष को गलत साबित किया जा सकता है। वह अंतिम सत्य नहीं बन सकता।

(द) वैज्ञानिक निष्कर्ष किसी व्यक्ति अथवा ग्रंथ को प्रमाण मानकर स्वीकार नहीं किए जा सकते। प्रमाण, अनुभव और तर्क के आधार पर ही उसका मूल्यांकन करना चाहिए।

(ध) वस्तुस्थिति और घटनाओं का अध्ययन वस्तुनिष्ठता, निष्पक्षता और तटस्थता जैसे दृष्टिकोण के आधार पर होना चाहिए। भय, इच्छा और पूर्वानुमान जैसी मानसिक समस्याओं को सत्य के अनुसंधान में बाधा नहीं बनने देना चाहिए।

धार्मिक जीवन और वैज्ञानिक दृष्टिकोण में अंतर

(अ) वैज्ञानिक निष्कर्ष के द्वारा हासिल किया गया ज्ञान अल्पावधि के लिए होता है क्योंकि उसमें परिवर्तन होता है। इसके विरुद्ध धार्मिक धारणाएँ अंतिम सत्य होने का दावा करती हैं। वैज्ञानिक सत्य प्रायोगिक प्रमाण और विशेष पद्धति से ढूँढ़े जाते हैं। इसीलिए विश्व में किसी भी स्थान पर, किसी भी समय उनका परीक्षण किया जा सकता है। लेकिन धार्मिक सत्य साधारण अनुभवों से परे होता है। ऋषि, पैगंबर या प्रचारक जैसे विद्वानों को अंतर्ज्ञान से उनका साक्षात्कार होता है, इसीलिए वे साधारण नहीं रहते हैं।

(ब) कुछ घटनाओं के आधार पर वैज्ञानिक निष्कर्ष असत्य साबित हो सकता है, लेकिन धार्मिक सत्य वैश्विक माने जाते हैं। विश्व की कोई घटना उन्हें बदल नहीं सकती। 'एक दिन ईश्वर हमारे कर्मों का फल देनेवाला है, हमें अपने कर्मों के अनुसार पुनर्जन्म मिलनेवाला है, इस जीवन के मेरे सारे दुख मेरे पूर्वजन्म के बुरे कर्मों के फल हैं, मेरा कल्याण ईश्वर ही करेगा, इसीलिए जो भी हो रहा है, मेरी भलाई के लिए हो रहा है' ऐसी श्रद्धा व्यक्ति के मन में होती है। इसीलिए वैज्ञानिक निष्कर्षों की अपेक्षा धार्मिक धारणाएँ उस व्यक्ति में बहुत दृढ़ होती हैं। अनुभवजन्य या प्रमाण के द्वारा उसे झूठ साबित करना आसान नहीं होता, क्योंकि श्रद्धावान की भावनाओं के आहत होने की संभावना होती है।

(स) स्वजनों का कथन कभी वैज्ञानिक सत्य का आधार नहीं बन पाता है। धार्मिक सत्य, साधारण मनुष्य की सहनशक्ति से परे होता है। इसीलिए वह श्रद्धा के साथ उनको स्वीकार करता है। इस प्रकार धार्मिक सत्य पवित्र ग्रंथ-आधारित, पुराणनिष्ठ और शब्दनिष्ठ होते हैं।

(द) वैज्ञानिक दृष्टिकोण हमेशा इस बात का ध्यान रखता है कि मनुष्य की आशा-आकांक्षाओं के तले सत्य का ज्ञान दबा न रहे। लेकिन धार्मिक सत्य मनुष्य मन को शाश्वत आधार देते हैं। उनकी आशा-आकांक्षाओं को पूरा करते हैं। कम-से-कम उन्हें माननेवाले व्यक्ति की धारणा तो यही होती

है। इस प्रकार वैज्ञानिक दृष्टिकोण ज्ञानपरक और अनुसंधानात्मक होते हैं जबकि धार्मिक वृत्तियाँ भाव–आधारित एवं श्रद्धा–आधारित होती हैं। धार्मिक विचारकों को अपनी दलीलें संतोषजनक लगती हैं तथा गैर–धार्मिक विचारकों को उनकी दलीलों पर असंतोष होता है। धार्मिक जीवन का पक्षधर दर्शनशास्त्र चेतना और एहसास का स्वतंत्र अस्तित्व मानता है। अचेतन सृष्टि को वह मिथ्या मानता है। या दूसरे शब्दों में कहा जाए तो अचेतन 'सत्' होकर भी पराश्रित और चेतनाधीन होता है। लेकिन अचेतन सृष्टि अथवा पदार्थ ही अंतिम सत्य है और चेतना तथा एहसास उसका परिणाम है। अचेतन पदार्थ के अधीन है, ऐसा माननेवाला वैज्ञानिक दृष्टिकोण अधर्म का मूल कारण है, ऐसा धार्मिक विचारकों का मानना है। व्यक्ति धार्मिक धारणाओं की तार्किकता या उसके प्रमाणित सत्य की जाँच नहीं करता है। फिर भी उनको आँखें मूँदकर स्वीकार करता है। यह उसकी श्रद्धा होती है। परिणामस्वरूप विचारकों की दलीलें उसे उचित नहीं लगतीं। बर्ट्रांड रसेल ने कहा, ''ईश्वर के प्रति लोगों की श्रद्धा का आधार तर्कसंगत दलीलें नहीं होतीं। उनके बचपन से ही वे संस्कार उनमें मौजूद होते हैं, और अपनी सुरक्षा की भावना भी इसका एक कारण होती है।'' मनुष्य के बचपन से ही उस पर आत्मा के अस्तित्व, उसके अमरत्व आदि काल्पनिक संस्कारों का प्रभाव होता है। मृत्यु का संत्रास और अमरत्व की इच्छा उसे इस श्रद्धा को स्वीकार करने पर मजबूर करती है। धार्मिक धारणाओं को समर्थन देनेवाली तार्किक दलीलें अथवा छद्म वैज्ञानिक विवेचना, उन्हें वस्तुनिष्ठ आधार देती हैं, ऐसा मानना वैज्ञानिक दृष्टिकोण को अपनी ही नजरों में गिराना या स्वयं को धोखा देना है। ईश्वर के साक्षात्कार से व्यक्ति के मन में प्रेम और करुणा के स्रोत बहने लगते हैं। उसका अहं नष्ट हो जाता है। वह भौतिक जीवन के प्रति उदासीन हो जाता है, उसे अपूर्व शांति का एहसास होता है। ऐसी सीख विश्व की महान धार्मिक हस्तियाँ देती आई हैं। इस अनुभव का नैतिक और आध्यात्मिक मूल्य है, इसमें दो राय नहीं है। लेकिन ऐसा नहीं कहा जा सकता। वह प्रत्यक्ष ज्ञान के समान बोधात्मक अनुभव है। इसीलिए ईश्वर, आत्मा, अमरत्व जैसी धारणाएँ सत्य रूप में साबित नहीं होतीं। धार्मिक दार्शनिकों की इन दलीलों पर विश्वास नहीं किया जा सकता। इसके तीन कारण दिए जा सकते हैं :

पहला : व्यक्ति का प्रत्यक्ष ज्ञान वस्तुनिष्ठ होता है, जिसे वह अपने मन अथवा इंद्रियों में कोई बदलाव लाए बगैर अनुभव करता है। इसके विरुद्ध योग–साधना अथवा दवा के सहारे मानसिकता को बदलकर लिया हुआ अनुभव चाहे कितना भी मनोहारी क्यों न हो, फिर भी वह वस्तुनिष्ठ नहीं होता।

दूसरा : अनुभव उसको कहते हैं जिसका विवेचन दैवी साक्षात्कार करनेवाले व्यक्ति, उनके अनुयायी, परंपराएँ अथवा संप्रदायों द्वारा किया जाता है। उनका वाच्यार्थ केवल रूपकों और अलंकारों पर आधारित होता है। यह उन पर हुए संस्कारों का नतीजा होता है।

तीसरा : सभी धर्मों के अपने-अपने अनुभव होते हैं और उनका कोई वस्तुनिष्ठ प्रमाण नहीं दिया जा सकता। दैवी साक्षात्कार करनेवाले व्यक्तियों में एकमत की अपेक्षा मत-मतांतर अधिक होता है। प्रत्येक को दूसरे का अनुभव नकली लगता है। किसका अनुभव सच माना जाए और किसका झूठ, इसका कोई आधार नहीं होता। यह निराधार बातें अंधविश्वास एवं पोथीनिष्ठता का प्रमाण देती हैं। कुछ देर के लिए मान लिया जाए कि विश्व के सभी साक्षात्कारी पुरुषों में एकमत है, पर उनके अनुभवों से वस्तुनिष्ठता और चेतनायुक्त पदार्थों का अस्तित्व साबित नहीं होता। हाँ, यह जरूर हो सकता है कि इन महानुभावों की मनोभूमिका समान होने के कारण उनके अनुभव जरूर समान हो सकते हैं।

वैज्ञानिक दृष्टिकोण मनुष्य जीवन को धर्म से बाहर करने की भाषा बोल सकता है, लेकिन धर्म विज्ञान को नष्ट करने की सोच भी नहीं सकता है। वह विज्ञान को नजरअंदाज भी नहीं कर सकता। अचेतन सिद्धांत का मजबूत पक्ष यह है कि दर्शनशास्त्र के बाहर भी उसे समर्थन मिल रहा है। शॉक ट्रीटमेंट द्वारा मानसिक समस्याओं का इलाज किया जाता है। विशेष विद्युतयंत्र की सहायता से दिमाग के विशिष्ट हिस्से को उद्दीप्त कर इच्छित भावनाएँ प्राणी अथवा मनुष्य में निर्मित की जाती हैं। यह एक कृत्रिम प्रक्रिया है जिसके माध्यम से यह निष्कर्ष निकाला जाता है। यह साबित भी किया जाता है कि मनुष्य की मानसिकता दिमाग एवं मज्जासंस्था पर निर्भर होती है। उस पर नियंत्रण रखा जाता है। इसीलिए बिना दिमाग और मज्जासंस्था के एहसास का अस्तित्व असंभव होता है। जज्बात दिमाग से निर्मित होता है, लेकिन दिमाग उस पर आश्रित नहीं है। यह अचेतनवादी सिद्धांत एक ऐतिहासिक सत्य है। विश्व में सर्वप्रथम निर्जीव, अचेतन पदार्थों का अस्तित्व था। पानी, हवा, वायु, जमीन तथा उष्णता जैसे पदार्थों से अधिकांश प्राथमिक जीव-जंतु निर्मित हुए। तत्पश्चात् अनुभूति और अंत में स्व-अस्तित्व निर्मित हुआ। वैज्ञानिक दृष्टिकोण इस प्रक्रिया का प्रमाण देता है। इसे नकारा जाए तो उत्क्रांतिपूर्व ब्रह्म से अथवा चेतन से अचेतन पदार्थों तक एक अपक्रांति की प्रक्रिया को स्वीकार करनी पड़ेगी। लेकिन इसका कोई भरोसा नहीं।

'सत्य' के संदर्भ में निष्कर्ष देते समय वैज्ञानिक दृष्टिकोण इस बात का ध्यान रखता है कि मनुष्य की अनुभूति भौतिक परिस्थिति से ही बनती है। अनुरूप परिस्थिति तक और उचित पद्धति से अगर समाज रचना को बदल दिया जाए तो मनुष्य की अनुभूति में एक दीर्घकालिक और प्रभावी परिवर्तन आ जाएगा।

कुछ वैज्ञानिकों का व्यवहार अवैज्ञानिक क्यों होता है ?

अनुसंधाता की वैचारिक पद्धति वैज्ञानिक होती है। वह उसके जीवन का एक अंग होता है। वैज्ञानिकों से यह स्वाभाविक अपेक्षा की जाती है कि उन्हें अंधविश्वास से दूर रहकर समझदारी से अपना जीवन-यापन करना चाहिए। लेकिन कुछ अपवादस्वरूप अनुभव भी मिलते हैं। अपने कार्यक्षेत्र में विज्ञान की आराधना करनेवाले वैज्ञानिक का प्रत्यक्ष व्यवहार बिलकुल विपरीत होता है। इसका कारण जान लेना जरूरी है।

प्रथमत: शास्त्रीय विचार-प्रणाली और वैज्ञानिक दृष्टिकोण में जो अंतर होता है, उसे जान लेना जरूरी है। शास्त्रीय पद्धति का आधार तर्क, निरीक्षण और सूत्रबद्ध व्यवहार होता है। अनुसंधान से परे इसकी दृष्टि पहुँचने की संभावना बहुत कम रहती है। यूरोप में वैज्ञानिक दृष्टिकोण के जरिए हुए अनेक आविष्कारों ने वहाँ के समाज को झकझोर दिया। भारत में ऐसी बारी नहीं आई। ब्रिटिशों के साथ विज्ञान भी बिना बुलाए मेहमान की तरह आ गया। इसीलिए पृथ्वी सूर्य की परिक्रमा करती है अथवा वर्तमान मनुष्य बंदर का वंशज है, जैसे शास्त्रीय निष्कर्षों के बाद यूरोप में जो खलबली मची, वह भारत में नहीं मची। यहाँ पर शास्त्रीय विचार-प्रणाली जीवन का दृष्टिकोण नहीं बल्कि स्वाभाविक रूप में उन्नति का प्रभावी साधन बनी। यूरोप में वैज्ञानिक अपनी बात को समाज के गले बाँधने के लिए अपने सर्वस्व की बाजी लगा देते थे। भारत में अनुसंधानात्मक दृष्टिकोण तो सुविधा से स्वीकार किया गया। लेकिन उसके लिए आवश्यक निडर मानसिकता यहाँ पर नहीं पनप पाई। इस बात का भी हमें ध्यान रखना चाहिए कि मनुष्य केवल बुद्धि से ही नहीं, भावना के आधार पर भी जीवित होता है। वैज्ञानिकों के अवैज्ञानिक वर्तन का मूल कारण इसी बात में छुपा है। किसी वैज्ञानिक का बच्चा अगर बीमार पड़ गया तो वह पहले सभी डॉक्टरी इलाज करेगा। साथ में किसी देवता की विभूति भी बच्चे के माथे पर लगाने में नहीं हिचकिचाता। इसके आगे भी वह एक कदम उठाता है। बच्चा जल्द अच्छा हो जाए, इसीलिए मृत्युंजय मंत्र का स्मरण करना, भगवान से मन्नत माँगना, अनुष्ठान आदि की विधियाँ करने में भी उसे कोई संकोच नहीं होता। इससे भी आगे जाकर बच्चे पर भूत-प्रेत की बाधा की आशंका से किसी बाबा से झाड़-फूँक कराने, बच्चे के गले में नीबू बाँधकर उसकी जान बचाने के लिए भी वह तैयार होता है। मान लीजिए, कोई वैज्ञानिक अपना घर बना रहा है, तो वह अत्याधुनिक साधनों का उपयोग तो करेगा। लेकिन पहले जमीन को पूजना, शगुन देखकर गृहप्रवेश या वास्तुशांति करना, चौखट पर काली गुड़िया को बाँधकर लटकाना जैसी बातें करते समय वह वैज्ञानिक नहीं रहता। अब इस बात का अर्थ क्या है ? ऐसा व्यवहार गलत है, लेकिन उसका कारण भी जान लेना हमारे लिए बहुत जरूरी हो जाता है।

मनुष्य के व्यक्तित्व में विचार और भावनाओं का महत्त्वपूर्ण योगदान होता है। भावनाओं का दिमागी हिस्सा मनुष्य को उत्क्रांति की प्रक्रिया में प्राप्त हुआ है।

उसकी विचार–प्रक्रिया उसके आधुनिक विकास से शुरू हुई है। भावनाएँ तीव्र होती हैं, विचार उनका अनुकरण करता है; अर्थात् विचारों पर भावनाओं का अधिकार होता है। मनुष्य के व्यवहार पर भावनाओं का अधिक प्रभाव होता है। भावना के विश्व में अमंगल का काल्पनिक भय एवं अतृप्त इच्छाओं की पूर्ति की कामना होती है। बीमार बच्चे का वैज्ञानिक पिता सोच–समझकर वैद्यकीय इलाज करवाता है लेकिन अमंगल के भय से अंधविश्वासी बनता है। घर बनानेवाला वैज्ञानिक वास्तुशास्त्र के अनुसार घर की रचना बनाता है, लेकिन उस घर में अपनी अतृप्त इच्छापूर्ति का उद्देश्य उसके मन में होता है, जैसे—स्वयं को नौकरी में तरक्की मिले, बेटे को उसके ऐच्छिक क्षेत्र में सरकारी खर्चे से दाखिला मिले, बेटी का ब्याह किसी अच्छे घर में हो, वह कम पैसों में हो जाए, घर के सामने चार पहियों वाली अपनी गाड़ी आ जाए, विदेश जाने का मौका मिले, आदि अनेक अतृप्त कामनाओं की पूर्ति वह घर बनानेवाला वैज्ञानिक चाहता है। इसीलिए घर के भूमिपूजन से लेकर उसकी वास्तुशांति तक की विधियाँ उसे गलत नहीं अपितु आवश्यक लगती हैं। यह दोहरा व्यवहार अपने–अपने स्थान पर सही है। उस वैज्ञानिक व्यक्ति को बचपन से ही ऐसे संस्कार घर, बाहर, स्कूल–कॉलेजों से मिलते हैं, जो उसके मन में अधिक दृढ़ स्थान बनाते हैं। वैज्ञानिक बनते समय उस व्यक्ति से कोई शख्स यह नहीं कहता कि जिस विज्ञान का तुम उपयोग कर रहे हो, उसकी पृष्ठभूमि में वैज्ञानिक दृष्टिकोण है। उसका लाभ किसी प्रश्न का निश्चित उत्तर ढूँढ़ने में या अपने बीमार बच्चे का उचित इलाज कराने में, घर की रचना को निर्दोष बनाने में नहीं है। इस दृष्टिकोण का असली लाभ है अचेतन सृष्टि के गुणविशेषों की जानकारी हासिल होना जो हमारा आत्मविश्वास बढ़ाती है, निडर मानसिकता को विकसित करती है और कुल मिलाकर जीवन का बौद्धिक और भावनात्मक स्तर ऊँचा कर देती है।

विवेच्य बातों के संस्कार आज की शिक्षा में अथवा समाज में नजर नहीं आते। इसीलिए वैज्ञानिक विपरीत व्यवहार करते हैं। इससे अगर बचना है, तो एक व्यूह–निर्माण करना होगा, जिसकी रूपरेखा इस प्रकार होगी :

1. मनुष्य का प्रथम लक्षण तर्कसंगत विचारों के अनुरूप व्यवहार करना है। असंगत विचारों पर आधारित व्यवहार उसको पराजित ही करता है। असंगत विचारों पर आधारित मार्ग भले ही उचित लगे, उन्नति का लगे, फिर भी अवांछित है, इस बात को ध्यान में रखना चाहिए।
2. अशास्त्रीय पद्धति से किया व्यवहार अनुचित होता है, लेकिन वह व्यक्तिगत अधिकार भी होता है। अगर ऐसा अंधविश्वासी व्यवहार शोषण को खुलेआम बढ़ावा देता है, तो वहाँ कानून की आवश्यकता होती है। भगवान की आज्ञा का अंदाज लगाकर ही चुनाव में खड़ा होने या न होने का निर्णय लेना अंधविश्वासपूर्ण कार्य है। कोई व्यक्तिगत स्वतंत्रता कहकर इसे सही साबित

करेगा। लेकिन कोई व्यक्ति चोर है अथवा नहीं, यह साबित करने के लिए किसी जाग्रत् देवता के सामने उसे उबलते तेल में हाथ डालने के लिए मजबूर करना न केवल अंधविश्वास है, बल्कि शोषण है। इसके विरुद्ध कानून होना ही चाहिए। अभी तक ऐसा कानून समूचे भारत में कहीं भी नहीं बनाया गया है। महाराष्ट्र में अब यह बना है (2013)। सुधारकों की परंपरा से सम्पन्न महाराष्ट्र इक्कीसवीं शती में अंधविश्वास के विरुद्ध खड़ा होने से हिचकिचाता है। ऐसे समाज में रहनेवाले वैज्ञानिक अगर दोहरा अवैज्ञानिक व्यवहार करते हैं, तो इसमें आश्चर्य नहीं होना चाहिए।

3. अंधविश्वास के विरुद्ध जनजागरण का कार्य निःसंकोच निडरता से और प्रभावी ढंग से होना चाहिए। यह जागृति विज्ञान का प्रसार है। इस कार्य की कुछ सीमाएँ भी होती हैं। अधिकांश समय, प्रत्यक्ष अथवा अप्रत्यक्ष रूप में, इसमें धर्म की चर्चा होती है। इसीलिए इस कार्य का विरोध किया जाता है। बचपन से ही मनुष्य पर घर तथा समाज में सर्वत्र धर्म एवं परंपरागत आचार-विचारों के वातावरण का प्रभाव होता है। दृश्य-श्रव्य माध्यमों पर निरर्थक, अवैज्ञानिक धारावाहिकों का निरंतर प्रसारण होता रहता है। पाठशालाओं में सर्वधर्म समभाव की आड़ में किसी भी धर्म की चर्चा को टाला जाता है। वैज्ञानिक के अवैज्ञानिक व्यवहार को सुधारने के लिए बहुआयामी जागरण अनिवार्य हो गया है। लेकिन आज का कटु यथार्थ यह है कि जनजागरण के प्रमुख स्थानों पर ही अंधविश्वास का डेरा है।

4. मनुष्य के अंतर्मन में उसके बचपन से ही अवैज्ञानिक विचारों के संस्कार गहराई से जमे होते हैं। इस अंतर्मन में प्रवेश करने के लिए केवल जनजागरण पर्याप्त नहीं है, बल्कि अपने कार्य से उदाहरण पेश करने की भी आवश्यकता है। स्वयं के आचार में वह निडरता होनी चाहिए, विपरीत परिणामों का भय मन में नहीं होना चाहिए। आज की शिक्षा व्यवस्था ऐसी बातों का सर्वे तक करने के लिए राजी नहीं है। गाड़ी दुर्घटनाग्रस्त न हो इसलिए उस पर नीबू और मिर्च बाँधी जाती है। ऐसा करनेवाले और न करनेवाले गाड़ियों का सर्वे कर इस अंधविश्वास को दूर किया जा सकता है।

36 गुणों का मेल करवाकर हुई शादियाँ और कुंडली देखे बिना हुई शादियों का परीक्षण कर फलित ज्योतिष की निरर्थकता को साबित किया जा सकता है। काली गुड़ियों को इकट्ठा कर उन्हें जलाया जा सकता है। अमावस की रात बारह बजे कब्रिस्तान में लोगों की सैर करवाकर भूतों की कल्पना को झुठलाया जा सकता है। ग्रहणकाल में गर्भवती स्त्रियों को सब्जी नहीं काटनी चाहिए अथवा उसे ग्रहण नहीं देखना चाहिए वरना जन्म लेनेवाले शिशु के होंठ फट जाते हैं, ऐसे अंधविश्वास को अंधश्रद्धा निर्मूलन समिति की साहसी महिलाओं ने अपनी गर्भावस्था के समय लोगों

के सामने खुलेआम सब्जियाँ काटकर एक खोखली गलतफहमी साबित कर दिखाया। ऐसे अनेक कार्यों को जनजागरण के तौर पर देखा जा सकता है। संतोषी माता के नाम से अनेक पर्चियाँ गाँवों में बाँटी जाती हैं। उस पत्रिका में यह सूचना होती है कि जिन्हें वह मिली है, वे वैसी ही 500 प्रतियाँ छपवाकर अन्य लोगों को बाँट दें, अगर ऐसा नहीं करेंगे तो गंभीर संकट का सामना करना पड़ेगा, ऐसी धमकी भी उसमें दर्ज होती है। 'रिस्क' क्यों ली जाए, ऐसी भावना से अनेक लोग इस सूचना का पालन आँखें मूँदकर करते हैं। कुछ लोग अपने तक ही उस बात को सीमित रखते हैं।

एक गाँव में ऐसी ही पत्रिकाएँ कुछ छात्रों और उनके अध्यापकों को मिलीं। छात्र पर्चियों को लेकर अध्यापक के पास गए। अध्यापक अंधश्रद्धा निर्मूलन समिति के कार्यकर्ता थे। उन्होंने छात्रों के सामने पर्ची को फाड़कर फेंक दिया और कहा, "देखते हैं, आनेवाले पंद्रह दिनों में मैं और मेरे परिवार पर कौन सा संकट आता है।"

पंद्रह दिनों बाद सब कुछ ठीक-ठाक था। छात्रों ने अपने बैग से वह पत्रिकाएँ निकालकर स्वयं ही फाड़ दी। जाहिर था, वह छात्र भविष्य में कभी भी ऐसे अंधविश्वासों का शिकार नहीं हो सकता। लेकिन ऐसे किसी कार्य का प्रभाव वैज्ञानिक संस्कारों को माननेवाले किसी अन्य शिक्षित परिवार या समाज में नहीं पड़ा।

5. उपर्युक्त विवेच्य सीमाएँ एक यथार्थ हैं। उन्हें जितनी मात्रा में लाँघा जाए, उतने ही अपने जीवन के सभी क्षेत्रों में वैज्ञानिक दृष्टिकोण को अपनाएँगे। यह संभावना शिक्षित और अनपढ़ लोगों के बारे में एक समान है। इस संदर्भ में एक जीवशास्त्रीय कारण यह है कि मनुष्य एक प्राणी है। उसके दिमाग का एक बड़ा हिस्सा प्राणियों के दिमाग की तरह है। उत्क्रांति के बाद विगत कुछ वर्षों में ही उसका 'सोचनेवाला दिमाग' (Neocortex) विकसित हुआ है। विकास की यह गति अधिक तीव्र है। इसीलिए उसके प्राणियों वाले दिमाग और विकसित दिमाग में सामंजस्य नहीं हो पाया। परिणामस्वरूप व्यक्ति विचारों की अपेक्षा भावनाओं का शिकार होकर निर्णय लेता है। यहीं पर कार्य-कारण भाव पीछे छूट जाता है।

इक्कीसवीं शती में वैज्ञानिक दृष्टिकोण

उन्नीसवीं और बीसवीं सदी के बीच, वैज्ञानिक दृष्टिकोण की सहायता से, भौतिक ज्ञान अभूतपूर्व तरीके से विकसित हुआ। आशा है, वैज्ञानिक दृष्टिकोण इक्कीसवीं शती में समाजविज्ञान और मनोविज्ञान में प्रभावी भूमिका निभाएगा। सन् 1953 में पं. जवाहरलाल नेहरू ने देश की विज्ञान नीति को लोकसभा में स्पष्ट किया था। उन्होंने वैज्ञानिक दृष्टिकोण के असाधारण महत्त्व को व्यक्त करते हुए कहा था कि "Scientific temperament is a process of thinking, method of action, search of truth, way to life, spirt of a free man."

वैज्ञानिक दृष्टिकोण में विचार और कृति का समन्वय होता है। वह जीवन का दिशादर्शक और सत्य को खोजने का मार्ग होता है। इसके विचार और कृतियों का

विवेचन हम इसके पूर्व देख चुके हैं। आज के भागदौड़ भरे जीवन में 'समय' बहुत महत्त्वपूर्ण बन गया है। धन की अपेक्षा समय को अधिक मूल्यवान माननेवाले वर्तमान समाज में व्यक्ति की मृत्यु के दसवें दिन पिंडदान का कार्यक्रम किया जाता है, जिसके लिए लोग श्मशानभूमि में आने-जाने में अपना अमूल्य समय व्यर्थ खर्च करते हैं। श्मशानभूमि में कौआ पिंड को कब छुएगा, इसकी प्रतीक्षा में घंटों बिताए जाते हैं। कौआ और पिंडदान की रूढ़िगत विधि की जाँच-पड़ताल के बाद क्या पता चला? ऐसा माना जाता है कि मृत्यु के पश्चात् दसवें दिन मृत व्यक्ति की आत्मा श्मशानभूमि में पिंड के पास आकर बैठती है। सिर्फ कौआ उसे देख सकता है। आत्मा के जरिए व्यक्ति का चेहरा भी वह देखता है जिससे उसे पता चलता है कि व्यक्ति सुखी है या दुखी। आत्मा अगर सुखी हो तो कौआ पिंड को छूता है, अगर दुखी हो तो छूना टाल देता है। यह देखकर मृतक के रिश्तेदार अपनी समझ के अनुसार दुख के कारण का अनुमान लगाते हैं, और उसके निराकरण का वादा करते हैं; जैसे—'तुम्हारी सयानी बेटी की शादी कर देंगे, बेरोजगार बेटे को नौकरी लगवा देंगे', आदि। यह मानवीय भाषा जैसे ही उस आत्मा को पता चलती है, वह प्रसन्न हो जाती है। इसके बाद कौआ पिंड छूता है। रिश्तेदार संतुष्ट होकर घर लौटते हैं। अब इस विवेचन में सत्य की खोज कहीं भी नजर नहीं आती है। वास्तव में कौए का पिंड को छूना न छूना उसकी भूख पर आधारित होता है। लेकिन कोई ऐसा सोचना ठीक नहीं समझता। इसका कारण यह है कि यह विधि एक धार्मिक सच्चाई मानी गई है। उसके संदर्भ में मनुष्य की संवेदनाएँ, भावनाएँ तीव्र होती हैं। इसीलिए उसके सत्य की खोज छोड़ दी जाती है।

इस परिस्थिति को वैज्ञानिक दृष्टिकोण के जरिए बदला जा सकता है। मनुष्य की ग्रहणक्षमता को विज्ञान प्रगल्भ बनाता है। यह उसका महत्त्वपूर्ण काम है। अनेक सामाजिक प्रश्नों का कारण इस प्रगल्भता का अभाव है। वैज्ञानिक दृष्टिकोण के कारण मनुष्य जनतंत्र में अधिक प्रगल्भता से निर्णय ले सकेगा। सन् 2020 में भारत को महाशक्ति के रूप में देखने का सभी का सपना है। अधिकांश जनता ने महाशक्ति का अर्थ यह लगाया है कि सन् 2020 तक भारत का अन्तरिक्ष यात्री चाँद पर पहुँच चुका होगा, मनुष्य संसाधन विकास में अव्वल होगा या फिर उसके पास सभी प्रकार के शस्त्र होंगे। समूचे विश्व में उसका वैकासिक क्रम तीसरा या चौथा होगा। वास्तव में भारत का वैश्विक वैकासिक सूचकांक 127वाँ है। यह सूचकांक साक्षरता, गर्भवती महिलाओं की मृत्यु, नवजात शिशुओं की मृत्यु तथा पीने के शुद्ध जल के आधार पर स्थापित किया जाता है। मनुष्य की आकलन-कुशलता की दृष्टि से यह स्वाभाविक प्रश्न उठता है कि अगर चाँद पर पहुँचने की क्षमता भारत के पास है, तो देश की गर्भवती बहू-बेटियों की मृत्यु को टालना या फिर उनके घरों में नल द्वारा पानी को पहुँचाना इतना कठिन क्यों है? प्रश्नों का आकलन, प्राथमिकता का महत्त्व

आदि सामान्य जनता की समझ में आ सके, इसके लिए वैज्ञानिक दृष्टिकोण आवश्यक है।

वैज्ञानिक दृष्टिकोण मनुष्य के जज्बात को मुक्त रखने का महत्त्वपूर्ण कार्य करता है। मनुष्य का अर्थ ही उसके 'होने' का मुक्त एहसास है। सामाजिक व्यवस्था इस एहसास को निश्चित करती है। लेकिन मौजूदा भौतिक परिस्थिति के दबाव में व्यक्ति अपने एहसास को मुक्त नहीं रख सकता। इसकी जड़ मनुष्य के स्वभाव में ही है। इसीलिए डॉ. बाबासाहेब आंबेडकर ने कहा था, 'गुलामों को उनकी गुलामी का एहसास करा दो, ताकि वे विद्रोह कर सकें।' उनके अनुसार राजनीतिक क्रांति के पहले वैचारिक क्रांति जरूरी होती है। राजनीतिक दमनचक्र, आर्थिक शोषण जैसे अनेक कारणों से निर्मित मानसिक गुलामी से मुक्त होने के लिए व्यवस्था परिवर्तन के साथ ही एक मुक्त जज्बात भी होना चाहिए, जो किसी भी दबाव की परवाह नहीं करे। ऐसी अनुभूति वैज्ञानिक दृष्टिकोण से ही प्राप्त होती है। वस्तुतः वैज्ञानिक दृष्टिकोण मनुष्य की मौलिक स्वतंत्रता का सार है।

स्वतंत्र एहसास के कारण ही मनुष्य का मन वासना जैसे विकारों से मुक्त हो जाता है। दया, क्षमा, शांति, करुणा जैसे एहसासों से मनुष्य मन अधिक समृद्ध हो जाता है। इन एहसासों की खोज मनुष्य ने वैज्ञानिक दृष्टिकोण से भी पहले अर्थात् सैकड़ों-हजारों वर्ष पूर्व की है। संत, महात्मा अथवा महामानवों ने अपनी क्षमता के अनुसार यह खोज की है। लेकिन इस दीर्घयात्रा में धर्म और संप्रदायों ने इस मार्ग को स्वीकार कर उस पर अपनी मुहर लगा दी। ऐसे अनेक मार्ग आज बताए जाते हैं, लेकिन उनके प्रभाव को लेकर अभी भी प्रश्नचिह्न खड़े हैं। इस मार्ग को जाँचनेवाले अधिकांश लोग भी व्यवस्था परिवर्तन के संदर्भ में चुप्पी साध लेते हैं। हजारों वर्षों से जारी इस खोज को मानसशास्त्र और मनोवैज्ञानिक शास्त्र इक्कीसवीं सदी में वैज्ञानिक दृष्टिकोण की सहायता से पूरा करेंगे, ऐसी आशा है। अगर ऐसा होगा तो इक्कीसवीं सदी वैज्ञानिक दृष्टिकोण से मानवमुक्ति की सदी होगी।

वैज्ञानिक दृष्टिकोण : आरोप और उत्तर

वैज्ञानिक जीवन-पद्धति पर व्यावहारिकता और भावनाशून्य होने का आरोप लगाया जाता है। परंतु अज्ञान के कारण अथवा किसी अन्य उद्‌देश्य से ऐसी गलतफहमी समाज में सकारण फैलाई जाती है। भावना मनुष्य के व्यक्तित्व का एक संपन्न हिस्सा है। यही भावना बुद्धि के विचारों को ताक पर रखकर विज्ञान का विरोध करती है। प्रिय व्यक्ति की मृत्यु के पश्चात् अत्यधिक दुखी होना स्वाभाविक है। कुछ समय के लिए मन का भटक जाना, जीवन में रिक्तता को महसूस करना भी ठीक है। लेकिन विवेकी विचारोंवाला व्यक्ति भावना को टालकर इस अंतिम सत्य को स्वीकार कर अपने काम की ओर मुड़ जाता है। अगर व्यक्ति भावनाओं के

वशीभूत होकर मृतक की याद में शोक में डूबा रहेगा या फिर प्लेनचिट जैसी बातों का शिकार होकर मृतक की आत्मा से मिलने का प्रयत्न करेगा तो वह उसकी भावना नहीं बल्कि विवेकहीनता कहलाएगी। अनेक के मन में विज्ञान के प्रति द्वेष होता है। नास्तिक बनकर जीवन की सभी समस्याओं का सामना करने की भाषा कुछ लोगों को उद्दंडता लगती है। 'ईश्वर' की कल्पना का सहारा लेने या न लेने का अधिकार देश के संविधान ने प्रत्येक व्यक्ति को दिया है। ऐसी कल्पित शक्ति की शरण में आने की अपेक्षा, आए हुए संकट का स्वरूप जानकर, गलतियों को सुधारकर उसका सामना करने में ही बुद्धिमानी होती है।

हमेशा इस बात को स्पष्ट किया जाता है कि मनुष्य चाहे कितना भी अनुसंधान करे, खोज करे, फिर भी वह प्रकृति पर विजय हासिल नहीं कर सकता। वैज्ञानिक दृष्टिकोण के अनुसार प्रकृति के नियमों की जानकारी लेकर, उनके अनुसार अपने जीवन को सुखी बनाना चाहिए। बारिश के दिनों में नदियों में बाढ़ आती है, वह मनुष्य जीवन को उजाड़ती है। गर्मी के दिनों में सूखी बनकर वही नदी जीवन को शुष्क बनाती है। ऐसी नदियों पर बाँध बनवाना, बाढ़ को नियंत्रित करना, साल भर के लिए पानी का नियोजन करना, बिजली का निर्माण जैसे कल्याणकारी कार्य मनुष्य नियमों के आधार पर कर सकता है। वैज्ञानिक दृष्टिकोण का उद्देश्य प्रकृति के विरुद्ध युद्ध जीतना नहीं बल्कि प्रकृति के नियमों को मनुष्य के हित से जोड़कर उसके साथ सहजीवन विकसित करना है।

विज्ञान के संदर्भ में ऐसी दलीलें भी दी जाती हैं कि परमाणु हथियारों की खोज उसके कारण ही हुई है और वह लाखों लोगों की जान का दुश्मन बन गया है। लेकिन एक बात को भुला दिया जाता है कि मनुष्य जीवन को सुरक्षित और सुखी बनाने में विज्ञान एक वरदान भी साबित हुआ है। धरती पर मौजूद सभी लोगों को पेट भर खाने के लिए पर्याप्त अनाज विज्ञान ही दे पाया है। मनुष्य जाति को संत्रस्त करनेवाली अनेक बीमारियों को विज्ञान ने ही काबू में किया है। इसी से मनुष्य एक-दूसरे के नजदीक आ सका है। सूचना और प्रौद्योगिकी में जो क्रांति हुई, उससे अनेक क्षेत्रों में मनुष्य जीवन विकसित हुआ। मनोरंजन का अद्भुत पिटारा उसने खोल दिया है। मनुष्य के लाखों वर्षों के इतिहास में जो बातें कल्पनाओं में भी असंभव थीं, बीते दो दशकों में वह यथार्थ बन गई हैं। आग का उपयोग अनाज पकाने के लिए करना है या दूसरे के घर को जलाने के लिए, यह निर्णय तो मनुष्य को अपनी सत्-असत् बुद्धि से लेना चाहिए। यह बुद्धि ही हर किसी को वैज्ञानिक दृष्टिकोण प्रदान करती है। जो विवेक को 'धर्म' की देन मानते हैं, वे उस मार्ग को अपनाएँ लेकिन विज्ञान भरोसेमंद मार्ग है क्योंकि इसकी बुनियाद मूल्य-धारणा के साथ-साथ व्यावहारिकता भी है।

विज्ञान सभी प्रश्नों के उत्तर नहीं देता। उस पर यह आरोप भी लगाया जाता है कि वह परमात्मा अथवा आत्मा के संदर्भ में कोई बात नहीं करता। वास्तव में विज्ञान

के बारे में जो अज्ञान है, उसी से यह आरोप उत्पन्न हुआ है। आत्मा या उससे संबंधित बातें मानवीय निरीक्षण तथा उसके प्रयोग से परे हैं। इसीलिए इस संदर्भ में विज्ञान की भूमिका 'मुझे पता नहीं' की है। वैज्ञानिक दृष्टिकोण इस बात पर विश्वास नहीं करता कि निरीक्षण और प्रयोग के लिए जो ज्ञान उपलब्ध नहीं है, वह मनुष्य के पास हो सकता है। वैज्ञानिक दृष्टिकोण साधारण लोगों के बस की बात नहीं है, उन्हें धर्म का आधार ही चाहिए, यह आरोप भी झूठा है। जीवन में अनेक निर्णय लेते समय, प्रमाण को देखकर ही विश्वास रखने की पद्धति से व्यक्ति उसे अपनाता है। धर्म के वास्तविक तत्त्वों का पालन बहुत कठिन है। वैज्ञानिक दृष्टिकोण मानता है कि धर्म की अपेक्षा विवेक से ही नीति का निर्माण होता है। इसका अर्थ यह नहीं कि वैज्ञानिक दृष्टिकोण इस संबंध में मूल्य-निर्धारण नहीं करता। धर्म के समर्थक मानते हैं कि धर्म का मतलब रूढ़ि, परंपरा, कर्मकांड नहीं बल्कि वह उसके तत्त्वज्ञान और नैतिकता पर आधारित है। इसीलिए वह मूल्य-निर्धारण भी करता है। वह केवल गणितीय दृष्टिकोण नहीं है, बल्कि एक कार्य-कारण भाव भी है। मूल्य-निर्धारण के क्षेत्र में कार्य-कारण भाव बताता है कि अन्य व्यक्ति हमारे साथ अनुचित व्यवहार करे तो हमें अच्छा नहीं लगता। वैसा ही अनुचित व्यवहार हमें भी दूसरों के साथ नहीं करना चाहिए। दूसरे व्यक्ति अगर हमारे साथ अच्छा बर्ताव करते हैं तो हमें भी दूसरों के साथ वैसा ही बर्ताव करना चाहिए। वैज्ञानिक दृष्टिकोण विचारों का पथदर्शक होता है। विचारों के निर्देशन से आचार को दिशा मिलती ही है, ऐसा बिलकुल नहीं। लेकिन उतनी क्षमता इस दृष्टिकोण में जरूर होती है। यह मनुष्य की बुद्धि पर निर्भर होता है और मूल्य-निर्धारण भी मनुष्य की बुद्धि एवं सामाजिक स्थिति से ही उत्पन्न होता है। मूल्य-निर्धारण की दृष्टि से सामाजिक स्थिति का परीक्षण भी बुद्धि की सहायता से ही संभव होता है। इस प्रक्रिया अथवा व्यवस्था क्रम पर अगर गौर किया जाए तो वैज्ञानिक दृष्टिकोण मूल्य-निर्धारण नहीं करता, यह आरोप झूठा साबित होता है।

वैज्ञानिक दृष्टिकोण को स्वीकार करने के बाद चुंबक चिकित्सा, रेकी, वास्तुशास्त्र, फलित ज्योतिष जैसी सारी बातों को नकारना पड़ेगा। कथित अध्यात्म के मोक्ष, ब्रह्म, परब्रह्म, स्वर्ग, आत्मा, परमात्मा आदि बातों का अस्तित्व भी अमान्य करना पड़ेगा।

विज्ञान की कसौटी पर फलित ज्योतिष

अंतरिक्ष में टिमटिमाते तारों की ओर आदिमानव बहुत कौतूहल से देखता था। पृथ्वी पर जो असुरक्षित और अस्थिर जीवन था, उसकी अपेक्षा अपनी कक्षा में बहुत नियमबद्धता से निरंतर परिक्रमा करनेवाले ग्रहों का उसे बहुत आकर्षण था। इन ग्रहों का निरीक्षण करने की पद्धति भी बहुत प्राचीन है। ई.पू. 4200 वर्ष पहले बेबीलोन संस्कृति में ग्रह-तारों की परिक्रमाओं को दर्ज करना शुरू किया गया। यह केवल जिज्ञासा के कारण की गई खोज नहीं थी, बल्कि सूर्य की परिवर्तित स्थिति के अनुसार पृथ्वी पर बदलनेवाले ॠतुचक्र, तूफान, चंद्रमंडल के अनुसार होनेवाला समुंदर का ज्वारभाटा, ग्रहण, तारों के कारण मिलनेवाला दिशानिर्देश आदि बातों की जानकारी भी इस खोज से मिली। शती-दर-शती के खगोलीय निरीक्षण के बाद अमावस्या और पूर्णिमा कब होती है, ग्रहण कब लगनेवाला है, धूमकेतु कब दिखनेवाला है, आकाश में कौन से तारे किस रूप में नजर आने के बाद कौन सा ॠतु परिवर्तन होनेवाला है, ऐसे निष्कर्ष मानव ने दर्ज किए। आकाश में विशिष्ट ग्रह समूह दिखाई देने पर बारिश होगी, नाईल (नील) नदी की उपजाऊ मिट्टी उसके दोनों किनारों पर फैलेगी, खेती में बीज बोने का अनुकूल वातावरण तैयार हो चुका है, ऐसी अनेक सूचनाएँ तत्कालीन ज्योतिष-पंडित लोगों को देते थे। आगे चलकर नक्षत्र, ॠतुचक्र का खेती के लिए और तारों की दिशाओं का यात्रा के लिए उपयोग होने लगा। चंद्र- सूर्य का संबंध पृथ्वी पर होनेवाली घटनाओं से होता है, इसीलिए अन्य ग्रहसमूहों का भी मनुष्य जीवन से संबंध हो सकता है, ऐसी दलीलें दी जाने लगीं। शुरुआती दौर में फलित ज्योतिष में खगोलशास्त्र, गणित और भविष्य जैसे तीन विषय सम्मिलित थे। मानवीय संस्कृति में जैसे-जैसे विज्ञान विकसित हुआ, वैसे ही गणित की स्वतंत्र शाखाएँ निर्मित हुईं। बाकी जो बचा रहा, वह है फलित ज्योतिष। तब तक फलित ज्योतिष के आपसी हितसंबंध बन चुके थे। मनुष्य के कमजोर मन का आभासी आधार बनाने में वे सफल हो गए। उनके हितसंबंधों ने उन्हें समाज में स्थायी कामयाबी दी।

दिल्ली से लेकर गली तक के लोग अपना भविष्य फलित ज्योतिष में देखते हैं, फिर वह झूठ कैसे कहा जा सकता है? यह सवाल निरर्थक है। दिल्ली से गली तक बहुत-सी बातें होती रहती हैं, वे सभी उचित या वैज्ञानिक होती हैं, ऐसा नहीं। जैसे—

अनेक लोग तमाखू खाते हैं, शराब पीते हैं, भ्रष्टाचार करते हैं ऐसा अनुभव है। लेकिन सार्वजनिक व्यवहार के तौर पर उन्हें नैतिक या वैज्ञानिक नहीं कहा जाता, क्योंकि नैतिक व्यवहार के नियम अलग होते हैं। वे वैश्विक होते हैं। उनकी कसौटी पर जब फलित ज्योतिष खरा उतरेगा तब वह एक शास्त्र के रूप में अपनी मान्यता को स्थापित करेगा। अभी तक तो वह ऐसी स्थिति में नहीं है।

भारतीय ज्योतिष-परंपरा वेदों के समान ही प्राचीन मानी जाती है। लेकिन ऋग्वेद और यजुर्वेद के वेदांग ज्योतिष में फलित ज्योतिष का उल्लेख नहीं मिलता। मनुष्य का भूतकाल और भविष्यकाल ग्रहसमूहों द्वारा नियंत्रित होने की कल्पना हिंदू धर्म के कर्मविपाक सिद्धांत तथा भाग्य, प्राक्तन, भाग्यरेखा जैसी बातों से मेल खाती है। यही कारण है कि हिंदू मानसिकता ने उसे शीघ्र ही स्वीकार कर लिया लेकिन केवल इस आधार पर ज्योतिष एक शास्त्र के रूप में स्थापित नहीं होता।

ऋषि-मुनियों के लिखे हजारों वर्ष तक फटी-पुरानी अवस्था में उपलब्ध होनेवाले मोटे-मोटे ग्रंथ ज्योतिषशास्त्र होने का दावा करते हैं, पर वे ठीक नहीं हैं। पृथ्वी समतल है, सूर्य पृथ्वी की पूर्व से पश्चिम की दिशा में परिक्रमा करता है, शेषनाग का सिर हिलने पर भूचाल आता है, राहु और केतु नामक राक्षस जब सूर्य और चंद्र को निगलते हैं तब ग्रहण लगते हैं, स्त्री अपनी गर्भावस्था में ग्रहण को देखती है अथवा किसी चीज को काटती है तो जन्म लेनेवाले शिशु के होंठ कट जाते हैं, यज्ञ की विधि करने से बारिश होती है, संपन्नता प्राप्त होती है—ऐसी गलत धारणाएँ हजारों वर्षों से चलती आ रही थीं, लेकिन विज्ञान के प्रभाव और प्रवाह में वे बह गईं। फलित ज्योतिष के ईश्वरीय ज्ञान होने के प्रमाण को 'भृगुसंहिता' के रूप में पेश किया जाता है। इस संहिता में त्रिकालज्ञानी ऋषियों ने विश्वनिर्माण और मानवनिर्माण से लेकर आज तक के सभी मनुष्यों का भविष्य लिखकर रखा है। वे ऋषि-मुनि अंतर्यामी थे। इस विवेचना में कोई दम नजर नहीं आता। विज्ञान किसी भी अंतर्ज्ञान से तैयार नहीं होता। प्राकृतिक घटनाओं और अनुभवों के तर्कसंगत और वस्तुनिष्ठ अध्ययन से वह साध्य होता है।

भविष्य बताने की निम्न पद्धतियाँ समाज में प्रचलित हैं :

1. तोते की वाणी से भविष्य कथन,
2. बिल्लौर में देखकर भविष्य बताना,
3. काजल की डिबिया में देखकर भविष्य बताना,
4. रुद्राक्ष देखकर भविष्य कथन करना,
5. रमलविद्या मतलब मुहरें फेंककर भविष्य बताना,
6. अंकसामुद्रिक अर्थात् अंकों द्वारा भविष्य बताना,
7. अंगों के लक्षणों से अर्थात् चेहरा, तिल, जन्मचिह्न को देखकर भविष्य बताना,

8. हाथ की रेखाओं को देखकर भविष्य बताना,
9. कुंडलीशास्त्र अथवा फलित ज्योतिष,
10. भृगुसंहिता अथवा नाड़ी ग्रंथ, आदि।

इन तमाम पद्धतियों में से एक भी वैज्ञानिक नहीं है। यह सत्य ज्योतिषियों को नागवार गुजरता है। उनका कहना है कि 'किसी डॉक्टर द्वारा किसी बीमारी का किया हुआ इलाज हमें मंजूर होता है क्योंकि उस बीमारी या उसके इलाज का शास्त्रीय ज्ञान उसके पास होता है।' इसका मतलब यह होता है कि फलित ज्योतिष शास्त्र का अभ्यास जो नहीं करता, उसे उस शास्त्र के बारे में बोलने का अधिकार नहीं होता। समीक्षकों ने फलित ज्योतिष (?) का अगर अध्ययन नहीं किया है, तो उन्हें इस संदर्भ में कोई आपत्ति नहीं होनी चाहिए। स्पष्टतः यह दलील चतुराई से की हुई है।

जादू-टोना करना, मूठ मारना, भानमती आदि दुष्कृत्य अनेक स्थानों पर किए जाते हैं। इन अंधविश्वासी ढकोसलों को नियंत्रित करनेवाला कानून महाराष्ट्र विधानसभा ने पारित किया है। इस संदर्भ में कोई चुनौती नहीं दे सकता कि उपर्युक्त कृत्य काला जादू है और उसका अध्ययन किए बिना उसका विरोध करनेवाला कानून बनानेवाले आप कौन होते हैं? इसका कारण यह है कि विज्ञान के नियम एक ओर हैं और काली विद्या दूसरी ओर है तथा दोनों का एक-दूसरे से कोई संबंध नहीं है। यही समस्या फलित ज्योतिष के संदर्भ में भी लागू है। 2000 वर्षों की परंपरा का दावा करनेवाला फलित ज्योतिषशास्त्र विज्ञान की कसौटी पर खरा उतरनेवाला एक भी सामान्य नियम नहीं बना पाया है।

फलित ज्योतिष के तीन पूर्वानुमान

किसी भी बात को शास्त्र की कसौटी पर जाँचने के लिए एक पूर्वानुमान (हायपोथिसिस) रखना जरूरी होता है। इसे निरीक्षण, परीक्षण, तर्क, गणित, प्रत्यक्ष अनुभव और प्रयोग के आधार पर साबित करना पड़ता है। फलित ज्योतिष का शास्त्र के रूप में दावा करनेवालों ने अभी तक कोई पूर्वानुमान नहीं दिया है। इसलिए उसका पूर्वानुमानों की कठोर कसौटी पर खरा उतरने का प्रश्न ही नहीं उठता। परंतु यह साफ है कि फलित ज्योतिष का व्यवहार किस आधार पर होता है। यह आधार और कुछ न होकर अंदाज मात्र है।

वह आधार इस प्रकार है :

(अ) अंतरिक्ष में घूमनेवाले ग्रहसमूहों का परिणाम मनुष्य जीवन को निरंतर प्रभावित करता है।
(ब) मनुष्य जीवन जन्म के समय पर आधारित होता है।
(स) इसी से व्यक्ति का भविष्य निश्चित हो जाता है। वह भविष्य समझ में आता है और बदल भी सकता है।

फलित ज्योतिष की उपर्युक्त बुनियाद स्पष्टतः कमजोर है। इस कारण उस पर खड़ी उसकी मंजिल पुख्ता नहीं है।

'अ' मनुष्य के जीवन को प्रभावित या निर्धारित करनेवाले ग्रहों के परिणाम निश्चित करते समय फलित ज्योतिष में बहुत अस्पष्टता नजर आती है। अंतरिक्ष के अनगिनत ग्रह-तारों को कुंडली में रत्ती भर भी स्थान नहीं दिया गया है, यह व्यवहार्य नहीं लगता। दूसरी बात यह कि जब फलित ज्योतिष का निर्माण हुआ तब ज्योतिषियों को विश्व की असीम व्यापकता का अंदाजा भी नहीं था। उनका कहना है कि हमारी पृथ्वी जिस सूर्यमंडल में है, उसी तक यह शास्त्र सीमित है। क्षण भर के लिए उनका विचार मान भी लिया जाए तो भी अंधेरगर्दी नजर आती है। पृथ्वी और अन्य ग्रह-तारों के बीच के विशाल अंतर और उनके आकार का सामान्य अंदाजा भी ये लोग नहीं लगा सकते।

वर्तमान कुंडली में दिखाई देनेवाले ग्रह अर्थात् सूर्य, चंद्र, बुध, गुरु, शुक्र, शनि, राहु और केतु हैं। सूर्यमंडल के यूरेनस, नेपच्यून एवं प्लूटो जैसे ग्रह 150 वर्ष पूर्व की कुंडली में थे ही नहीं क्योंकि उस समय उनकी खोज नहीं हुई थी और ज्योतिषियों को इनका पता नहीं था। वास्तव में 'शास्त्र' का निर्माता होने के नाते उन्हें यह मालूम होना चाहिए था। कुंडली में उल्लेखित इन नवग्रहों की स्थिति क्या है? इनमें से सूर्य एक तारा है। चंद्र पृथ्वी का उपग्रह है। राहु और केतु का तो अस्तित्व ही नहीं है। पृथ्वी का परिक्रमा पथ चंद्र के परिक्रमा पथ को जिन दो स्थानों पर काटता है, उन बिंदुओं को राहु और केतु कहा जाता है। प्राचीन ज्योतिषी यह भी मानते थे कि राहु और केतु नामक बड़े अजगर या राक्षस हैं जो चंद्र और सूर्य को निगल लेते हैं और ग्रहण शुरू होता है। (दक्षिण की ओर ज्योतिषियों ने माँदी नामक काल्पनिक ग्रह को गढ़ा है लेकिन पाश्चात्य ज्योतिषी इन तीनों ग्रहों को नहीं मानते) चंद्र उपग्रह को अगर नवग्रहों में स्थान दिया गया है तो अकेले गुरु के 63 उपग्रहों का पता लग चुका है। उनमें से अनेक चंद्र की अपेक्षा ढाई गुना बड़े हैं। फिर उन सभी को कुंडली में स्थान क्यों नहीं दिया जाता? कुंडली के नवग्रहों में सूर्य ग्रह नहीं बल्कि तारा है। चंद्र पृथ्वी का उपग्रह है। राहु और केतु का अस्तित्व ही नहीं है। नौ में से चार की यह स्थिति है। इसीलिए फलित ज्योतिष की 44 प्रतिशत बुनियाद ही गलत है।

हमारे सूर्यकुल में मनुष्य के लिए सबसे खतरनाक ग्रह कौन सा है? इस प्रश्न का उत्तर महाराष्ट्र में तो 'शनि' ही होगा। शनि से लोग बहुत आतंकित रहते हैं। लेकिन वास्तव में 'पृथ्वी' सबसे खतरनाक ग्रह है। मनुष्य के जीवन के सभी सुख-दुखों से इसका संबंध होता है। ज्योतिषी इस ग्रह का स्थान कुंडली में न होने का कारण यह बताते हैं कि पृथ्वी सूर्यमंडल के बीचोबीच है। यह स्पष्टीकरण अगर मान लिया जाए तो कोपरनिकस से लेकर आज तक खगोलशास्त्र ने जो यात्रा की है, उसे निरर्थक मानना पड़ेगा।

किसी बात को शास्त्र के रूप में किस प्रकार साबित किया जाता है? उसका सरल एवं सीधा-सादा नियम है कि उस बात के परिणामों के उत्पन्न होने की प्रक्रिया की जाँच वैज्ञानिक तौर-तरीके से हो। जैसे एक बीमारी विशिष्ट दवा से निश्चित ही ठीक हो जाती है। मान लीजिए, यह दवा कुल 10 प्रकार की जड़ी-बूटियों से बनाई जाती है। यह दवा लेने पर होनेवाला सही इलाज 10 जड़ी-बूटियों का मिश्रण है। लेकिन बीमारी के विशिष्ट लक्षण के लिए दवा का विशिष्ट रस कितना असरदार है, यह देखने के लिए दवा का उपयोग निरर्थक है, वरना सभी जड़ी-बूटियों को अलग-अलग कर उनके रस निकालने पड़ेंगे। बीमारी के किस लक्षण के लिए कौन सा रस उपयुक्त है, इस बात की जाँच करनी होगी, तभी उस इलाज का सही विवेचन करना संभव होगा। अब ज्योतिषशास्त्र यह बताता है कि सूर्यमंडल के सभी ग्रहों का संयुक्त प्रभाव मनुष्य जीवन पर पड़ता है और वह निरंतर पड़ता रहता है लेकिन भविष्य बताते समय मंगल ग्रह का अलग प्रभाव, शनि का अलग प्रभाव और गुरु का अलग प्रभाव बताया जाता है। दवा की विशिष्ट जड़ी-बूटी का प्रभाव जाँचना संभव है लेकिन मनुष्य जीवन पर पड़नेवाले विशिष्ट ग्रह के प्रभाव को जाँचने के लिए बाकी ग्रहों के विशिष्ट प्रभाव को टालना कैसे संभव हो सकता है? इसका मतलब यह है कि ग्रहों के गुणविशेषों के निरीक्षण-परीक्षण की कोई स्वतंत्र बुनियाद मौजूद नहीं है।

विज्ञान का एक महत्त्वपूर्ण नियम यह है कि निरीक्षण से ही वैज्ञानिक दृष्टिकोण की शुरुआत होती है। समान परिस्थितियों में दीर्घकाल तक किए हुए निरीक्षण से कुछ महत्त्वपूर्ण बातों का पता चलता है। उन पर किसी भी विज्ञान की मंजिल खड़ी होती है। फलित ज्योतिषशास्त्र की बड़ी कमजोरी यह है कि उसमें निरीक्षण असंभव है। मान लीजिए, किसी पेड़ पर एक अथवा दो साल में एक ही बार फल आता है, तो उसका निरीक्षण मुमकिन है। सौ साल में एक बार भी यह घटना होती है, तो भी निरीक्षण किया जा सकता है लेकिन एक लाख वर्षों में एक बार अगर ऐसा होता है तो उसके विज्ञान के लिए निरंतर निरीक्षण की व्यवस्था उपलब्ध नहीं हो पाती है। पृथ्वी और सूर्यमंडल के बाकी ग्रह और अन्य नक्षत्र और राशियों के निरीक्षण की परिस्थितियाँ क्या हैं? निरंतर निरीक्षण के लिए एक ही स्थिति का बार-बार निर्माण होना आवश्यक होता है। अगर यह भी मान लिया जाए कि ग्रहों का मनुष्य जीवन पर परिणाम होता है, तो हमारी आकाशगंगा के अन्य तारों और विश्व की सभी आकाशगंगाओं का भी मनुष्य जीवन पर प्रभाव पड़ना बिलकुल संभव है। इनकी जानकारी के लिए इन सभी का निरीक्षण आवश्यक है, लेकिन यह संभव नहीं है। केवल आँखों से जब आकाशगंगा का नजारा हम देखते हैं, तब लगता है कि सूर्यमंडल के ग्रह मानो कुछ नक्षत्रों की भीड़ में से रास्ता निकालकर चल रहे हैं। आज विज्ञान को यह पता चल गया है कि सौरमंडल के ग्रह और नक्षत्रों के बीच अनंत अवकाश और अंतर है। 'प्रकाशवर्ष' के परिमाण में यह अंतर कम लगता है

लेकिन वास्तव में यह 50 हजार अब्ज (वर्ष) किलोमीटर से भी अधिक है। एक प्रकाशवर्ष का मतलब है, 'एक सेकंड में 3 लाख किलोमीटर की तेज रफ्तार से भागनेवाले प्रकाश द्वारा एक वर्ष में तय की गई अबाध दूरी।' यह हिसाब इस सत्य को अधिक स्पष्ट करता है। हमारा सूर्य जिसमें है, उस अकेली आकाशगंगा में सूर्य से भी अधिक प्रभावशाली लगभग 200 तारे मौजूद हैं। ऐसी आकाशगंगाओं की संख्या एक हजार करोड़ है। ये सभी ग्रह और तारे निरंतर भ्रमण करते रहते हैं अर्थात् अतीत के एक विशिष्ट क्षण में इस विराट विश्व की जो स्थिति थी, उसे भविष्य में दोहराने में अनंत काल लग सकता है इसीलिए बिना निरीक्षण के उस पर आधारित फलित ज्योतिषशास्त्र की गणना किस तरह संभव है?

मनुष्य ने फलित ज्योतिष को ढूँढ़ते समय अंतरिक्ष के 12 हिस्से किए हैं। प्रत्येक हिस्से में मौजूद ग्रहों, नक्षत्रों और राशियों के विशेष गुणधर्म बताए हैं। यह सोच बड़ी मजेदार लगती है। क्योंकि मनुष्य जानता है कि एक दिन में पृथ्वी 54,000 मील की दूरी तय करती है। उस दौरान हम जिन ग्रह-तारों का निरीक्षण करते हैं, उनमें परिवर्तन होता रहता है। इसीलिए अंतरिक्ष के विशेष पिंड के विशेष गुणधर्मों में रत्ती भर भी सच्चाई नजर नहीं आती।

पृथ्वी की परिक्रमा करते समय सूर्य का भ्रमण कुएँ पर स्थित रहँट के समान लगता है। उसके इस भ्रमणमार्ग को क्रांतिवृत्त कहा जाता है। क्रांतिवृत्त के दक्षिण और उत्तर की ओर 7.5 अंश के अंतर को क्रांतिमार्ग कहा जाता है। प्राचीन भारतीय ज्योतिषशास्त्र में इस क्रांतिमार्ग के 27 हिस्से किए गए हैं। उन हिस्सों को ही 27 नक्षत्र कहा जाता है। आगे चलकर इन नक्षत्रों के स्थान पर सवा दो नक्षत्र हर राशि से जोड़े गए। इन नक्षत्रों के कुछ गुणविशेष माने गए हैं। कुछ नक्षत्र मनुष्य, अग्नि, वायु, जल एवं पृथ्वी तत्त्व के भी होते हैं। जो नक्षत्र मनुष्य के स्वभाव विशेष एवं लिंग को दर्शाते हैं, अगर व्यक्ति के जन्म के समय उस नक्षत्र में चंद्र होता है, तो उसका प्रभाव व्यक्ति के स्वभाव पर पड़ता है। स्त्री नक्षत्र में जन्म लेनेवाला व्यक्ति पुरुष होने के बावजूद स्त्रीत्व के गुणों से युक्त होता है। कुछ सालों बाद नक्षत्रों को राशि में वर्गीकृत किया गया। नई राशि और उसमें निहित नक्षत्रों के गुणविशेष समान होने चाहिए थे, लेकिन राशियों को अलग गुणविशेष प्रदान किए गए। इसीलिए इसके विवेचन में भी भ्रम पैदा होता है। किसी नक्षत्र में जन्म लिये मनुष्य में उस नक्षत्र के गुण आ जाते हैं, ऐसा मान लिया जाए तो उस व्यक्ति की राशि भिन्न गुणविशेषों को दर्शाती है। यह सब कुछ असंगत, भ्रांतिमय लगता है। जैसे मघा, पूर्वा, उत्तरा जैसी स्त्री राशियों में जन्म लेनेवाली राशि सिंह पुरुष राशि है। तीन स्त्री तत्त्वों से एक पुरुष तत्त्व का निर्माण होना तर्कसंगत नहीं लगता। उसी तरह चित्रा, स्वाति दो स्त्री नक्षत्र और विशाखा नामक नपुसंक नक्षत्र मिलकर तुला पुरुष नक्षत्र कैसे बन सकता है? इस मामले में चरमसीमा को लाँघनेवाली बात यह है कि

विशाखा, अनुराधा और ज्येष्ठा जैसे नपुंसक नक्षत्रों में जन्म लेनेवाली 'वृश्चिक' राशि को स्त्री राशि माना गया है। यह सब कैसे संभव है?

राशि-नक्षत्रों के तत्त्वों के संदर्भ में भी ऐसी असंगति नजर आती है। यह बहुत मनोरंजक भी है। अग्नि, वायु, पृथ्वी और जल चार तत्त्व है। धनिष्ठा (पृथ्वी), शततारका (जल) और पूर्वाभाद्रपद (अग्नि) से कुंभ नामक वायु तत्त्व की राशि बनी है। पृथ्वी + जल + अग्नि = वायु। धनु नामक अग्नि तत्त्व की राशि मूल (जल) पूर्वाषाढ़ा (जल) एवं उत्तर (पृथ्वी) से बनी है। सवाल यह है कि दो जल और एक पृथ्वी तत्त्व से अग्नि तत्त्व की राशि का निर्माण किस तरह हो सकता है, यह अजीबोगरीब अनुसंधान ज्योतिषियों ने किस आधार पर किया है? स्पष्ट है, राशि-नक्षत्र और उनके गुणविशेष बिलकुल बेबुनियाद हैं।

नक्षत्रों का तारों से संदर्भ होने के कारण उनका कुछ अस्तित्व माना जा सकता है। राशियों का विभाजन अमूर्त और काल्पनिक लगता हो लेकिन नक्षत्रों के संदर्भ से उनका भी अस्तित्व हम मान सकते हैं। लेकिन 12 भावों से बने भावचक्र का क्या करें? कुंडली में दिखाए जानेवाले 12 घरों या चौखटों का मतलब 12 भावों से है। इन भावों का अस्तित्व कहीं भी दर्शाया नहीं जा सकता। यह व्यक्ति के केवल जन्म के समय अंतरिक्ष में कुछ क्षणों के लिए उभरते हैं। बालक के जन्म के स्थान पर उसके मस्तिष्क पर दशम भाव एवं पूर्व क्षितिज पर प्रथम भाव रूप में वे उभरते हैं। आज विश्व में हर सेकंड में औसत 4 शिशु जन्म लेते हैं। भिन्न स्थानों पर एक ही समय अनेक बालकों का जन्म होने के कारण उपर्युक्त भावचक्र कल्पना की विचित्र दुर्गति हो जाती है। क्योंकि अंतरिक्ष के एक हिस्से में बालक का प्रथम भाव तो दूसरे बालक का वह पाँचवाँ भाव हो सकता है। एक ही सेकंड में अनेक भावचक्रों के कारण इन भावों की एक-दूसरे में घुसपैठ होती है। अगर फलित ज्योतिषशास्त्र के अनुसार ग्रहों के परिणाम भावों के अनुसार होते हैं, तो फिर एक ग्रह का एक ही समय भिन्न-भिन्न भावों में होने की कल्पना ही अतार्किक लगती है। वैज्ञानिक दृष्टि से तो यह असंभव ही है।

शिशु की जन्मबेला उसके माता-पिता के लिए बहुत महत्त्वपूर्ण होती है। प्रत्येक क्षण ग्रहस्थिति परिवर्तित होती रहती है। इसका परिणाम जन्म लेनेवाले शिशु के संपूर्ण जीवन पर होता है, ऐसा विश्वास ज्योतिषी एवं बच्चे के माता-पिता को होता है। पुराने जमाने में घड़ी का उपयोग बहुत कम होता था, परिणामस्वरूप जन्मबेला गलत होने का बहाना ज्योतिषियों को मिलता था। आज आधुनिक तकनीकी ज्ञान के कारण उनके लिए यह बहाना करना सहज संभव नहीं है। फिर भी गलत जन्मबेला का कारण बताकर वे अपने गलत भविष्यकथन पर पर्दा डालने की कोशिश करते रहते हैं। फलित ज्योतिष के ग्रंथों में जन्मबेला के बारे में मतभिन्नता मिलती है। इस विषय पर आयोजित संगोष्ठियों में भी विवाद होते रहते हैं। फिर भी प्रमाणित

जन्मबेला और उसके स्पष्टीकरण का शास्त्रीय विवेचन अभी तक नहीं हो पाया है। कुछ साल पहले मुंबई के एक विख्यात प्रसूति विशेषज्ञ ने यह दावा किया था कि उनके यहाँ जुड़वाँ लड़कियाँ पैदा हुई थीं। पहली लड़की को गर्भाशय से निकाला गया। दूसरी को निकालने से पहले चंद्र ने अपना नक्षत्र बदल दिया और दोनों लड़कियों के वर्ण में अंतर पाया गया। यह एक खोखला और अवैज्ञानिक स्पष्टीकरण है। विज्ञान बताता है कि व्यक्ति की शारीरिक रचना, वर्ण एवं उसके अंग के संबंध जीन तथा क्रोमोसोम्स (गुणसूत्र) के कारण निश्चित होते हैं। इसलिए जन्मबेला का नक्षत्र और बालक के वर्ण के संबंध में तथ्य नजर नहीं आता। जुड़वाँ बच्चों के संदर्भ में दो तरह का वैज्ञानिक स्पष्टीकरण दिया जाता है : एक ही बीज अंकुरित होने से उत्पन्न जुड़वाँ बच्चे और दो अलग-अलग बीजों के अंकुरित होने से निर्मित होनेवाले जुड़वाँ बच्चे। उपर्युक्त डॉक्टर द्वारा बताई गई लड़कियाँ दूसरे प्रकार की थीं, यह स्पष्ट है। 150 वर्ष पूर्व महात्मा फुले ने ज्योतिषियों से यह प्रश्न पूछा था कि 'विशिष्ट जन्मबेला ही क्यों मानी जाए?' ज्योतिषी इसका उत्तर नहीं दे पाए थे। महात्मा फुले का प्रश्न भले ही प्राथमिक स्वरूप का हो लेकिन उसकी वैचारिक बुनियाद बहुत मजबूत थी। जन्मबेला के संदर्भ में निम्नांकित मूलभूत प्रश्न पूछे जा सकते हैं :

1. स्त्री की गर्भनलिका में जिस समय स्त्री बीज और पुरुष बीज का मिलन होता है, उसी समय नव जीव की प्रथम कोशिका तैयार होती है। इसीलिए वही उसकी जन्मबेला माननी चाहिए। लेकिन उसका पता चलना असंभव होता है क्योंकि स्त्री के गर्भाशय में प्रवेश लेनेवाले पुरुष बीज को (शुक्राणु) गर्भनलिका तक पहुँचने में कुछ घंटे तथा एकाध दिन भी लग सकता है।
2. विशिष्ट मास के बाद गर्भपात के लिए कानूनी प्रतिबंध लगाया गया है क्योंकि कुछ निश्चित सप्ताहों तक शिशु गर्भ में पलता है, जिसके बाद वह स्त्री के गर्भ के बाहर भी जीवित रह सकता है। इस संदर्भ से क्या शिशु की जन्मबेला गर्भ के अंदर उसके जीवनक्षम होने पर मानी जाए?
3. शिशु के जन्म के समय पहले उसका सिर बाहर आता है। उसका जन्म किसी रॉकेट की उड़ान नहीं होती कि काउंटडाउन शुरू करने पर किसी विशिष्ट सेकंड में वह जन्म ले ले। शिशु का संपूर्ण शरीर बाहर आने में कुछ मिनटों का समय लगता है। ऐसे में उसका सिर बाहर आने के वक्त को इसकी जन्मबेला माना जाए या उसके पैर बाहर आने के समय को? इस दौरान यदि नक्षत्र बदल जाए, तो जन्म लेनेवाले उस शिशु को किस नक्षत्र में उत्पन्न माना जाएगा?
4. कुछ शिशुओं के जन्म के समय पहले उनके पैर बाहर आते हैं, सिर अंत में बाहर आता है। फिर वही प्रश्न—पैर या सिर बाहर आने पर शिशु की जन्मबेला निश्चित की जाए?

5. शिशु जन्म लेने के बाद भी माँ के अस्तित्व से जुड़ा रहता है। डॉक्टर नाल को काटकर उसे माँ से दूर कर देते हैं; अर्थात् इसके बाद ही बच्चे का अपना स्वतंत्र अस्तित्व शुरू होता है। जिस समय नाल काटी जाती है, क्या वही क्षण उसकी जन्मबेला मानी जाए?
6. जन्म लेनेवाला प्रत्येक शिशु रोता है। किसी भी सुख-दुख से अनभिज्ञ पैदा होनेवाला वह शिशु रोता है। इसका कारण मानसिक नहीं बल्कि जैविक होता है। गर्भावस्था में उसके फेफड़े सिकुड़े रहते हैं क्योंकि वह स्वतंत्रता से श्वास नहीं लेता। बाहर आने पर वह स्वतंत्र होता है, पहला श्वास लेता है, क्या इस क्षण को इसकी जन्मबेला मानना चाहिए?
7. जो स्त्री प्राकृतिक पद्धति से प्रसूत नहीं हो सकती, उसका सिजेरियन अर्थात् ऑपरेशन कर बच्चे का जन्म कराया जाता है। ऑपरेशन डॉक्टर की सलाह के अनुसार होता है। लेकिन आजकल इसका पूर्व नियोजन होता है। ऑपरेशन कुछ दिन पहले अथवा बाद में किया जाता है। साल के साढ़े तीन शुभ शकुनों में एक शकुन के दिन ऑपरेशन द्वारा बच्चे का जन्म हो जाए, ऐसी गर्भवती महिला अथवा उसके रिश्तेदारों की इच्छा होती है। लेकिन उस एक दिन में ऑपरेशन करनेवाला डॉक्टर क्या उस बच्चे के समूचे जीवन को बदल सकता है? अगर ऐसा हो तो उस डॉक्टर को ब्रह्मदेव का बाप ही समझ लेना चाहिए। एक उदाहरण के जरिए हम शुभ शकुनों की भ्रामक कल्पना को समझ सकते हैं। मान लीजिए, एक अस्पताल में एक बड़े ऑपरेशन थिएटर में मतलब एक अक्षांश-रेखांश पर ठीक एक सेकंड में सिजेरियन के जरिए तीन शिशुओं को जन्म देना संभव है। मान लीजिए, इसमें से एक शिशु रईस घर की कन्या का है; दूसरा, मध्यवर्ग की बहू का है और तीसरा, खेत-मजदूर की पत्नी का है तो इन तीनों शिशुओं का भविष्य एक जैसा नहीं हो सकता, यह बताने के लिए कोई महान तर्कशास्त्र जरूरी नहीं है।

नियतिवादी भविष्य

फलित ज्योतिष को शास्त्र के रूप में साबित करने के लिए जो पूर्वानुमान दिया जाता है, उसका तीसरा पक्ष यह है कि आकाश के ग्रह और उनका कुंडली में स्थान देखकर संबंधित व्यक्ति को अपने जीवन की स्थिति का पता चलता है। इस संदर्भ में तीन दावे किए जाते हैं। एक होता है—नियति का संकेत बतानेवाला। जैसे रेल पटरी पर दौड़ती है, अपना मार्ग बदलना उसके लिए असंभव है। फिर भी अनेक स्थानों पर सूचनाएँ होती हैं, जैसे—आगे स्टेशन है या सुरंग है, आदि। खतरे का इशारा हो, तो कुछ देर के लिए गाड़ी को रोक दिया जाता है। बिलकुल इसी पद्धति से व्यक्ति का जीवन होता है। वह नियति की पटरी पर चलता रहता है, वह बदल नहीं सकता,

लेकिन कुंडली के जरिए उसे संभाव्य खतरे का अथवा सफलता का संकेत मिलता है। इसीलिए आनेवाली परिस्थिति का सामना करने के लिए वह व्यक्ति तैयार रहता है। कथित नियति की यह व्यवस्था मनुष्य को उसके हाथों की कठपुतली बना देती है। सामाजिक स्थिति को बदलने की उसकी अपनी क्षमता वह छीन लेती है और उसे गुलाम बनाती है। कुंडली एक अशास्त्रीय कल्पना से अपना सामाजिक स्थान बना लेती है। सीधी-सी बात है। सावित्रीबाई फुले का जन्म होने तक स्त्रियों की कुंडली में पिछले करीबन 2000 वर्ष से शिक्षा का योग नहीं था। पिछले 100 वर्षों में समाजसुधारकों के प्रयत्नों से क्या वह योग तेजी से उभरने लगा, ऐसा मानना नहीं चाहिए ? देश स्वतंत्र हुआ तब मनुष्य जीवन की औसत आयु 30 वर्ष की थी। गुजरे 60 वर्षों में वह 60 वर्षों तक बढ़ गई। या ऐसा मानना चाहिए कि पिछले 60 वर्षों में मनुष्य कुंडली के मृत्युयोग से 60 साल आगे निकल आया ?

दूसरा स्पष्टीकरण यह है कि कुंडली के ग्रह केवल भविष्य के बारे में संकेत नहीं देते, बल्कि कुछ हद तक वे जीवन को नियंत्रित भी करते हैं। पानी की टंकी में लगाए गए वाल्व की उपमा से इसे अधिक स्पष्ट किया जा सकता है। टंकी में पानी होता है, वैसे ही मनुष्य की नियति की टंकी में उसका भाग्य होता है। कुंडली के ग्रहसमूहों के द्वारा उसका फल आवश्यकता के अनुसार मनुष्य को मिलता है। इसके बाद तीसरा स्पष्टीकरण यह दिया जाता है कि ग्रह मनुष्य जीवन के नियंत्रक होते हैं। व्यक्ति के जीवन में क्या घटित होनेवाला है अथवा क्या नहीं, यह सब कुछ ग्रहों के हाथ में होता है। यह तीसरी मान्यता व्यक्ति को नियतिवादी साबित करती है। यह मनुष्य की हारी हुई मानसिकता को प्रदर्शित करती है। व्यक्ति को अपने माता-पिता से रंगसूत्र और गुणसूत्र प्राप्त होते हैं। जिस पारिवारिक माहौल में उसकी परवरिश होती है, उस पर जीवन का विकास एवं भविष्य निर्भर होता है। फलित ज्योतिष का कथित शास्त्र इन सभी संदर्भों से इनकार करता है।

फलित ज्योतिष शास्त्र न होने के सबूत

1. ज्योतिषियों का मानना है कि आकाश से आनेवाली ग्रहसमूह की किरणें प्रसूति के समय माता के गर्भ पर प्रभाव डालती हैं। विवेकपूर्वक सोचने पर पता चलता है कि किरणें अंतरिक्ष के व्यापक अवकाश से पृथ्वी पर आती हैं। 11-12 मंजिलों की सीमेंट-क्रंक्रीट की स्लैब लाँघकर गर्भवती माता तक पहुँचती हैं लेकिन उस स्त्री के केवल कुछ इंच मोटे पेट और गर्भाशय की बाधा से बाहर ही रुक जाती हैं। इस विवेचन में कोई तर्क-संगति नजर नहीं आती है।
2. अंटार्कटिक में 6 महीने का दिन और 6 महीने की रात होती है। आजकल वहाँ पर कुछ शास्त्रज्ञों का डेरा है। आनेवाले समय में वहाँ बस्तियाँ बस

जाएँगी। 6 महीने के रात के अँधेरे में जब किसी माता की प्रसूति होगी, तो उस शिशु की जन्मकुंडली किस पद्धति से तैयार की जाएगी? पृथ्वी पर स्थित ध्रुवीय प्रदेश में अनेक लोग रहते हैं, जन्म लेते हैं। वहाँ पर अनेक मास सूर्य के दर्शन नहीं होते। कोई ग्रह दिखाई नहीं देता। जैसे रूस के मुर्मांस्क नामक बड़े शहर में ऐसा ही माहौल होता है। राशिचक्र का कोई तारा महीनों वहाँ नजर नहीं आता। वहाँ पर रहनेवालों की जन्मपत्री कैसे बनाई जाएगी? चाँद पर मनुष्य पहुँच चुका है। आज नहीं तो कल वहाँ उसकी बस्ती बनेगी। चंद्र पर जब प्रथम स्त्री की प्रसूति होगी, तब उसकी संतान की जन्मपत्री में चंद्र का स्थान कहाँ पर होगा? ऐसे प्रश्न ज्योतिषियों को बेचैन नहीं करते, इस पर आश्चर्य होता है।

3. ज्योतिष को शास्त्र माननेवाले लोगों की एक पसंदीदा दलील यह होती है कि अमावस और पूर्णिमा के दिन समुंदर में ज्वार-भाटा आता है। चंद्र मन का कारक होने के कारण व्यक्ति की मानसिकता भी इन दिनों में बदलती रहती है। वह बेचैन रहता है। इसीलिए अमावस और पूर्णिमा के दिन हत्याएँ, बलात्कार, लूटमार जैसे दुष्कर्म अधिक होते हैं। साथ ही पृथ्वी पर 20 प्रतिशत जमीन और 80 प्रतिशत पानी होता है, वैसे ही मनुष्य के शरीर में भी 80 प्रतिशत पानी होता है। ऐसा शास्त्रीय अर्थ भी इस स्पष्टीकरण में जोड़ा जाता है। वास्तविकता यह है कि अमावस्या और पूर्णिमा के दिन गुरुत्वीय बल के सिद्धांत के कारण समुंदर में ज्वार-भाटा आता है। सिद्धांत यह है कि दो वस्तुओं का एक-दूसरे पर गुरुत्वीय बल उन वस्तुओं के विरोध में सक्रिय रहता है। समुंदर का वस्तुमान बेहद भारी होता है इसीलिए पानी अधिक उमड़ता है। वही उछलनेवाला पानी अगर बर्तन में लेकर किनारे पर रख दें, तो उस पानी के अत्यल्प वस्तुमान के कारण उस पर गुरुत्वीय बल तीव्र नहीं होता। इसीलिए उसमें ज्वार नहीं आता। अत्यल्प वस्तुमान के कारण गुरुत्वीय बल का प्रभाव 'न' के बराबर होता है। अगर विवाद के लिए इसे सच मान भी लिया जाए तो भी मनुष्य की राशि के अनुसार उस पर होनेवाला प्रभाव नहीं बदलता। इसीलिए कुंडली में चंद्र का स्थान कहीं भी हो, उसके कारण अलग-अलग राशिवाले लोगों पर उसका अलग-अलग प्रभाव संभव नहीं है। पृथ्वी पर और मनुष्य के शरीर में 80 प्रतिशत पानी होने की तुलनात्मक बात अत्यंत मनोरंजक है। उसका कोई शास्त्रीय आधार नहीं है। ऐसी तुलना इसी तरह अतार्किक है जैसे हाथी और चूहे में चार पैरों की समानता के आधार पर उन्हें समान साबित करना; अर्थात् हाथी काला है, चूहा काला है; हाथी के चार पैर होते हैं, चूहे के भी चार पैर होते हैं; हाथी की पूँछ होती है, चूहे की भी होती है; इसीलिए

हाथी मतलब चूहा है। ऐसा अतार्किक वक्तव्य करना व्यर्थ है। अमावस-पूर्णिमा के दिन बलात्कार, हत्याएँ, लूटमार की घटनाएँ अधिक मात्रा में होती हैं, इस निष्कर्ष की भी जाँच-पड़ताल की गई है। यह पूर्ण तथ्य नहीं है। गुरुत्वीय बल का प्रभाव माननेवाले ज्योतिषियों को एक और प्रश्न का उत्तर देना होगा कि पृथ्वी पर निरंतर उल्कापात होता रहता है, उसके कारण पृथ्वी पर हर साल 10 लाख टन धूल जमा होती है। मतलब, पृथ्वी का वस्तुमान बदलता है। इसीलिए फलित ज्योतिष को शास्त्र का रूप देनेवाली उसकी सूची में ग्रैविटेशनल कांसटैंट (गुरुत्वीय बल का स्थिरांक) देना चाहिए, पर वह नहीं दिया जाता।

4. प्रकाश की रफ्तार प्रति सेकंड तकरीबन 3 लाख कि. मी. मानी जाती है। सूर्य की किरणों को पृथ्वी तक पहुँचने में 8 मिनट लगते हैं। इसीलिए किसी विशिष्ट समय और अंतराल के स्थान पर दिखाई देनेवाले सूर्य का रूप वस्तुत: 8 मिनट पूर्व का उसका रूप होता है। प्रत्यक्षत: वह 8 मिनट का अंतराल पार कर चुका होता है। स्वयंप्रकाशी सूर्य के सीधे किरणों की यह स्थिति होती है। ग्रह परप्रकाशी होते हैं। वे सूर्य से बहुत दूर होते हैं। सूर्य की किरणें उन पर पहुँचकर लौटती हैं, तब वे हमें नजर आते हैं। लेकिन तब तक वे बहुत आगे जा चुके होते हैं। यह स्वाभाविक है कि पृथ्वी पर कल्पित राशियों की सीमारेखा को वे पार करते हैं, लेकिन दृष्टिभ्रम के कारण हमें इस बात का पता नहीं चलता। ज्योतिषी ऐसे ग्रहों को किसी भी राशि से जोड़ देते हैं। फलित ज्योतिष का तत्त्व बताता है कि ग्रह राशियों के अनुसार अपना प्रभाव डालते हैं। लेकिन वास्तविकता यह है कि दृष्टिभ्रम के कारण राशियों का स्थान बदलता है। फिर प्रश्न यह उठता है कि ऐसे ग्रह कौन सी राशि पर प्रभाव डालते हैं? और किस प्रकार से डालते हैं? नक्षत्र भी मनुष्य पर प्रभाव डालते हैं, फलित ज्योतिष का यह सिद्धांत भी यहाँ निरर्थक हो जाता है। प्रकाश की किरणें एक वर्ष के काल के अंतराल में जितनी दूरी तय करती हैं, उसको एक प्रकाशवर्ष कहा जाता है। एक प्रकाशवर्ष 94,60,80,00,00,000 कि.मी. के बराबर होता है। इस हिसाब से कृत्तिका, रोहिणी, मृग आदि नक्षत्रों के तारे हम सभी से तकरीबन 500 प्रकाशवर्ष दूर हैं। इतनी दूर के नक्षत्र के तारे अगर नष्ट हो गए, तब भी उनका प्रकाश उतने ही वर्ष तक पृथ्वी पर आता रहेगा और 'चंद्र आपके फलाँ नक्षत्र में है' ऐसे निराधार सत्य को वास्तविक रूप में प्रस्तुत कर लोगों को भ्रम में रखा जाता रहेगा।

5. विज्ञान के द्वारा खोजी गई एक वस्तुस्थिति के कारण ज्योतिषशास्त्र की बुनियाद ही उखड़ गई है। सभी इस खगोलीय नियम को जानते हैं कि

पृथ्वी सूर्य की परिक्रमा करते-करते स्वयं भी अपनी धुरी पर घूमती रहती है। लेकिन पृथ्वी की एक तीसरी गति भी होती है। उसे 'परांचन' कहा जाता है। इसका मतलब यह है कि 'पृथ्वी परिक्रमा के समय हलकी ही लुढ़कती-पुढ़कती है'। इस कारण पृथ्वी का अक्ष धीरे-धीरे बदलता है। 26000 वर्षों में यह लुढ़कना 360 अंश को पूरा करता है। इसका मतलब यह हुआ कि आज अगर पृथ्वी के अक्ष का ध्रुव की ओर रुख है, तो 11,000 वर्ष पश्चात् वह वोगा नामक नक्षत्र की ओर अपना रुख करेगा। 26,000 वर्षों में पृथ्वी की 360 अंश में परिक्रमा की वस्तुस्थिति को अगर फलित ज्योतिष द्वारा बनाए अंतराल के बारह हिस्सों से जोड़ दिया जाए तो यह मानना पड़ेगा कि 2200 वर्षों में पृथ्वी का अक्ष एक ही राशि में भ्रमण करेगा अर्थात् कथित ज्योतिषशास्त्र का निर्माण इतने वर्ष पूर्व का मान लेना चाहिए। अगर ऐसा होता है तो उस समय जो नक्षत्र वृषभ राशि में थे, उन्हें आज मिथुन राशि में होना चाहिए और यह मान्यता समस्त ज्योतिषशास्त्र को ही उलट-पुलटकर रख देती है।

6. ऐसा दावा किया जाता है कि विद्युत चुंबकीय प्रभाव के कारण कुंडली के ग्रह मनुष्य जीवन पर अपना प्रभाव डालते हैं, कुछ दिन पहले हुए अनुसंधान से वैज्ञानिकों को यह पता चला है कि मंगल, शुक्र और चंद्र जैसे ग्रहों का चुंबकीय क्षेत्र नहीं है। कुंडली में इन ग्रहों का महत्त्वपूर्ण स्थान माना जाता है, परिणामस्वरूप फलज्योतिष की वैज्ञानिक बुनियाद का दावा ही यहाँ बेबुनियाद हो जाता है।
7. बेटी या बेटे की कुंडली में 1, 4, 7, 8, 12 स्थानों में से किसी एक में मंगल ग्रह है, यह सुनते ही माता-पिता के होश उड़ जाते हैं। वे चिंतित हो जाते हैं। मंगल अपने अलग-अलग स्थानों पर अलग-अलग प्रभाव डालता है, ऐसा मानने से यह भी साबित हो जाना चाहिए कि अचेतन, जड़ वस्तुओं से बने ग्रहों में इच्छाशक्ति एवं दैवी कार्यशक्ति होती है, जिसके कारण वे अलग-अलग स्थानों पर अपना अलग-अलग प्रभाव डालते हैं? एक उदाहरण से इसे स्पष्ट किया जा सकता है। माधुरी का जन्म मुंबई में हुआ। उसकी कुंडली के सातवें स्थान में मंगल आ गया। उसी समय कोलकाता में हेमांगी का भी जन्म हुआ और उसकी कुंडली में मंगल को छठा स्थान मिला। ऐसा क्यों हुआ? इस प्रश्न का स्पष्टीकरण दोनों शहरों के बीच की भौगोलिक दूरी का हवाला देकर दिया जा सकता है। उपर्युक्त दोनों शहरों के बीच का भूपृष्ठ वक्र है। इस वक्रता के कारण कोलकाता का स्थानीय समय मुंबई के स्थानीय समय से एक घंटा आगे है। इसीलिए कोलकाता में हेमांगी के जन्म के समय मंगल अस्त होकर क्षितिज की

आड़ में चला गया। नतीजतन वह कुंडली में छठे स्थान पर आ गया। मुंबई में माधुरी के जन्म के समय मंगल पश्चिम की ओर अस्त होने की स्थिति में था। मतलब सातवें स्थान पर था। अब इन हालात के कारण दोनों लड़कियों की तकदीर में अंतर माना गया। क्या वाकई मंगल ऐसी असमानता को तय करता है, और क्यों? इस बात को अगर कुछ देर के लिए सच भी मान लिया जाए, तो भी मानना पड़ेगा कि मंगल तथा अन्य ग्रहों को इच्छाशक्ति, ईश्वरीय शक्ति एवं ज्योतिष का ज्ञान होता है। इसीलिए किस जातक को कौन सा फल देना है, यह वे स्वयं ही तय करते हैं। इस बात को अगर ज्योतिष प्रवक्ता घोषित कर दें, तो यह 'फलित ज्योतिषशास्त्र' है या 'अंधविश्वास', यह विवाद ही खत्म हो जाएगा।

8. एक नक्षत्र (नाड़) : इस संदर्भ में भी लोगों के मन में भय है। ज्योतिषी बताते हैं कि वधू-वर का अगर एक ही नक्षत्र हो तो उनकी औलाद अंधी अथवा अपंग पैदा होती है। चिकित्साशास्त्र की नब्ज का इस नक्षत्र से कोई लेना-देना नहीं होता है। ज्योतिषशास्त्र का कहना है कि तीन नक्षत्रों में से आद्या नक्षत्र कफ प्रकृति का है, मध्य नक्षत्र पित्त प्रकृति का है और अंतिम नक्षत्र वात प्रकृति का है। इसीलिए समान प्रकृति के स्त्री-पुरुषों का विवाह होने पर अर्थात् उनका एक नक्षत्र (नाड़) होने पर उनसे सदोष संतान पैदा होती है। लेकिन इस मान्यता में रत्ती भर की सच्चाई नहीं है। विश्व के प्रत्येक व्यक्ति का तीनों में से एक नक्षत्र होता ही है। उस हिसाब से विश्व के औसत एक-तिहाई दांपत्य बाँझ होने चाहिए। ऐसा कहने का साहस स्वयं ज्योतिषी भी नहीं करेंगे।

निरंतर पूछे जानेवाले प्रश्नों के बारे में

ज्योतिषशास्त्र के अनगिनत दावों एवं कथनों के कारण समाज में उसका फैलाव बड़े पैमाने पर हो चुका है। उनमें से कुछ उदाहरणों के तौर पर यहाँ प्रस्तुत कर यह स्पष्ट किया जा रहा है कि इनकी ओर देखने का दृष्टिकोण क्या होना चाहिए। कुछ वर्ष पूर्व महाराष्ट्र में नास्ट्रॅडैमस की भविष्यवाणी के संदर्भ में प्रश्न पूछे जाते थे। सोलहवीं सदी में फ्रांस में नास्ट्रॅडैमस नामक एक व्यक्ति था। पूरे विश्व में वह अपने 'सेंचुरीज' नामक ग्रंथ के कारण प्रसिद्ध हुआ। लैटिन-फ्रेंच जैसी कठिन भाषा में उसने यह काव्यग्रंथ लिखा था। इसमें चार पंक्तियों की अंतराएँ हैं और ऐसे 100 अंतरों की एक शति बनाई गई है। ग्रंथ में कुल 10 शतियाँ उसने लिखी हैं। एरिका चित्तम के 'प्रोफेसिज ऑफ नास्ट्रॅडैमस' नामक बेस्ट सेलर किताब के कारण नास्ट्रॅडैमस विश्वख्यात हो गया। इस किताब में नास्ट्रॅडैमस के मूल अंतरे या श्लोक और उनके अंग्रेजी अनुवाद हैं। इससे ऐसा निष्कर्ष निकाला गया कि भविष्य में होनेवाली घटनाओं

के संकेत नास्ट्रॅडैमस को पहले ही मिल गए थे। भारत में वह जी.एम. हिरण्यप्पा के कारण लोकप्रिय हुआ था। हिरण्यप्पा ने नास्ट्रॅडैमस के भविष्य के आधार पर ऐलान किया था कि ''सन् 2000 में भारत एक शक्तिमान राष्ट्र के रूप में अपनी पहचान बनाएगा। दक्षिण में एक ऐसा नेता आएगा, जो पूरे विश्व में आध्यात्मिकता का प्रसार करेगा।'' इस काल में भारत में भारतीय जनता पार्टी और महाराष्ट्र में शिवसेना की राजनीति प्रबल थी। इसीलिए उन्होंने अपने प्रचार में नास्ट्रॅडैमस की भविष्यवाणी का उपयोग किया। कालक्रम में यह बात अब पिछड़ चुकी है।

नास्ट्रॅडैमस का लिखा हुआ पद्यांश बहुत संदिग्ध भाषा में है। इसीलिए अलग-अलग तर्क के आधार पर उसका निष्कर्ष निकाला जा सकता है। एक श्लोक के अर्थ को अलग-अलग घटनाओं से जोड़ दिया गया है। इससे सुविधा के अनुसार अर्थ निकालना आसान हो गया है। भविष्यवाणी में उल्लेखित घटनाओं का काल, समय, स्थान आदि का कोई अता-पता नहीं है। नास्ट्रॅडैमस के समर्थक कहते हैं कि उसने जान-बूझकर अपनी भविष्यवाणी संदिग्ध भाषा में लिखी थी। इसका कारण यूरोप में तत्कालीन चर्च का प्रभाव था। नास्ट्रॅडैमस के श्लोक के अनुसार उसका भविष्य सच हो जाता है, यह खबर सुनते ही चर्च उस पर 'शैतान की माया का प्रभाव' होने का आरोप लगाकर मुकदमा चलाती। इस प्रतिक्रिया में भी कोई तथ्य नहीं है। नास्ट्रॅडैमस के अगले संस्करणों में कुछ अंतरे या श्लोक बड़ी सफाई से जोड़ दिए गए। इससे पूर्व संस्करणों में उनका उल्लेख नहीं था। उन अंतरों के द्वारा घटनाओं की भविष्यवाणी किस प्रकार की गई थी, इस बात का ढिंढोरा पीटा गया था। 1990 में हुए आखाती युद्ध को 11 सितंबर, 2001 में न्यूयॉर्क ट्रेड सेंटर पर हुए हमले की घटना से जोड़ दिया गया था। अद्‍भुत बातें मनुष्य को स्वाभाविक रूप से आकर्षित करती हैं। सनसनीखेज खबरों के प्रति सहज उत्सुकता पैदा होती है। सच-झूठ से उसकी लोकप्रियता कम नहीं होती, लेकिन यह जरूरी नहीं है कि उसका जिक्र बार-बार हो।

भारत में विशेष रूप से महाराष्ट्र में नाड़ी (नब्ज) ग्रंथ के संदर्भ में पूछे जानेवाले प्रश्न बहुचर्चित हैं। नक्षत्र केंद्र में व्यक्ति के अँगूठे का निशान लिया जाता है। तत्पश्चात् उसका, उसके पिता का नाम, जन्मतिथि, समय और स्थान पूछा जाता है। संबंधित वर्ष की जंतरी उसके पास होती ही है। जन्मतिथि के आधार पर व्यक्ति की राशि, नक्षत्र और जन्मराशि के आधार पर उसकी विवाहराशि तय की जाती है। अगर इतनी सारी बातें व्यक्ति की नक्षत्र की पट्टी में लिखी होती हैं तो फलाँ पट्टी संबंधित व्यक्ति की है अथवा नहीं, यह बताना सहज संभव है। पट्टी को पहचानने के लिए इतनी निशानियों की कोई आवश्यकता नहीं होती है। एक ही जन्मतिथि, समय और स्थान समान होनेवाले अनेक व्यक्तियों का मिलना असंभव है। ज्योतिषी व्यक्ति से प्रश्न पूछकर उसकी जानकारी हासिल करता है और फिर उसकी पट्टी बताता है। जाहिर है, यह एक आडंबर है। ये लोग आपकी माँ का नाम सीधे न पूछते

हुए नाम का प्रथम अक्षर मतलब य, र, ल, व जान लेते हैं। यह नाम देवी का है? ऐसा धूर्त प्रश्न भोलेपन से पूछते हैं। पुराने जमाने में क्वार मास में लड़कियों द्वारा मनाए जानेवाले एक समारोह में उस दिन का व्यंजन पूछने के लिए जिस प्रकार प्रश्न पूछे जाते थे, बिलकुल वैसा ही तरीका ज्योतिषी भी अपनाते हैं। पट्टी में व्यक्ति का नाम और उसका भविष्य लिखा होता है, तो फिर ये लोग सीधे उसे ही क्यों नहीं पढ़ते? इसका कारण केवल यह है कि बड़ी चतुराई से हर बात आपसे ही उगलवाई जाती है। लोग अपने नक्षत्र केंद्र के अनुभवों का बड़ी दिलचस्पी से बखान करते हैं। अनजाने में थोड़े-बहुत झूठ का भी सहारा लिया जाता है। वे बहुत उत्सुकता से कहते हैं, 'हमने तो केवल अँगूठे का निशान दिया था, बाकी जानकारी अपने आप पट्टी पर आ गई।' वे बिलकुल ही भूल जाते हैं कि वह जानकारी तो नाड़ीवाले को उन्होंने स्वयं ही दी थी। व्यक्ति के साथ होनेवाले अन्य व्यक्ति से भी चतुराईपूर्वक जानकारी हासिल की जाती है। नाड़ीवाले ज्योतिष की कूटलिपि की नीति उसके धंधे में लाभ के लिए सहायक सिद्ध होती है। नक्षत्र की पट्टी पर कूटलिपि में लिखावट होती है। तमिल लोग भी उसे समझ नहीं पाते हैं, मराठी लोगों के लिए तो दूर की बात है। नाड़ी पट्टी की लिखावट की जाँच-पड़ताल के लिए उसकी कूटलिपि एक बाधा बनी रहती है। भविष्य पूछने के लिए आए व्यक्ति से ठीक-ठाक जानकारी न मिलने पर उसे यह कहकर टाला जाता है कि अभी 'नाड़ी पट्टी नहीं मिल रही है'। इस प्रकार नाड़ी-ग्रंथ का यह उद्योग 'दुनिया झुकती है मगर झुकानेवाला चाहिए' की आजमायी हुई तरकीब पर बेखटके चालू रहता है।

वैज्ञानिकों का अनुसंधान

'फलित ज्योतिष कोई शास्त्र नहीं है'—ऐसा कहने पर यह खोखली दलील दी जाती है कि इसे साबित कीजिए कि यह शास्त्र नहीं है। दुखद स्थिति यह है कि जिस व्यक्ति को ऐसा लगता है कि यह मामला वैज्ञानिक निकषों के आधार पर टिक नहीं सकता, उसे ही प्रमाण जुटाने पड़ते हैं। कुछ क्षणों के लिए यह भूलकर प्रश्नकर्ता से पूछेंगे कि 'अगर प्रमाणों के आधार पर यह साबित हो गया कि फलज्योतिष शास्त्र नहीं है तो क्या आप मान लेंगे?' इसका उत्तर अगर ईमानदारी से 'हाँ' मिलता है तो प्रश्न आसान है। विदेश में फलित ज्योतिष की शास्त्रीय जाँच-पड़ताल हो चुकी है। उनकी विशेषता यह थी कि उसमें अपनाए गए नमूनों की संख्या अधिक थी इसीलिए उसकी शास्त्रीयता एवं मानकता बढ़ गई। बिलकुल तटस्थता से निष्कर्ष निकाले गए थे। ये प्रयोग सभी के लिए खुले थे। उन प्रायोगिक कसौटियों का स्वरूप इस प्रकार था :

'विवाह की सफलता के लिए दो विशेष राशिवाले व्यक्तियों का एक होना जरूरी है।' ऐसी भविष्यवाणी दो प्रसिद्ध ज्योतिषियों ने की थी। इसकी सत्यता को जाँचने के लिए सिल्वर मन ने दो बड़े अध्ययन समूहों का चयन किया। इस समूह

में सन् 1967 से 68 में विवाहित हुए 2978 दंपती और 478 तलाकशुदा दंपती थे। निष्कर्ष यह निकला कि विशेष राशियों वाले व्यक्तियों में भी तलाक हुए थे। दूसरी ओर बेमेल राशियों वाले जोड़ों का वैवाहिक जीवन सुखी था, ऐसी भी बात नहीं थी। स्पष्ट था कि राशि और सुखी संसार में कोई सहसंबंध नहीं था।

अंतरिक्ष में भ्रमण करनेवाले ग्रहों, अपनी-अपनी कक्षा में होते हुए भी किसी समय दो ग्रहों और पृथ्वी के शीर्षबिंदु में 90 अंश का कोण बनता है। कुछ समय बाद फिर 120 अंश का कोण बनता है। इन कोणों को केंद्रयोग एवं त्रिकोण योग कहा जाता है। प्रथम योग अशुभ माना जाता है तथा दूसरा शुभ। ऐसे विचित्र नियम फलित ज्योतिष में हैं। जे. नोबाल्ट ने पी-एच.डी. के शोधप्रबंध के लिए व्यक्ति के जन्म के समय अंतरिक्ष के ग्रहों का पृथ्वी से बनानेवाले कोण के आधार पर फलज्योतिष की कथित भविष्यवाणी का अध्ययन किया। यह शोधप्रबंध सन् 1978 में टेक्सास स्टेट विश्वविद्यालय में प्रस्तुत किया गया। इसमें कोण और भविष्यवाणी में कोई संबंध प्रमाणित नहीं हो सका। फलित ज्योतिष को निरर्थक साबित करने के लिए जे. नोबाल्ट का यह शोधप्रबंध मजबूत गवाह बन गया।

ज्योतिषी मनुष्य की राशि के आधार पर उसकी शरीर रचना, लंबाई, जन्मराशि तथा उसका भविष्य बताते हैं। राजर कल्वर ने तकरीबन 300 व्यक्तियों के अध्ययन से इसकी जाँच-पड़ताल की। उन्हें व्यक्ति के हाथों की लंबाई, भुजाओं की स्नायु की नाप, वर्ण एवं उनकी लंबाई और जन्मराशि में बताए गए भविष्य में कोई सहसंबंध नजर नहीं आया।

जी. ए. टायसन ने एक अलग प्रयोग किया। उन्होंने व्यक्ति की जन्मतिथि और व्यक्ति का उद्योग दोनों में सहसंबंध ढूँढ़ने की कोशिश की। वह असफल सिद्ध हुई। उन्होंने 10313 उपाधिधारकों का अध्ययन किया था।

सिडने ओमार और कैरोल रायटर जैसे प्रसिद्ध ज्योतिषियों और ज्योतिष संगठनों द्वारा की गई 301 भविष्यवाणियों का कल्वर और इन्ना ने अध्ययन किया। इनमें से केवल 10 प्रतिशत भविष्यवाणियाँ अंशतः सत्य थीं। स्पष्टतः ये फलित ज्योतिष को शास्त्र साबित करने के लिए पर्याप्त नहीं थीं। इनकी भाषा भी अस्पष्ट थी। जो राजनीतिक भविष्यवाणियाँ की गई थीं, वे सर्वसामान्य व्यक्ति की समझ थीं। ऐसी भविष्यवाणियों की बड़ी पृष्ठभूमि होती है। इसकी घटनाएँ भी दीर्घकाल तक घटती रहती हैं। सारी बातें लंबे सामान्य सार का निरीक्षण मात्र होती हैं। उसे भविष्य कहना कहाँ तक संगत है? फलित ज्योतिष के हजारों ग्रंथों में राशि के गुणविशेष बताए जाते हैं। तुला और कुंभ राशियों में जन्मे व्यक्ति समतावादी होते हैं। धनु राशि में जन्मे व्यक्ति प्रामाणिक होते हैं। कन्या, मिथुन और मकर राशि में जन्मे लोग बुद्धिमान होते हैं। बर्नी और सिल्वरमन नामक वैज्ञानिकों ने मिशिगन विश्वविद्यालय में मानवशास्त्र के 1600 छात्रों की उनके अनजाने ही परीक्षा ली। छात्रों की जन्मबेला

और जन्मतिथि से उनकी राशि निश्चित की। उन्हें पता चला कि छात्रों की राशि और उनके व्यवहार में कोई विशेष संबंध नहीं था।

सिल्वरमन ने एक बड़ी मजेदार परीक्षा ली। उसने दो व्यक्ति-समूह तैयार किए। प्रत्येक समूह में 51 व्यक्ति थे। प्रथम समूह के व्यक्तियों को अपनी राशि पता थी। उन्हें बारह राशियों के 12 गुण बताए गए और उन्हें अपने स्वभाव के अनुसार गुण ढूँढ़ने का मौका दिया गया। सभी ने अपनी राशि के अनुरूप सही गुण ढूँढ़ लिये। दूसरे समूह के व्यक्तियों से राशियों का उल्लेख नहीं किया गया। उन्हें केवल जीवन के बारह मार्ग होने की बात समझाई गई थी। प्रथम समूह ने अपनी राशि के अनुसार गुणविशेष ढूँढ़ लिये। दूसरे समूह ने बिना राशि के स्वयं के तर्क के अनुसार गुणविशेष बताए। तब राशि और उचित मार्ग की 30 प्रतिशत जोड़ियाँ अनुरूप थीं। राशि और स्वभावगुण या व्यवहार के बीच सहसंबंध स्थापित करने के लिए यह आँकड़ा पर्याप्त नहीं है।

सभी शास्त्र एक-दूसरे पर निर्भर होते हैं। उनके नियम पूरक होते हैं। लेकिन फलित ज्योतिष इतने फालतू नियमों से बना है कि जब बाकी शास्त्रों के नियमों से उसे दूर रखा जाए तभी वह एक शास्त्र बनेगा।

भारत में अनेक लोगों ने फलित ज्योतिष को शास्त्र कहने की जल्दबाजी की है। खैर, इस संदर्भ में हमारे देशवासियों को विदेशियों के समान परीक्षाओं द्वारा जाँच-पड़ताल करने की नीति अपनाने की जरूरत महसूस नहीं हुई। फिर भी महाराष्ट्र में इस दिशा में प्रयोग जरूर किया गया। महाराष्ट्र अंधश्रद्धा निर्मूलन समिति, आयुका (खगोलशास्त्र पर अनुसंधान करनेवाली पुणे की अंतर्राष्ट्रीय संस्था) और पुणे विश्वविद्यालय के संख्याशास्त्र विभाग के संयुक्त तत्त्वावधान में यह प्रयोग किया गया था। स्कूल में शिक्षा लेनेवाले 100 मंदबुद्धि छात्र और हमेशा प्रथम श्रेणी में उत्तीर्ण होनेवाले 100 छात्रों के सही जन्मसमय ज्योतिषियों और उनकी संस्थाओं को दिए गए। उनसे यह अपेक्षित था कि इसके आधार पर वे यह बताएँ कि कौन सा छात्र मंदबुद्धि है और कौन सा बुद्धिमान! इसके साथ ही वे इन छात्रों की कुंडलियाँ भी तैयार करें। औसत 50 प्रतिशत उत्तर तय ही था, लेकिन ज्योतिषी यह नहीं कर पाए।

बार्नम इफेक्ट

जिन लोगों को ऐसा लगता है कि फलित ज्योतिष के निष्कर्ष उनके संदर्भ में सत्य थे, ऐसे प्रभाव को 'बार्नम इफेक्ट' कहा जाता है।

'बार्नम और बेली' नामक सर्कस का मालिक पी.टी. बार्नम कहा करता था कि हमारा सर्कस बच्चों से लेकर बूढ़ों तक सभी को प्रिय है। कोई-न-कोई खेल प्रत्येक व्यक्ति को अच्छा लगता है। कहने का तात्पर्य यह है कि फलज्योतिषियों का इलाज

भी बिलकुल इसी तरह का होता है। उसकी रचना व्यापक और बहुस्पर्शी होने के कारण लोगों को विश्वसनीय लगती है। इसीलिए यह गोलमाल भाषा का उपयोग कर अपनी बात दूसरों के सिर मारने की कला है।

बार्नम की पद्धति से बने व्यक्तिचित्र पर गौर कीजिए :

''आपको हमेशा ऐसा लगता है कि लोग आपको पसंद करें, आपकी प्रशंसा करें। आपके गुणों को सराहा जाए। आप स्वयं अपना कठोर परीक्षण करते हैं। आपकी उन्नति हो सकती है। हालाँकि उसके लिए आवश्यक सभी गुण और क्षमता आपमें होने चाहिए। मगर एक बात में आप अधूरापन महसूस करते हैं लेकिन उसके लिए भी आपके पास उपाय है। ऊपरी तौर पर आप भले ही अनुशासनप्रिय और संयमी लगते हैं, लेकिन अंदर से उतने ही अंतर्मुखी और परेशान होते हैं। आप चिंतित हैं और स्वयं को असुरक्षित महसूस करते हैं। कभी-कभी आप अपने ही निर्णय से आशंकित हो जाते हैं। आप लकीर का फकीर होकर जीना पसंद नहीं करते आप अपने जीवन में परिवर्तन चाहते हैं। आपको अपनी स्वतंत्र सोच और दूसरों के मामले में आलोचक होने का अभिमान है। आप किसी से खुलकर बात नहीं करते हैं। कभी खुशमिजाज रहते हैं तो कभी उदास। आपकी कुछ आकांक्षाएँ खयाली भी होती हैं। कुल मिलाकर आप अपने जीवन को पूरी तरह से सुरक्षित बनाना चाहते हैं।''

कुंडली को देखकर अगर उपर्युक्त कथन किया जाए तो प्रत्येक व्यक्ति पर कमोबेश मात्रा में ये सारी बातें लागू होती हैं। उसमें कोई विशेष जानकारी नहीं है। अगर फलित ज्योतिष में वास्तव में सौ प्रतिशत सच्चा भविष्य बताने की व्यवस्था हो तो व्यक्ति की कुंडली को देखकर बनाया गया व्यक्तिचित्र 'बार्नम इफेक्ट' से भी अधिक और वस्तुनिष्ठ होना चाहिए।

वास्तव में मंगल, गुरु, शनि आदि ग्रहों की विशिष्टता यह है कि पंचमहाभूतों से बने हैं। वे निर्जीव हैं, अचेतन हैं। मंगल पृथ्वी से आठ करोड़ कि.मी. की दूरी पर है तो गुरु तिरसठ करोड़ कि.मी. पर और शनि तो एक सौ अट्ठाईस करोड़ कि.मी. दूर है। आठ करोड़ कि.मी. दूर अंतरिक्ष से सूर्य की परिक्रमा करनेवाला मंगल पृथ्वी पर आता है और पाँच सौ करोड़ जनता में से भविष्य जानने के लिए उत्सुक एक लड़की की कुंडली में बैठकर उसका 'रास्ता रोको' आंदोलन करता है। तिरसठ करोड़ कि.मी. दूर से अचेतन गुरु पृथ्वी पर आता है और पृथ्वी पर रहनेवाले विशेष छात्रों की पढ़ाई में बाधा डालता है और सवा सौ करोड़ कि.मी. दूर रहनेवाला बेचारा शनि, भारतीय जनता की गर्दन पर बैठकर ऊधम मचाता है। यह सब लोगों को उल्लू बनाने का घनघोर षड्यंत्र है और कुछ नहीं।

उपर्युक्त विस्तृत विवेचना का उद्देश्य बस इतना समझाना है कि फलित ज्योतिष अगर कुछ है तो मात्र सपने बेचने की कला है। इसे हर व्यक्ति खरीदना

चाहता है। मैं सपने बेचता हूँ, ऐसी ईमानदार स्वीकारोक्ति अगर किसी ने की तो उसे अलग नजरिए से देखा जाएगा। लेकिन जब फलित ज्योतिष विज्ञान होने का दावा करता है और दूसरी ओर दैववादी विचारों की कैद में व्यक्ति को रखता है, तब उसका प्रतिकार और प्रतिवाद करना जरूरी ही नहीं, अनिवार्य हो जाता है।

इस देश में पहले से मौजूद दैववादी जनता को और अधिक दैववादी बनाने और ऊपर से विज्ञान होने का दावा करनेवाले अपराधी को, कम-से-कम समाज-जागरण के कार्य में तो माफ नहीं किया जाना चाहिए।

वास्तु (श्रद्धा) शास्त्र : अर्थ और अनर्थ

'अपना घर' प्रत्येक मनुष्य का एक प्रिय सपना होता है। इसका कारण यह है कि घर की चार दीवारों से उसके सुख-दुखों का नजदीकी संबंध होता है। उसके जन्म से लेकर मृत्यु तक सभी संस्कार घर में ही होते हैं। उसकी भावनाएँ उसके अपने घर से जुड़ी होती हैं। उसका घर सुख-सुविधाओं से संपन्न और सुरक्षित हो, ऐसी प्रत्येक व्यक्ति की इच्छा होती है। घर मजबूत एवं लंबे समय तक सुरक्षित रहे, इसकी फिक्र सभी को होती है। उस घर में मानसिक संतोष हमेशा बना रहे, मन प्रसन्न रहे, इसका भी खयाल रखा जाता है। हर व्यक्ति इसका अपने स्तर से अनुमान लगाता है कि किस प्रकार के वास्तु में ये सभी इच्छाएँ पूरी हो सकती हैं। इसीलिए हम विभिन्न प्रकार के बँगले देखते हैं। कुछ ऐसी ही बातें घर के फर्नीचर, दफ्तर अथवा फैक्टरी पर भी लागू होती हैं।

अनेक बातें वास्तुरचना से संबंधित होती हैं। जहाँ पर उसकी बुनियाद होती है, वह स्थान (वहाँ का माहौल, मसलन—हवा, पानी, धूप, बारिश आदि) एवं निर्माण के समय उसमें लगी आवश्यक सामग्री का कुशलता से उपयोग कर सुंदर, उचित और मजबूत वास्तुरचना करना एक शास्त्र है और कला भी। इस वास्तु में रहनेवाला मनुष्य बुद्धिमान एवं भावप्रवण होता है। उसकी सामाजिक स्थिति, आदतें, रहन-सहन, बात-व्यवहार—इन बातों का शास्त्रीय एवं कलात्मक उपयोग 'वास्तुशास्त्र' में होता है।

'अपना घर' सभी को प्रिय होता है। व्यक्ति उसमें जीवन के सुख-दुख का अनुभव करता है। किसी-न-किसी रूप में बार-बार मन को कचोटनेवाली घटनाएँ जब घटने लगती हैं तो व्यक्ति के मन में प्रश्नों का तूफान उठ खड़ा होता है,जैसे—कि घर में कोई-न-कोई व्यक्ति हमेशा बीमार क्यों रहता है? बेटी की शादी क्यों टूट गई है? घर में झगड़े क्यों होते हैं? उद्योग-व्यवसाय में वृद्धि क्यों नहीं आती? ऐसे अनेक प्रश्नों का बस एक ही उत्तर बताया जाता है कि 'आपको वास्तु का लाभ नहीं है।' मानो घर में व्यक्ति की बीमारी, उसके खान-पान और आचार-विचारों का संबंध उस व्यक्ति की उत्तर दिशा की ओर सिर रखकर सोने की आदत से होता है। बेटी की शादी दहेज, मान-अपमान जैसी गलत रूढ़ियों के कारण नहीं बल्कि घर में

किस दिशा में आग जलाई जाती है, इसके कारण टूटती है। झगड़ों एवं विवादों का संबंध पारिवारिक सदस्यों के स्वभाव विशेष के कारण नहीं बल्कि घर के दीवान में सजावट हेतु फूलदान में रखे कैक्टस की कँटीली रचना के कारण होता है। उद्योग एवं व्यवसाय की दुर्गति का कारण आर्थिक नीति और जानलेवा होड़ नहीं बल्कि ईशान दिशा की ओर शौचालय बनाने की बहुत बड़ी गलती को माना जाता है। इससे पता चलता है कि मनुष्य का मन वैज्ञानिक दृष्टि से विचार नहीं करता। उसका खेल ही निराला होता है। उसके अनुसार घर एवं व्यवसाय का स्थान केवल सुविधाजनक या सुरक्षित होना काफी नहीं है; बल्कि उसका 'लाभ' होना भी उतना ही महत्त्वपूर्ण होता है। कुल मिलाकर वह ऐसी हवाई अभिलाषाएँ पालता है कि वास्तु सुखों की बरसात करनेवाली हो, बेटी का ब्याह उच्चवर्गीय घर में हो, बेटे को शैक्षिक सफलता प्राप्त हो, घर से बीमारी गायब हो, नाम-शोहरत मिले, आदि-आदि। ऐसे अनेक सपनों के महल व्यक्ति अपने मन में खड़े करता है। उसे हकीकत बनाने का साधन वह घर को ही मानता है। असल में इन बातों का एक-दूसरे से कोई संबंध नहीं है। इस बात पर वह कभी गौर ही नहीं करता कि वास्तु और उसके सपनों के बीच कोई कार्य-कारण संबंध नहीं है। यही समस्या अपने उद्योग के स्थान के संदर्भ में भी होती है। उद्योग-धंधे में झट से संपन्नता आ जाए, मजदूरों के प्रश्न न खड़े हों, दुर्घटनाएँ टल जाएँ जैसी उसकी स्वाभाविक अपेक्षाएँ होती हैं। यह सब कुछ केवल वास्तु या उसके स्थान के कारण ही संभव अथवा असंभव है, ऐसी उसकी धारणा होती है। 'जैसी जरूरत वैसी रसद'—यह व्यवहार का सूत्र होता है और 'दुनिया झुकती है, झुकानेवाला चाहिए' ऐसी दुनियादारी का अनुभव होता है। यही कारण है कि आर्किटेक्ट कॉलेज में पाँच वर्षों की शिक्षा में 'वास्तुविशारद' की उपाधि हासिल की जाती है। वास्तु का 'लाभ' किस प्रकार होगा, इस बात का आद्यशोध (!) जिस विश्वकर्मा ने किया, वह और उसे अपना पेशा बनानेवाला स्थपति—दोनों की अपनी पहचान है। दोनों का विषय 'वास्तुशास्त्र' है, लेकिन एक उसमें 'आधुनिक विज्ञान' पर बल देता है तथा दूसरा उसमें 'प्राचीन दैवी ज्ञान' होने की हामी भरता है।

कुछ साल पहले दक्षिण तक सीमित रहनेवाला प्राचीन वास्तुशास्त्र आजकल बड़ी धूमधाम से बुद्धिजीवी महाराष्ट्र में अपनी जड़ें जमा रहा है। मुंबई, पुणे, नासिक, औरंगाबाद जैसे महानगरों में ही नहीं बल्कि जिला एवं तहसील स्तर पर भी इस शास्त्र ने ऊधम मचा रखा है। घर-बँगलों की रचना बिना वास्तुशास्त्रज्ञ की सलाह के पूरी ही नहीं हो रही है। बनी हुई इमारतें भी वास्तु की सलाह लेकर दोबारा बनाई जा रही हैं। इस पर लाख-दो लाख रुपयों की बरबादी भी होती है। अपने कारखानों में लोग मुख्य दरवाजे से लेकर पानी की टंकियाँ तक बदल रहे हैं। यह केवल रईसों की दिमागी बीमारी है, ऐसा नहीं, बल्कि अधिकांश मध्यवर्ग भी बहुमंजिली इमारतों में अवस्थित अपने फ्लैट का दरवाजा पूरब की ओर होने की

कामना रखता है। कम-से-कम सामने की दीवार पर एक बड़ा-सा आईना टाँग दिया जाता है, फिर फ्लैट का दरवाजा किसी भी दिशा में क्यों न खुले! तसल्ली इसी बात की कि दरवाजे का प्रतिबिंब तो कम-से-कम पूरब की ओर खुल जाता है। वास्तु के दोष को नष्ट करने का इससे अधिक आसान फंडा क्या हो सकता है? घर बनानेवाले ठेकेदार एवं आर्किटेक्ट के पास जाते समय लोग वास्तुशास्त्र का नक्शा लेकर ही जाते हैं। कुछ आर्किटेक्ट केवल वास्तु के ही नहीं, कला, कानून, वाणिज्य या अन्य किसी भी विषय के उपाधिधारक होते हैं। ये महोदय ऊँची डिग्री और योग्यता वाले आर्किटेक्ट पर भी अपनी धाक जमाते हैं और अंधश्रद्धा निर्मूलन के हमारे आंदोलन के कार्यकर्ताओं को 'अब शिक्षितों में कहाँ है अंधविश्वास, आप अपना काम अनपढ़ देहाती लोगों में कीजिए' जैसी सलाह देते हैं। लेकिन ये आंदोलनकर्ता तथाकथित वास्तुशास्त्र के कारण होनेवाली आर्थिक हानि, बौद्धिक दिवालियापन और मानसिक गुलामी की शर्मनाक वस्तुस्थिति पर प्रकाश डालते रहते हैं।

आधुनिक युग में विज्ञान को नकारा नहीं जा सकता। वास्तुशास्त्रज्ञों को भी अपनी बात को स्पष्ट करने के लिए शास्त्रीय भाषा का सहारा लेना पड़ता है। जैसे प्राचीन ऋषि-मुनियों ने अपनी दिव्यदृष्टि के जरिए अदृश्य शक्तिकंपनों का सूक्ष्म विचार कर अपने ग्रंथों में 'वास्तु' के संबंध में कुछ निष्कर्ष दर्ज किए थे। उन्होंने स्पष्ट किया है कि किस प्रकार की वास्तु में रहनेवाले मनुष्य पर कैसा प्रभाव पड़ता है। सूर्य का तेज, उसकी गर्मी एवं पृथ्वी के चुंबकीय बल का मनुष्य पर प्रभाव पड़ता है। घर की दीवारों के कारण अथवा उसकी रचना के कारण सूर्य की किरणें रोक दी जाती हैं। दरवाजे एवं खिड़कियों के जरिए वह कुछ मात्रा में घर के अंदर आती हैं, मनुष्य के शरीर तक पहुँचकर उसके शारीरिक जीव-रसायन एवं कुछ हद तक मानसिक स्तर पर भी प्रभाव डालती हैं। विज्ञान के अनुसार, उगनेवाले सूरज की खासकर प्रात: 5.00 बजे से 7.00 बजे तक की किरणें अल्ट्रावायलेट (पराबैंगनी) होती हैं, जो अत्यधिक मूल्यवान होती हैं। वास्तुशास्त्र ने निष्कर्ष दिया कि 'इन किरणों का घर में प्रवेश होने पर सभी बीमारियाँ और बुरे विचार नष्ट होते हैं। इसीलिए पूरब दिशा की ओर घर का दरवाजा हो तो बहुत लाभकारी होता है। उस दिशा की ओर मुँह कर काम करने से सफलता हासिल होती है। ऐसे पाखंडी विचार कुछ मुद्दों को दिशाहीन करते हैं और उससे गलतफहमियाँ फैलाई जाती हैं। जैसे घर की किस दिशा में पानी का कुआँ अथवा बोअर या टंकी यानी पानी का स्थान होना चाहिए और उसके क्या परिणाम होते हैं। इन बातों का संबंध इस तरह जोड़ा जाता है, जैसे ईशान से संपन्नता आ जाती है, पूर्व से ऐश्वर्य प्राप्त होता है, आग्नेय से पुत्रनाश होता है, दक्षिण में पत्नी अथवा स्त्री की मृत्यु होती है, नैऋत्य में घर के मालिक का देहान्त होता है, पश्चिम से धनलाभ का होता है, वायव्य से बिना वजह

दुश्मनी हो जाती है, उत्तर से सुख और संतोष मिलता है। घर के मध्य में अर्थात् ब्रह्मस्थान पर कुआँ होने से धन-दौलत की हानि होती है। उस वास्तु में रहनेवाले लोगों का मानसिक स्वास्थ्य बिगड़ जाता है। इस प्रकार वास्तुशास्त्र की अनेक उलझनों के कारण घर खरीदने या बेचने के काम में बाधा आती है। उसका कारण दैववादी बातें बन जाती हैं। इस संदर्भ में वास्तुशास्त्रज्ञ की सलाह होती है कि 'बहुत सस्ते दामोंवाली जमीन नहीं खरीदनी चाहिए। घर, स्कूल और दफ्तर नजदीक देखकर भी जमीन खरीदने का विचार नहीं करना चाहिए। जमीन के आस-पास होनेवाले रास्ते, उनका उतार-चढ़ाव एवं गड्ढों पर गौर करना चाहिए। असल में सच्चे वास्तुशास्त्र के नियमों के अनुसार ही जमीन की खरीदारी होनी चाहिए। ऐसी वास्तु में ही भौतिक सुखों एवं मानसिक स्वास्थ्य का लाभ होता है।'

ऐसी शास्त्रीय (?) धौंस के बाद आगाह किया जाता है कि वास्तुशास्त्र के नियमों को नजरअंदाज करने पर किस प्रकार बुरे नतीजे झेलने पड़ेंगे। दुर्घटनाएँ, बीमारियाँ, शल्यक्रिया, अचानक मृत्यु जैसे हादसे वास्तुदोष के कारण ही हो जाते हैं। अगर परिवार के सदस्यों में बाँझपन, मंदबुद्धि, पागलपन, आत्महत्या जैसी गंभीर समस्याएँ पाई जाती हैं, तो वास्तुदोष का जरूर पता लगाना चाहिए। उद्योग-धंधों में मंदी, आर्थिक समस्याएँ, शादी-ब्याह टूटना तथा घर में अशांति का कारण केवल वास्तुदोष ही होता है। 'होम स्वीट होम' की कल्पना को सत्य में बदलने की कामना करनेवाला मनुष्य वास्तुशास्त्रज्ञ के पैर भी पकड़ ले तो कोई आश्चर्य नहीं होना चाहिए। (वास्तुशास्त्र मूलतः कोई शास्त्र नहीं है। हमारे देश की संपन्न धार्मिक विरासत उसके पीछे खड़ी है। पाश्चात्य देशों में घर बनाते समय धूप, हवा एवं बारिश का खयाल कर दिशाओं पर गौर किया जाता है। वास्तु की आठ दिशाओं में देवताओं का वास एवं उनकी कृपा-अवकृपा की कल्पना उन अभागों को भला कैसे हो सकती है?) आज जो पुरोहित वास्तुशांति की पूजा करता है, उसका धार्मिक संदर्भ कितने लोगों को पता है? वह धार्मिक संदर्भ इस प्रकार है : देवताओं और राक्षसों के बीच जो युद्ध हुआ, उसमें राक्षसों की हार हो गई। असुरों के गुरु भार्गव ने विजय-प्राप्ति के लिए यज्ञ किया। यज्ञ-समाप्ति के बाद थककर लेटे हुए भार्गव के पसीने की बूँदें यज्ञभूमि पर गिर गईं। उन बूँदों से यज्ञबलि पुनर्जीवित हुआ और एक महाकाय छागासुर बन गया। भार्गव की आज्ञा पर उसने स्वर्ग तक उड़ान भरकर वहाँ के देवताओं को भगा दिया। सभी देवता छागासुर से भयभीत होकर भगवान शिव की शरण में आ गए। शिव ने एक शैतान का निर्माण किया और उसे भार्गव तथा छागासुर दोनों का नाश करने की आज्ञा दी। चतुर भार्गव वहाँ से भाग खड़ा हुआ और सीधे शिव के कान में घुसकर उनके उदर में प्रवेश कर गया। शिव ने उसे जीवनदान का वचन दिया। भार्गव ने तत्काल शुक्रमार्ग के द्वारा स्वयं को मुक्त किया। वही शुक्राचार्य कहलाता है। शुक्राचार्य ने छागासुर को सूचित किया

कि वह शिव को साष्टांग प्रणाम कर उनकी शरण में जाए ताकि वह बच पाए। छागासुर को शंकराभिमुख अर्थात् ईशान की ओर मुँह कर औंधी अवस्था में ही सशर्त आश्रय मिला। शर्त यह थी कि वह वहाँ से न उठे और सभी देवताओं को अपने शरीर पर पनाह दे। इस प्रकार किसी भी मंजिल का भूखंड उस वास्तुपुरुषरूपी राक्षस पर छा गया है। उसके शरीर के अलग-अलग अंगों पर देवताओं का बसेरा है और वास्तुपूजन में हम उन्हें प्रसन्न कर लेते हैं।

शायद प्राचीनता या धार्मिकता पर्याप्त नहीं थी। इसलिए नकली वैज्ञानिकता का भी सहारा वास्तुशास्त्र में लिया गया। कुछ आर्किटेक्ट, इंजीनियर और ठेकेदारों ने 'शास्त्र' के नाम पर इस विषय को और बढ़ावा दिया। एनर्जी फ्लो थियरी, टोपोलॉजी थियरी, कांडंट थियरी, हार्टमन ग्रीड जैसे शब्दों का प्रयोग शास्त्र का आभास देता है। वास्तुशास्त्र के एक प्रायोगिक और शुद्ध शास्त्र होने का दावा किया जाता है। उसमें विद्युत चुंबक, अंतरिक्षीय ग्रहों के परिणाम, कॉस्मिक किरणों का प्रयोग करने का दावा किया जाता है जो व्यक्ति पर प्रभाव डालते हैं। जैसे लोहे की सलाखों का उपयोग कर बनाई गई वास्तु में, पृथ्वी के अंदर निहित चुंबक और वास्तु में मौजूद लोहे के मेल से चुंबकीय क्षेत्र निर्मित होता है। व्यक्ति के इर्द-गिर्द मौजूद ऐसा क्षेत्र वास्तु में रखे गए लोहे को काटता है तब सूक्ष्म विद्युत लहरें (Micro Electric Charges) बनती हैं। हमारी मज्जासंस्था से होकर जो विद्युत लहरें जाती हैं, उन पर इस प्रक्रिया का प्रभाव पड़ता है। परिणामस्वरूप मानसिक अशांति से लेकर अनेक शारीरिक रोग तक उत्पन्न हो सकते हैं। खून में लौह होता है, उस पर विद्युत चुंबकीय क्षेत्र का प्रभाव पड़ता है। उससे रक्त परिसंचरण में गंभीर दोष हो सकते हैं। इन सभी समस्याओं को टालने के लिए 'वास्तुशास्त्र' एकमात्र सर्वोत्तम उपाय है।

उपर्युक्त स्पष्टीकरण को नियति अथवा तकदीर जैसी कल्पनाओं से जोड़ा गया है। दावा किया जाता है कि वास्तुशास्त्र के अनुसार रचा गया घर व्यक्ति का भाग्योदय करता है। लेकिन यह नहीं बताया जाता कि अगर यह दावा सच नहीं हुआ तो क्या होगा?

पूर्व सांसद सदस्य बी.एन. रेडी एक वास्तुशास्त्रज्ञ भी हैं। उनके अनुसार राजीव गांधी, वी. पी. सिंह, नरसिंहराव, चंद्रशेखर—इन सभी प्रधानमंत्रियों को सत्ता रास नहीं आई। उनकी इस असफलता का कारण उनका अपना वास्तुदोष था। उनके घर के दरवाजे दक्षिण-पश्चिम दिशा की ओर खुलते थे। इसीलिए उनकी तकदीर ही विपरीत थी। अगर दरवाजे दक्षिण-पश्चिम दिशा की ओर न होते तो निश्चय ही उनका भाग्य खुल जाता!

सबसे गंभीर बात यह है कि प्राचीन वास्तुशास्त्र में वर्ण-व्यवस्था का समर्थन नजर आता है। इसके अनुसार, श्वेत वर्ण, मीठा गुण एवं घी के गंध वाली भूमि

ब्राह्मणों को; श्वेत वर्ण, तेज गुण एवं खून के गंध वाली भूमि क्षत्रियों की, पीला वर्ण, कड़वा गुण एवं अनाज के गंध वाली भूमि वैश्यों को तथा कृष्ण वर्ण, क्वाथ का स्वाद एवं शराब की गंधवाली भूमि शूद्रों को दी जाए। इस रूप में यह तथाकथित वास्तुशास्त्र भारतीय संविधान का ही उल्लंघन करता है। जाति-व्यवस्था पर आधारित ऐसा वास्तुशास्त्र विज्ञान की कसौटी पर कैसे खरा उतर सकता है?

प्राचीन वास्तुशास्त्र की सत्यता-असत्यता

अपनी प्राचीन विरासत का किसी को भी गर्व होना स्वाभाविक बात है। लेकिन वह विरासत श्रेष्ठ थी, उसका कोई विकल्प नहीं है, ऐसा दावा करना केवल दुराग्रह कहा जाएगा। आज के विज्ञानयुग में उचित-अनुचित, इष्ट-अनिष्ट, शास्त्रीय-अशास्त्रीय आदि के बारे में वस्तुनिष्ठता से सोचना आवश्यक ही नहीं अपितु अनिवार्य भी है।

प्राचीन काल में घर बनाने की तकनीक का विकास नहीं हुआ था। घर की रचनाएँ सीमित ढाँचे में हुआ करती थीं। जमीन से ऊपर की बनावट (Superstructure) में लकड़ी के खंभे, रस्सी, शहतीर, कड़ियाँ आदि चीजों का उपयोग होता था। घर की जमीन अगर कमोबेश तिरछे आकार की हो तो पटाव की रचना करने के लिए तकनीक विकसित न होने के कारण वह बहुत कठिन काम हो जाता था। इसीलिए प्लॉट अथवा भूखंड के आयताकार होने पर जोर दिया जाता था। वर्तमान वैज्ञानिक युग में जमीन भले सुविधाजनक न हो, क्रंक्रीट तकनीक के जरिए वास्तु को मनपसंद आकार दिया जा सकता है। ऐसे में जमीन की कमोबेशी अब व्यर्थ की बात बन गई है। जमीन तीन रस्तों के टी प्वांइट के सामने न हो, ऐसी समझ तत्कालीन परिस्थिति के अनुसार ठीक थी। उस समय रास्ते भी धूल भरे होते थे। घोड़े, रथ, बैलगाड़ी आदि यातायात के साधन रास्ते पर सरपट दौड़ जाने के बाद धूल के सैलाब रास्ते के किनारे बसे घरों में पहुँचते थे और उससे उसमें रहनेवाले लोग बहुत परेशान हो जाते थे। इसी कारण घर तिराहे (टी जंक्शन) पर न होने का मानो नियम ही था। आज के युग में कोलतार और सीमेंट की पक्की सड़कें होने पर यह धारणा बेकार हो चुकी है।

पुराने जमाने में प्लॉट अथवा जमीन की संकल्पना मौजूद नहीं थी। घर की जमीन एक-दूसरे से सटकर होती थी। ऐसी परिस्थिति में दक्षिण की ओर घर का मुँह होने पर उसमें हवा की आवाजाही अच्छी तरह से होना कठिन था, जिससे उसमें रहनेवाले लोगों के स्वास्थ्य के लिए वह हानिकारक होता था। इसीलिए घर का दक्षिण की ओर मुँह न होने का नियम था। लेकिन वर्तमान काल में मौजूद जमीन पर घर बनाते समय घर के आस-पास खुली जमीन रखने की पद्धति है। यह सरकारी नियम भी है। खुली जमीन और वास्तुरचना की विकसित तकनीक उपलब्ध

होने पर भी पुराने नियमों को प्रमाण मानकर चलना गलत है। प्लॉट की किस दिशा में कुआँ, जलप्रवाह, नदियाँ, जलाशय हैं, आदि बातों का विचार करनेवाले लोगों पर तरस आता है। उष्ण प्रदेश में हवा का बहाव पश्चिम और दक्षिण दिशा से होता है और ऋतु के अनुसार वह बदलता भी है। हवा के इस सूत्र को ध्यान में रखकर रसोई को आग्नेय दिशा में बनाने का वास्तुशास्त्र में बताया गया नियम आज बेतुका हो गया है। पुराने दिनों में चूल्हे पर खाना बनता था, जिससे रसोई में अधिक समय तक धुआँ भरा रहता था। अगर आग्नेय दिशा में रसोई हो तो हवा के उल्लेखित बहाव के कारण धुआँ अपने आप घर से बाहर हो जाता था। इसीलिए रसोई और आग्नेय दिशा का तत्कालीन नियम उचित था। आज रसोई में गैस, स्टोव, बिजली का चूल्हा उपयोग में लाया जाता है, ऐसे में इस नियम की आड़ लेना जरूरी नहीं है।

प्राचीन तथाकथित शास्त्रों में 'शास्त्र' का प्रयोग गोलमाल तरीके से ही किया गया है। संसार में किसी भी कोने के डॉक्टर को खून में शुगर की बीमारी की रिपोर्ट अगर दिखाई जाए अथवा फेफड़ों का एक्स-रे दिखाया जाए तो डायबिटीज अथवा टी.बी. के इलाज की पद्धति समान ही होगी। यह चिकित्साशास्त्र है। लेकिन एक ही मंजिल में दो घरों के संदर्भ में अगर वास्तुशास्त्रज्ञ की सलाह ली जाए तो वह बिलकुल एक-दूसरे की विरोधी होगी। कारण यह कि वह बेबुनियाद शास्त्र है। वास्तु का 'लाभ' हो या 'हानि', वह वास्तु के मालिक के लिए होगी या किराएदार के लिए, इसका कोई स्पष्ट उल्लेख प्राचीन शास्त्रों में नहीं मिलता। तिकोने प्लॉट पर बनाए घर में वास्तुशास्त्रज्ञों के अनुसार झगड़े बहुत होते हैं। एक ही घर में 'ये तेरा घर, ये मेरा घर' कहते हुए मिल-जुलकर रहनेवाले परिवारजनों में, उनके घर के तिकोने प्लॉट के कारण झगड़े हो सकते हैं, यह धारणा बड़ी मनोरंजक लगती है। तथाकथित 'शास्त्र' यह दावा करता है कि ऑफिस में फर्नीचर का स्थान बदल दिया जाए तो धंधे में सफलता पक्की हो जाती है। घर का दरवाजा पश्चिम-दक्षिण की ओर होना बीमारी को बुलावा देना है। मानो बीमारी और मनुष्य के खान-पान, रहन-सहन का कतई संबंध ही नहीं होता। 'वास्तु' से लाभ या हानि तय होती है, इसलिए वास्तुशास्त्र के आधार पर ही अस्पताल, मंदिर, फैक्टरी, व्यापार, उद्योग, शिक्षा संस्थानों आदि की रचनाएँ होनी चाहिए। एक कथित शास्त्र को मान्यता मिलने पर यह माँग स्वाभाविक ही मजबूत होने लगती है। विश्वविद्यालय के पाठ्यक्रम में फलित ज्योतिष को स्थान मिलना ही चाहिए, इंजीनियरिंग के पाठ्यक्रम में वास्तुशास्त्र को स्थान देना चाहिए। जैसी माँग जोर-शोर से होती है, इसमें आश्चर्य नहीं होना चाहिए। लेकिन अगर यह सब कुछ शास्त्रीय था तो इसके अनुसार ही बनाए गए मंदिर इतने बेधड़क कैसे लूटे गए? लेकिन हमें यह सब सोचने की जरूरत ही महसूस नहीं होती। ऐसे में भला इन प्रश्नों का क्या काम रह जाता है!

बौद्धिक दिवालियापन और मानसिक गुलामी

घर या वास्तु पर उसमें रहनेवाले युवक की बेरोजगारी निर्भर नहीं होती बल्कि उसका संबंध देश की अर्थव्यवस्था से होता है। फैक्टरी का प्लॉट या उसकी बनावट से उसके मजदूरों की हड़ताल का कोई संबंध नहीं होता। व्यक्ति के जीवन में आर्थिक संपन्नता उसके अपने परिश्रम और समाज की अर्थनीति—इन दोनों में समन्वय होने या न होने की बात से संबंधित होती है।

समस्या यह है कि सब कुछ जानकर भी अनजान बनने की आज कोशिश की जाती है। सामान्य रूप से ऐसी दलीलें दी जाती हैं कि इस शास्त्र के सच-झूठ को देखने के लिए इसका अनुभव लेने में कोई नुकसान नहीं। नुकसान की बात छोड़िए, तार्किक विचारप्रणाली को अपनाकर तथाकथित वास्तुशास्त्र का शिकार बन जाना, मतलब देश के संविधान, साथ ही समस्त मानव जाति और स्वयं का अपमान करना है। नागरिकों के संवैधानिक कर्तव्यों में से एक महत्त्वपूर्ण कर्तव्य वैज्ञानिक दृष्टिकोण का प्रचार करना है। यह दृष्टिकोण एक ही शब्द में कार्य-कारण भाव को जाँचने में विश्वास रखता है। एकाध घटना या कार्य के पीछे सुसंगत तथा शास्त्रीय कारण होता है। दूसरी ओर वास्तु और मनुष्य जीवन के सुख-दुखों का संबंध घर के दरवाजों की दिशाओं, कुआँ-पानी का स्थान तथा दिशाओं की अनिष्टता से जोड़ा जाता है, जिसमें रत्ती भर कार्य-कारण भाव नहीं है। यह केवल धोखाधड़ी एवं लोगों की आँखों में धूल झोंकने का षड्यंत्र मात्र है। वास्तुरचना के संदर्भ में सरकारी नियम नागरिकों के स्वास्थ्य के हित में होते हैं। आग, जलजला जैसी प्राकृतिक आपदाओं में भी घर सुरक्षित रहे, इसलिए वे मजबूत और शास्त्रीय बुनियादों पर खड़े होते हैं। घर को बनाते समय सभी कमरों में निजता बनी रहे तथा बैठक, शयनकक्ष में खुली हवा आती रहे, शौचालय और गुसलखाना हवा के विरुद्ध दिशा में हो, इसका खयाल रखना चाहिए। रसोईघर का बेसिन, उसकी नाली जिस दिशा में है, उसके विरुद्ध दिशा में सिलेंडर का दराज होना चाहिए। रसोई में एक्जॉस्ट फैन की सुविधा होनी चाहिए। ऐसे कार्य-कारण भाव के साथ जुड़ी हुई बातें सामान्य लोग भी समझ सकते हैं। इसके बारे में सलाह देने के लिए आजकल तहसील तक में आर्किटेक्ट मिल जाते हैं।

वास्तुशास्त्र को अपनाते समय पूर्वोक्त सभी वैज्ञानिक नियम टाल दिए जाते हैं। बौद्धिक स्तर पर उचित और ऐहिक व्यवहार को दोयम यानी कि गौण स्थान दिया जाता है। परिणामस्वरूप सामाजिक अवनति हो जाती है। अनुसंधान पीछे छूट जाता है। काम-धंधे में असफलता, पारिवारिक सदस्यों की बीमारी, लड़ाई-झगड़ों के ऊटपटाँग कारण बताए जाते हैं। बनी-बनाई वास्तु को तोड़-फोड़कर उसे नएपन से बनाया जाता है। ये अमीरों के नखरे होते हैं। गरीबों को छोटा-सा आशियाना नसीब नहीं होता। नए ढकोसलों का बोलबाला होता जा रहा है। मनुष्य अपनी विवेकशक्ति

और इच्छाशक्ति को मानो गिरवी रख रहा है। अनजाने ही उसमें एक आतंक और मानसिक कमजोरी आ जाती है। वास्तुलाभ के रहस्य में वह भविष्य, तंत्र, मंत्र, ताईत, उपाय, यज्ञ, होम, बाबा, गुरु, महाराज आदि की ओर आकर्षित होता है। उसके विचारों की स्वतंत्रता खो जाती है। ऐसी बातों को 'शास्त्र' कहकर उसका सम्मान होता रहता है। व्यक्तिगत और सामाजिक जीवन में दैववादी विचारधारा को अपनाया जा रहा है। कोई लाभ न होने पर उस पर आशंकित होने के बजाय अपने पूर्वकर्म अथवा नसीब को कोसते रहना बेकार है। वास्तुशास्त्र को इसका जिम्मेदार नहीं मानना चाहिए। खेद इस बात का है कि महानगरीय शिक्षितों में ऐसी मानसिकता बढ़ रही है जो अत्यधिक चिंता का विषय है।

कार्य-कारण भाव, वस्तुनिष्ठता और सार्वजनिकता

किसी भी शास्त्र में ये निकष बहुत महत्त्वपूर्ण होते हैं। कार्य-कारण भाव की कसौटी पर वास्तुशास्त्र का कोई दावा खरा नहीं उतरता। वास्तुशास्त्र में बताए जानेवाले फल और संकट निवारण के उपायों में कार्य-कारण भाव का पूरी तरह से अभाव होता है। घटनाओं के पीछे वास्तुशास्त्रीय दृष्टिकोण का कोई सुसंगत कारण नजर नहीं आता।

वास्तुशास्त्र में पानी के स्थान को बहुत महत्त्व दिया जाता है। इसके कुछ नियम भी बताए गए हैं, जिसका पालन न करने से गंभीर परिणामों को सहना पड़ता है, जैसे—घर के प्रिय व्यक्ति की मृत्यु से लेकर दरिद्रता तक। प्रश्न यह है कि घर में पानी का स्थान कहाँ होना चाहिए? इस संदर्भ में कौन सा निश्चित स्थान मान लें—टंकी, नल या उस क्षेत्र में होनेवाले जलकुंभ को अथवा शहर के लिए जिस नदी अथवा तालाब से पानी आता है, उसे? इनमें से एक विकल्प को उचित और दूसरे को अनुचित किस आधार पर मान लिया जाए?

कार्य-कारण भाव के साथ ही वस्तुनिष्ठता का मुद्दा भी महत्त्वपूर्ण है। वास्तुशास्त्र के उदाहरण पूरी तरह से व्यक्तिनिष्ठ होते हैं, वस्तुनिष्ठ नहीं। ईशान दिशा की ओर होनेवाला गुसलखाना तोड़कर उचित दिशा की ओर फिर बनाया जाए तो बंद फैक्टरी झट से शुरू हो सकती है। अगर यह मूल्यमापन सही है तो महाराष्ट्र में औद्योगिक क्षेत्र की अनेक फैक्टरियाँ बंद हैं, उनके शुरू होने का हवाला कौन देगा?

'यह सूर्य और यह जयद्रथ' जैसी चुनौती मिलने पर वास्तु-पंडित पीछे हट जाते हैं। इसीलिए उनके दावे को 'शास्त्र' कहना 'शास्त्र' शब्द का अपमान करना है। उसे या तो भ्रामक वास्तुशास्त्र कहना चाहिए या जयंत नारळीकर के अनुसार, यह केवल वास्तुश्रद्धा ही है।

वैज्ञानिक निकष के संदर्भ में भी वास्तुशास्त्र एक भ्रम है। हम इससे पहले एक उदाहरण देख चुके हैं कि पूरे विश्व में डायबिटीज की इलाज-पद्धति समान है,

इसीलिए चिकित्सा का अपना 'शास्त्र' जो सर्वत्र समान तरीके से लागू होता है। लेकिन एक ही मंजिल की दो वास्तुरचनाओं के बारे में वास्तुज्ञों की भिन्न-भिन्न सलाह उसके 'शास्त्र' होने पर शक पैदा करती है। ऐसी वास्तुश्रद्धा सार्वजनिक नहीं है। इसीलिए उसके लिए कोई सार्वजनिक नियम भी अस्तित्व में नहीं है। इसे शास्त्र बनाने की जिन लोगों की तीव्र इच्छा है, उन्हें शास्त्रीय जाँच-पड़ताल के लिए अपना साहस बटोरना चाहिए।

वास्तुरचना का संबंध उस स्थान के भौगोलिक वातावरण, मसलन—हवा, पानी, धूप, बारिश एवं जमीन के स्तर पर निर्भर होता है, जहाँ पर वह बनाई जा रही है। आजकल ये बातें सहज मालूम की जा सकती हैं। इनके लिए स्पष्ट और उपयोगी सरकारी नियम भी सुलभ हैं।

उपभोक्ता कानून का उपयोग

मनुष्य के स्वास्थ्य के लिए दवाएँ आवश्यक होती हैं। प्रायोगिक जाँच-पड़ताल के बिना उन्हें बाजार में नहीं बेचा जा सकता है, वरना बेचनेवाले पर मनुष्य हत्या का आरोप लगाया जाता है। उपाधिप्राप्त डॉक्टर इलाज में गलती करता है तो उस पर उपभोक्ता सुरक्षा कानून लागू होता है। प्रश्न उठता है कि बिना किसी उपाधि वाले वास्तुशास्त्रज्ञों पर यह कानून क्यों नहीं लागू होता? आजीवन जिस घर में रहना है, जहाँ पर व्यवसाय को बढ़ाना है, उस वास्तु को तोड़-फोड़कर उसके मालिक का दिवालिया निकलवाने के जुर्म में उपभोक्ता सुरक्षा कानून सक्रिय क्यों नहीं है? वास्तु के संदर्भ में ऐसा अंधविश्वास फैलानेवाले तथाकथित वास्तुशास्त्रज्ञों को भी कानूनन कार्रवाई का सामना करने के लिए मजबूर बनाना चाहिए।

चर्चा में एक मुद्दा घूम-फिरकर पेश किया जाता है कि वास्तुशास्त्र के विरोधी लोगों को यह साबित करना चाहिए कि वह 'शास्त्र' नहीं है। एक बात बिलकुल स्पष्ट है कि जो लोग अपनी बात शास्त्रीय होने का ढिंढोरा पीटते हैं, उसे वैज्ञानिक स्तर पर साबित करना उनकी अपनी जिम्मेदारी है। लेकिन ऐसा नहीं होता है। वास्तुशास्त्र का गलत प्रचार कर लोगों की भावनाओं से खेलना कौन सी नैतिकता है?

कहाँ है गरीबों का आशियाना?

आज कम-से-कम पैसों में स्थानीय सामग्री का उपयोग कर अच्छे से अच्छा घर बनाना वास्तव में वास्तुशास्त्र का उत्तरदायित्व है। इस देश में करोड़ों लोगों का अपना घर नहीं है। आनेवाले दिनों में उन्हें वह मिलेगा, इसका कोई पक्का भरोसा नहीं है। नरक के समान झोंपड़ियों में लाखों गरीब परिवार अपना जीवन बिताते हैं। फुटपाथ पर रहनेवालों का घर 'ऊपर आसमान, नीचे जमीन' ही है। आजादी के छह दशक बीतने पर भी इस देश की पहली जरूरत प्रत्येक देशवासी का अपना

छोटा-सा घर है। यह उनका हक है। परंपरागत घर बनाने के लिए आवश्यक सामान इस देश में सुलभ नहीं है। वास्तुरचना के लिए सीमेंट और स्टील की कीमत चुकाना गरीबों के बस की बात नहीं है। सबसे कठिन प्रश्न ईंटों का है, जिसे बनाने के लिए उपजाऊ मिट्टी अधिक मात्रा में लगती है, और उसे बनाने में काफी वक्त लगता है। इसीलिए स्थानीय तौर पर उपलब्ध और सस्ते मूल्य की साम्रगी का उपयोग कर मजबूत घर बनाने की सलाह देनेवाला शास्त्र वास्तव में 'वास्तुशास्त्र' है।

एक महत्त्वपूर्ण बात पर गौर करना होगा कि मनुष्य का सबसे बड़ा गुण उसका बुद्धिवादी मन और उसकी वैचारिक स्वतंत्रता है। जब वह इसे दूसरों के पास गिरवी रखता है तब वह मनुष्य नहीं रहता। तब आजादी के सड़सठ वर्ष मनाने का कोई अर्थ भी शेष नहीं रह जाता। तथाकथित वास्तुशास्त्र इन नकारात्मक बातों का समर्थक बनता है। दुख इस बात का है कि जिन उच्च शिक्षित और उद्योगपतियों के कंधों पर देश की आधारशिला टिकी है, वे ऐसे वास्तुशास्त्र के पक्षधर बने हुए हैं। भारत की वर्तमान दुर्दशा अनेक कारणों से है। बढ़ता भ्रष्टाचार, बढ़ते अपराध, निष्क्रिय शासन, असीम सत्तालोभ—ये गंभीर समस्याएँ वास्तुशास्त्र एक ही झटके में गौण बना देता है। देश की प्रमुख हस्तियों के घर वास्तुशास्त्र की दृष्टि में किस प्रकार गलत हैं, यह बताते समय उनका संबंध उपर्युक्त कारणों से जोड़ा जाता है। श्रीलंका में फैली हुई अराजकता की बुनियाद उसका भौगोलिक स्थान और आकार को बतानेवाले वास्तुशास्त्रज्ञ (!) भारत की वर्तमान दुर्दशा का भी ऐसा ही बेबुनियाद कारण ढूँढ़ लेंगे, इसमें कोई शक नहीं। वास्तुशास्त्र के चक्कर में अटका मनुष्य अपना आत्मविश्वास तो खो ही देता है, प्रयत्नों को भी टाल देता है। इतना सब कुछ गँवाने के बाद उसके हाथ केवल मानसिक गुलामी ही आती है। इसीलिए ऐसी गुलामी को नष्ट करने के लिए भ्रामक वास्तुशास्त्र के बोझ को उतार फेंकना ही अक्लमंदी है।

स्यूडोसाइंस अर्थात् छद्मविज्ञान

'स्यूडोसाइंस' के लिए 'छद्मविज्ञान' शब्द का प्रयोग किया जाता है। लेकिन इस शब्द में 'स्यूडो' शब्द में प्रतिबिंबित भ्रामकता का पता नहीं चलता। स्यूडोसाइंस के लिए 'फरेबी विज्ञान' अथवा 'भ्रामक विज्ञान' शब्द का प्रयोग हो सकता है। 'स्यूडो' शब्द मूलत: ग्रीक भाषा का है, जिसका अर्थ असत्य अथवा ढोंग है। अंग्रेजी में इसका अर्थ है—जो मूलभूत सत्य नहीं है वह अथवा सच्चाई की नकल उतारनेवाला अथवा 'सत्य का आभास' मात्र करानेवाला। वर्तमान पीढ़ी इसे 'बकवास' समझती है।

विज्ञान मनुष्य को यथार्थ और व्यावहारिक दृष्टिकोण प्रदान करता है। उसे कार्य-कारण भाव सिखाता है। मंत्र, तंत्र, यज्ञ, अंधविश्वास जैसी करतूतों की दादागीरी विज्ञान की रोशनी में भीगी बिल्ली बन जाती है। विज्ञान नामक बला को टालने के लिए उसके विरोधियों ने एक षड्यंत्र रचा—उल्लेखित और अन्य ऐसी ही करतूतों को विज्ञान की शब्दावली में साबित करने का षड्यंत्र! इस धोखाधड़ी से बचने के लिए विज्ञान को समझना जरूरी है। इसके कुछ महत्त्वपूर्ण मुद्दे निम्नलिखित हैं :

1. जिसका निरीक्षण प्रत्यक्ष अथवा अप्रत्यक्ष रूप से किया जा सकता है, जिसका मूल्यांकन किया जा सकता है, जिसकी जाँच-पड़ताल प्रयोग द्वारा की जा सकती है, ऐसी बातों पर विज्ञान गौर करता है और इस संदर्भ में उसे असाधारण महत्त्व भी प्राप्त है। यही कारण है कि सभी स्यूडोसाइंसवाले 'यह भी हमारा विज्ञान है' जैसी रट लगाए हुए हैं।
2. वैज्ञानिक अनुसंधान में यह बात मानी जाती है कि 'यह विश्व अनुशासित है।' विश्व का निर्माण अनुशासन से हुआ है और उसके अंत तक वह लागू रहेगा। गुरुत्वीय बल का नियम हर युग में वही रहेगा। आज अलग और कल अलग, ऐसा परिवर्तन उसमें नहीं होता। ऐसा परिवर्तन स्यूडोसाइंस में जरूर रहता है।
3. विज्ञान में निर्धारित तत्त्व निश्चित शब्दों में बयान किए जाते हैं। विज्ञान अस्पष्ट भाषा में नहीं बोलता।

4. विज्ञान के तत्त्व अल्पकाल के लिए तात्कालिक होते हैं। अपने पूर्वघोषित तत्त्व से अधिक पूरक, स्पष्ट और प्रामाणिक तथ्य मिलने पर विज्ञान स्वयं ही उन्हें खारिज कर देता है। अपनी गलती वह तत्काल मान लेता है।
5. विज्ञान ऐसा दावा कभी नहीं करता कि संसार के सार्वकालिक प्रश्नों के उत्तर वह जानता है।
6. वैज्ञानिक दृष्टिकोण के आधार पर जो पूर्वानुमान साबित होता है, विज्ञान की प्रत्येक कसौटी पर जब वह खरा उतरता है, तभी वह विज्ञान माना जाता है वरना वह स्यूडोसाइंस कहलाता है।

इंटरनेट के संकेतस्थल पर 100 से भी अधिक स्यूडोसाइंस के नामों की सूची दी गई है। ऑक्यूपंक्चर, फलित ज्योतिष, मैग्नेटोथेरैपी, वास्तुशास्त्र आदि नामों को हम जानते हैं तथा कुछ अनजाने नाम भी मिलते हैं, जो अधिक चर्चित नहीं हैं। लोगों को उल्लू बनानेवाले ऐसे काम विज्ञान के नाम पर बिना दिक्कत केवल हमारे देश में ही नहीं बल्कि पाश्चात्य देशों में भी जारी है। जापान जैसा देश भी इससे अछूता नहीं है। अमेरिकन नेशनल साइंस फाउंडेशन का 2002 का प्रतिवेदन यह बताता है कि अंतरिक्ष में देखी गई उड़न-तश्तरियों की खबर को 30 प्रतिशत अमेरिकी सच मानते हैं। भविष्यवाणी को 40 प्रतिशत लोग शास्त्र मानते हैं, 60 प्रतिशत लोगों को परामानसशास्त्र में तथ्य नजर आता है और 70 प्रतिशत अमेरिकी चुंबकीय अनुसंधान को वैज्ञानिक मानते हैं।

स्यूडोसाइंस की पहचान जानने के कुछ लक्षण होते हैं, कुछ संकेत होते हैं, जिन पर ध्यान देना होगा। तभी 'यह सूर्य और यह जयद्रथ' की परख आप कर सकते हैं। इस संदर्भ में निम्नलिखित महत्त्वपूर्ण मुद्दों पर विचार किया जा सकता है :

1. स्यूडोसाइंस के आधार पर अपने अनुसंधान को साबित करनेवाले व्यक्ति अपना निष्कर्ष किसी मानक पत्रिका में प्रकाशित करने के बजाय अन्य जनसंचार माध्यमों से पहले संपर्क करते हैं।
2. इन तथाकथित वैज्ञानिकों का यह भी दावा होता है कि वर्तमान व्यवस्था उनके अनुसंधान को दबा रही है।
3. अनुसंधान के साक्ष्य, फोटो, नमूने और प्रयोगों के निष्कर्ष सब कुछ अस्पष्ट भाषा में दिए जाते हैं।
4. अनुसंधान की जानकारी सांख्यिकी भाषा में नहीं बल्कि कहानी के समान, काव्यमय भाषा में दी जाती है। महाराष्ट्र का एक मशहूर उदाहरण देना यहाँ प्रासंगिक है जहाँ के एक डॉक्टर महोदय सूक्ष्म शरीर धारण कर मंगल ग्रह पर सैर कर वापस लौटने का दावा करते हैं। यह एक कहानी-सी लगती है।
5. स्यूडोसाइंस अधिकतर पौराणिक संदर्भों पर आधारित होता है। इसीलिए

विगत कई सदियों से लोग इस शास्त्र का उपयोग करते आ रहे हैं। युगों से सुनी-सुनाई कथाओं को जाँचने की आवश्यकता जिन अनुसंधानकर्ताओं को नहीं लगती, उनसे होशियार रहना जरूरी है।

6. ऐसे लोग जीवन में अकेलेपन को अपनाते हैं।
7. ये लोग स्वयं के अनुसंधान को जाँचने के लिए नए नियम एवं नए परिमाणों की माँग करते हैं। सच्चा वैज्ञानिक ऐसी कोई जिद नहीं करता।

स्यूडोसाइंस अपनी सिफारिश तीन पद्धतियों से करता है—एक, धार्मिक ढकोसलों को विज्ञान का मुलम्मा देने का प्रयास किया जाता है। दो, छद्मवैज्ञानिक चीजों और तरीकों का सफल व्यावसायिक रूपांतरण करने का प्रयास किया जाता है और तीन, परामानसशास्त्र जैसे मामलों को आदर-सम्मान देकर उनकी मान्यता प्राप्त करने का प्रयास किया जाता है। कुछ उदाहरण और विवेचन द्वारा इस बात को स्पष्ट किया जा सकता है। यज्ञ का कर्मकांड एक ऐसा ढकोसला है, जो जीवन के लिए उपयोगी वस्तुओं को व्यर्थ ही नष्ट कर देता है। उसमें बहुमूल्य समय भी बरबाद होता है। इस कर्मकांड को 'अग्निहोत्र' जैसा सुंदर नाम दिया गया है। 'इससे वातावरण प्रदूषणमुक्त होता है', ऐसा निराधार दावा भी किया जाता है। अग्निहोत्र छोटे से रूप में एक ज्वलनक्रिया ही है। किसी भी ज्वलनक्रिया में आस-पास के वातावरण की प्राणवायु का उपयोग किया जाता है, जिससे हवा दूषित होती है। यह एक वैज्ञानिक सत्य है। अग्निहोत्र के समर्थक इससे इनकार करते हैं। अग्निहोत्र के धुएँ में हानिकारक जंतुओं को मारने की कौन सी दवा है? ऐसा प्रश्न पूछने को वे अपने पवित्र कार्य का अपमान मानते हैं। आजकल बाजार में धार्मिक किताबों की बाढ़-सी आई है। अधिकांश किताबों में परंपरागत विचारधारा को टाल दिया गया है क्योंकि लेखकों ने बदलते जमाने की बदलती हवा को सूँघ लिया है। यही कारण है कि गायत्रीमंत्र, मूर्ति अथवा मंदिर की परिक्रमा, रुद्राक्ष, गंगाजल आदि को विज्ञान का आवरण चढ़ाने का प्रयास होता है। श्रद्धा के रूप में अगर कोई गायत्रीमंत्र का जाप करता है, तो वह उसका व्यक्तिगत मामला है। लेकिन दावा तो ऐसा भी किया जाता है कि गायत्रीमंत्र के उच्चारण के साथ ही मनुष्य के शरीर में कुछ विशेष सूक्ष्म तरंगें निर्मित होती हैं जिनसे शरीर में रुधिर-परिसंचार 'सक्रिय' हो जाता है। इससे मनुष्य को 'एक्स्ट्रा एनर्जी' मिलती है। शरीर का पूरा तंत्र सुपर इलेक्ट्रिकल पार्टिकल से सक्रिय हो जाता है। ऐसे दुर्बोध शास्त्रीय लगनेवाले शब्दों के द्वारा स्यूडोसाइंस की ओर लोगों को आकर्षित करने का प्रयास किया जाता है। मूर्ति की परिक्रमा के समय उसका महत्त्व वैज्ञानिक पद्धति से बताया जाता है कि मूर्ति में देवता होता है। वह तेजोमय होता है। उस तेज की परिधि में ही मूर्ति होती है। उसके भ्रमण का मार्ग उसकी दाहिनी से बाईं ओर चक्राकार होता है। भक्त अगर इसी मार्ग से परिक्रमा करें तो उस तेजोमय परिधि के दिव्यकण उसके शरीर से चिपक जाते हैं और उनका

शरीर तथा मन भी शुद्ध हो जाता है। किसी भस्म, रुद्राक्ष की माला तथा अभिषिक्त जल आदि से भी ऐसी ही सत्त्वगुणी तरंगें निकलने का दावा किया जाता है। ऐसा बताकर इन चीजों की कथित पवित्रता को लोगों के पल्ले बाँध दिया जाता है। इस स्पष्टीकरण के वैज्ञानिक होने का दावा भी किया जाता है। अपने व्यवसाय को मजबूत करने के लिए स्यूडोसाइंस को ही दाँव पर लगाया जाता है। इसका एक उदाहरण 'मैग्नेटोथेरैपी' है। इसका दावा यह है कि हमारे खून में हिमोग्लोबिन होता है (यह सच है) जिसमें लौह का अंश होता है (यह भी एक सत्य है)। चुंबक लौह को आकर्षित करता है (बिलकुल ठीक) इसीलिए चुंबक के उपयोग से व्यक्ति का रुधिर-परिसंचार सुधर जाता है। मैग्नेटोथेरैपी की यह संकल्पना झूठी इसलिए है क्योंकि खून में मौजूद हिमोग्लोबिन में जो धनभारित लौह होता है, उसे चुंबक आकर्षित नहीं करता। इस प्रकार विज्ञान की भाषा में अवैज्ञानिक मामलों को लोगों के पल्ले बाँधने की यह कोशिश स्यूडोसाइंस में ही देखी जाती है।

परामानसशास्त्र को भी छद्मविज्ञान ही कहना चाहिए। इस विषय से संबंधित विद्वानों का कहना है कि कुछ असामान्य मानसिक शक्तियों की सहायता से ज्ञात विज्ञान के नियमों से परे उनको तोड़नेवाली कुछ घटनाएँ घटित हो सकती हैं। प्रत्येक संस्कृति में इन मामलों को धर्म अथवा रहस्यात्मक विद्याओं से जोड़ा गया है। उन्नीसवीं सदी में सर्वप्रथम इस बात पर गौर किया गया। सन् 1882 में इंग्लैंड में ऐसी घटनाओं का अध्ययन करने के लिए 'सोसायटी फॉर सायकिकल रिसर्च' नामक संस्था की स्थापना की गई। अन्य देशों में भी ऐसी संस्थाएँ स्थापित हुईं। सन् 1887 में 'अमेरिकन सोसायटी फॉर साइंटिफिकल रिसर्च' की स्थापना की गई। कुछ जाने-माने वैज्ञानिक इसमें अनुसंधान के लिए सक्रिय हो गए। कुछ संस्थाओं के आग्रह पर कुछ विश्वविद्यालयों ने इन घटनाओं की प्रायोगिक जाँच-पड़ताल की। इस शक्ति के चार प्रकार माने गए हैं—1. टेलिपैथी (Telepathy), 2. क्लेअरवायन्स (Clairvoyance), 3. प्रीकॉग्निशन (Pricognition), 4. सायकोकायनेसिस (Psychokinesis)। इन शक्तियों के समर्थक इनका स्वरूप इस प्रकार बताते हैं :

टेलिपैथी का अर्थ है, बिना किसी दूरसंचार व्यवस्था के दूसरों के मन के विचार जानने की शक्ति।

क्लेअरवायन्स घट चुकी किसी घटना का इंद्रियजनित ज्ञान नहीं होने के बावजूद विशेष मन:शक्ति से उसको जान लेना है। जैसे कोई चोरी हो जाती है, जिसका पता क्लेअरवायन्स के ज्ञाता को नहीं होता। लेकिन वह अपनी विशेष शक्ति की सहायता से चोर का हुलिया पुलिस को बता सकता है। प्रीकॉग्निशन में भविष्य में होनेवाली घटनाओं का पूर्वज्ञान हो जाता है।

सायकोकायनेसिस से शक्तिमान मनुष्य बिना किसी बाह्य शक्ति के केवल

अपनी मानसिक शक्ति के आधार पर वस्तुओं को उठाकर कहीं रख देता है।

उपर्युक्त संदर्भों में अनुसंधान जारी रहा। शुरू-शुरू में यह व्यक्तिगत अनुभवों पर आधारित था। इसमें कुछ ऐसे तथ्य पाए गए जो संबंधित मनुष्य के दावों को कमजोर करते थे। क्योंकि उस घटना की जानकारी पहले ही उस व्यक्ति को दे दी गई थी। कुछ प्रसंग संयोग पर आधारित थे, तो कुछ एकदम धोखाधड़ी साबित हुए।

'शास्त्र' के रूप में जाँच-पड़ताल के लिए एक उचित पद्धति को अपनाना जरूरी था। जे.बी. रीन्हे नामक एक मानसोपचार विशेषज्ञ ने वह पद्धति ढूँढ़ निकाली। वह कार्ड के आधार पर परीक्षा की पद्धति थी। इसमें ताश के पत्तों के समान ही कार्ड होते हैं। पच्चीस काड्‌र्स का एक समूह होता है। कार्ड पर चौरस, वर्तुलाकार, रेखाएँ, चाँदनी अथवा गुणा (×) का निशान होता है। वह काली स्याही में बिलकुल स्पष्ट होता है।

टेलिपैथी की परीक्षा देनेवाला व्यक्ति 'अ' नामक कमरे में बैठता है। जिस व्यक्ति की ओर से उसे संदेश मिलता है, वह 'ब' नामक कमरे में होता है। अन्य किसी भी मार्ग से संदेश न पहुँचे, इस बात का ध्यान रखा जाता है। 'ब' नामक कमरे में बैठे व्यक्ति को कार्ड दिखाए जाते हैं। उनमें से कितने कार्ड के निशान वह 'अ' नामक कमरे में बैठे व्यक्ति तक पहुँचाता है, उस संख्या को दर्ज किया जाता है। क्लेअरवायन्स की परीक्षा के लिए काड्‌र्स उलटे रखे जाते हैं और उनका सही क्रम संबंधित व्यक्ति से पूछा जाता है। कॉग्निशन के प्रयोग में पत्तों को पीसने से पहले ही व्यक्ति से काड्‌र्स का क्रम पूछा जाता है तथा बाद में उनकी जाँच भी की जाती है। आंतरिक शक्ति पर आधारित अनेक पुस्तकें लिखी गई हैं। उसमें परामानसशास्त्र का समर्थन होता है। लेकिन विद्वानों ने अनेक उचित आशंकाएँ प्रकट की हैं और उनका उत्तर माँगा है। ऐसी शक्तियों के प्रयोगों में भी अनेक गलतियाँ एवं दोष पाए गए हैं। जिन लोगों का ऐसी शक्तियों पर बिलकुल भी विश्वास नहीं है, उनके सामने ऐसी परीक्षाएँ नहीं ली जातीं। 'मेरे अंदर ऐसी शक्ति निरंतर मौजूद है और उसे मैं संयमित कर सकता हूँ'—ऐसा दावा आज तक किसी ने नहीं किया है। इसके बहुत-से कारण भी दिए जाते हैं, जैसे—यह शक्ति मानसिक स्थिति पर निर्भर होती है। मन अगर प्रसन्न और उल्लसित हो तब भी यह प्रकट होती है। (जाहिर है, परीक्षा के समय इसकी उत्पत्ति की संभावना कम ही होगी।)

स्यूडोसाइंस के कुछ उपप्रकार माने गए हैं—प्रोसाइंस, सिकसाइंस, जंकसाइंस, अल्टरनेट साइंस, फ्रिंज साइंस, बैडसाइंस, एंटीसाइंस आदि। नाम चाहे जो भी हो, ये सभी उन नकली गहनों के समान हैं जो ऊपरी तौर पर सच्चे हीरे की तरह चमकते हैं।

प्रोसाइंस विज्ञान के बहुत नजदीक होता है। विज्ञान की सभी कसौटी पर तो नहीं लेकिन अधिकांश पर यह खरा उतरता है। सिकसाइंस (अथवा पैथालॉजिकल

साइंस) गलत कल्पनाओं पर आधारित होता है। अल्पकाल के लिए वह साइंस के रूप में जाना जाता है लेकिन विज्ञान के नियमों से उसमें छुपा झूठ सामने आ जाता है। ऐसे अनेक उदाहरण दिए जा सकते हैं। सन् 1970 के दौर में पॉलीवाटर नामक पानी का नया रूप सामने आया। अनुसंधानकर्ताओं का यह दावा था कि यह बर्फ या भाप की तरह ही पानी का एक रूप है जो अधिक तापमान में उबलता है और कम-से-कम तापमान में जम जाता है। सूक्ष्मता से जाँचने पर इस दावे की निरर्थकता सामने आई और पॉलीवाटर विज्ञान में हमेशा के लिए अपना स्थान नहीं बना पाया।

'विज्ञान का उदात्त उद्देश्य यह होता है कि अपने इर्द-गिर्द में फैले पूरे विश्व का जायजा लेकर उसका अधिक से अधिक अर्थपूर्ण स्वरूप सामने लाया जाए। इस दृष्टि से ही उसमें निरंतर प्रयोग, अनुसंधान होते रहते हैं। स्यूडोसाइंस में ऐसे अनुसंधान का अभाव होता है। उसकी बुनियाद हजार वर्ष पूर्व जानकारी के संकलन पर खड़ी होती है। तत्काल में भी उस विषय का अनुसंधान वैज्ञानिक पद्धति से ही हुआ होगा, इसका कोई भरोसा नहीं होता।

महत्त्वपूर्ण बात यह है कि रिफ्युटॅबिलिटी की परीक्षा के बाद स्यूडोसाइंस का राज खुल जाता है। 'कौन सा गवाह प्रस्तुत करने पर आपकी थियरी गिर पड़ेगी ?' इस प्रश्न का उत्तर स्यूडोसाइंस के प्रत्येक समर्थक को देना चाहिए। इसे 'रिफ्युटॅबिलिटी' कहा जाता है। विज्ञान का यह बहुत महत्त्वपूर्ण प्रयोग है। स्यूडोसाइंस को 'साइंस' साबित करने के लिए इस प्रायोगिक परीक्षा से गुजरना पड़ेगा।

कोई वैज्ञानिक नया सिद्धांत प्रस्तुत करता है तो उसके अन्य सहयोगी उस सिद्धांत के निकषों से अलग उदाहरण जान-बूझकर सामने रखते हैं। उनका स्पष्टीकरण वैज्ञानिक को देना पड़ता है। इससे प्रस्तुत किया गया नया सिद्धांत या तो मजबूत बन जाता है, अथवा कमजोर बन जाता है या पीछे छूट जाता है। यह कोई दुश्मनी निकालनेवाली शरारत नहीं होती है। आशंकाओं का स्पष्टीकरण माँगना विज्ञान का एक अनुशासन है। स्यूडोसाइंस में आशंकाओं को जगह नहीं दी जाती। किसी के पूछने पर 'आपको यह पूछने का अधिकार नहीं है' जैसा उत्तर दिया जाता है। स्वाभाविक रूप से किसी गलत बात को स्यूडोसाइंस में बेदखल नहीं किया जाता।

प्रस्तुत विवेचन का यह अर्थ कतई नहीं कि स्यूडोसाइंस का संकलन कचरे के डिब्बे में फेंक दिया जाए। इसमें हर संदर्भ फालतू अथवा निरर्थक नहीं होता। प्रोसाइंस में जो बातें अवैज्ञानिक हैं, उनको टालकर अन्य संदर्भों पर अनुसंधान किया जाए तो अर्थपूर्ण तथ्य निकल सकते हैं। वैज्ञानिक दृष्टिकोण विनयशील होता है। लेकिन सत्य की जाँच-पड़ताल में जरूरत के मुताबिक कठोर भी होता है। इसके विपरीत अवैज्ञानिक धारणा का शास्त्र के रूप में प्रचार करनेवाले लोग सिर्फ अपनी बात कहने में भरोसा रखते हैं, उसकी जाँच-पड़ताल में नहीं।

किसी बात को वैज्ञानिक माना जाए अथवा स्यूडोसाइंस, इसे निश्चित करने के लिए निम्नलिखित कसौटियाँ उपयुक्त सिद्ध होती हैं :

1. इस विषय में कुछ विकास नजर आता है या नहीं? अगर होता है तो इसके 'विज्ञान' होने की संभावना अधिक होती है। स्यूडोसाइंस में उन्नति नहीं होती है।
2. स्यूडोसाइंस में लेखक उलझाऊ और अस्पष्ट शब्दों का उपयोग करता है, लेकिन उसकी व्याख्या नहीं करता, जैसे—बायोमैग्नेटिजम, कॉस्मिक एनर्जी आदि।
3. प्रचलित विज्ञान की परिधि को लाँघने से ही विषय को छुआ जा सकता है।
4. स्यूडोसाइंस से संबंधित आलेख के अंत में संदर्भ-सूची नहीं होती है।
5. 'गवाही हमारी आत्मा ही देती है' जैसी हामी केवल स्यूडोसाइंस में भरी जाती है।
6. किसी संदर्भ को न देते हुए, 'यह बात प्रयोग के द्वारा साबित हुई है, इसीलिए यह छल नहीं है' का दावा स्यूडोसाइंस में किया जाता है।
7. यह प्रयोग सिर्फ वही किया होता है जो दावा करता है, दूसरों के सामने इसकी पुष्टि नहीं की जाती।
8. स्यूडोसाइंस बार-बार यह शिकायत करता है कि उस पर हमेशा ही आरोप लगाए जाते हैं।
9. किसी मानक विज्ञान संस्था में स्यूडोसाइंस का अध्यापन नहीं होता है।
10. इस विषय के ग्रंथ सौ वर्ष पुराने होते हैं।
11. सत्य से दूर, केवल सत्य जैसी लगनेवाली अनेकानेक बातें स्यूडोसाइंस में पढ़ी जा सकती हैं। प्राय: उनका कथित विषय से भी वास्ता नहीं होता।
12. आलेख पर जब प्रश्न उठते हैं, तो उनका उत्तर देने के बजाय स्यूडोसाइंसवाला प्रश्नकर्ता पर ही हमला करता है।
13. स्यूडोसाइंस में हमेशा यह दावा किया जाता है कि जो बात वर्षों से मौजूद है, उसे झुठलाया कैसे जा सकता है? लेकिन 'वर्षों से प्रचलित' बात को साबित करके दिखाने की जरूरत नहीं समझी जाती।
14. स्यूडोसाइंस कभी लोकप्रिय होता है, कभी नहीं। उसकी भाषा 'श्रद्धा से करो, अनुभव होगा' वाली होती है।
15. स्यूडोसाइंस की अनेक बातों की विज्ञान कल्पना भी नहीं कर सकता।
16. स्यूडोसाइंस अपने विषय से संबंधित न होनेवाले तत्त्वों के साक्ष्य का आधार लेता है।

मन की बीमारियाँ : भूतबाधा, देवी सवारना

वैज्ञानिक हो, साहित्यकार हो या आम आदमी—सभी की 'मन' के बारे में जिज्ञासा होती है. मन कहाँ होता है? वह बीमार क्यों होता है? अधिकांश लोग इससे अनजान होते हैं। 'मन' शब्द का प्रयोग रोज किया जाता है, फिर भी उसके बारे में जाननेवालों की संख्या कम ही होती है। 'मन' की जिज्ञासा हर एक में होती है। मराठी साहित्य की सुविख्यात कवयित्री बहिणाबाई ने अपने काव्य में मन को एक पल में खसखस (खशखाश) के समान सूक्ष्म और दूसरी ओर आकाश में ऊँची उड़ान भरनेवाले पंछी के भव्य रूप में चित्रित किया है।

मन को गहराई से न जानने के कारण लोग उसकी बीमारियों से आतंकित होते हैं। दिमाग के जरिए हुई उसकी रचना एवं उसके कार्य से सामान्य मनुष्य अभी भी अनजान है। इसीलिए वह मानसिक बीमारियों से घबराता है। इसके कुछ कारण निम्नलिखित हैं :

1. स्वस्थ शरीर के बावजूद व्यक्ति इस बीमारी से पीड़ित होता है।
2. इस बीमारी के लक्षण अचानक नजर आते हैं और उतनी ही तेजी से गायब भी होते हैं। मन को दुखी करनेवाली किसी घटना या कारण के बिना यह बीमारी होती है। वह बार-बार उत्पन्न होती है, गायब होती है। इसीलिए वह अजीब लगती है।
3. कभी-कभी सूचना देने से, धमकाने से या दहशत से भी यह बीमारी कुछ समय के लिए कम हो जाती है। इस सुधार (!) का श्रेय दैवी शक्ति अथवा ऐसी शक्ति प्राप्त होने का दावा करनेवाले व्यक्ति (साधु, मांत्रिक, भगत आदि) को दिया जाता है। बीमार व्यक्ति पूरी तरह ठीक नहीं होता जिसका कारण किसी शक्तिमान बाधा को बताया जाता है। इसके सामने भगत भी कभी-कभी परास्त हो जाता है। लोग भी इस कारण को तुरंत मान लेते हैं।
4. यह बीमारी आनुवंशिकता से पीढ़ी-दर-पीढ़ी संक्रमित भी होती है। कभी-कभी बीच की कोई पीढ़ी इससे मुक्त रहती है वस्तुत: उस पीढ़ी में इस बीमारी के लक्षण अप्रकट रहते हैं। अगली पीढ़ी में फिर इसके लक्षण किसी सदस्य में पाए जाते हैं। अज्ञानी लोग उन्हें 'शापित घराना' मानते हैं।

5. यह बीमारी किसी शक, अनजाने डर अथवा मन में दबी हुई आशा, आकांक्षा एवं इच्छाओं का मिश्रण होती है। यह मरीज की निरर्थक बड़बड़ाहट एवं हाव-भावों से व्यक्त होती है। लोग अपने-अपने तरीकों से इसका अस्पष्ट अर्थ निकाल लेते हैं।

'मन' का स्वरूप

मनुष्य का व्यवहार अर्थात् उसकी भावनाएँ, उसके विचार, आचार—इन सबका अध्ययन ही मन का अध्ययन होता है। इन बातों का नियंत्रण मन के माध्यम से होता है। एक उदाहरण देखते हैं—सरकार का अर्थ क्या है ? इस प्रश्न के अनेक उत्तर हैं—लोकप्रतिनिधि, शासन, न्याय-व्यवस्था एवं सैन्यदल। प्रत्येक उत्तर आंशिक रूप से सही है। ऐसी और अनेक बातों के समावेश से सरकार बनती है। ठीक उसी तरह मनुष्य की बुद्धि, उसकी भावनाएँ, वासनाएँ, स्मृतिक्षमता, कल्पना का एहसास तथा ऐसी ही अन्य अभिव्यक्तियों से 'मन' का निर्माण होता है। मनुष्य के दिमाग में तकरीबन एक हजार करोड़ मज्जाकोशिकाएँ होती हैं। विद्युत रासायनिक स्पंदनों से वे जुड़ी होती हैं। मनुष्य का मन इस दिमाग में अर्थात् मज्जाकोशिकाओं और उनके विद्युत रासायनिक स्पंदनों में होता है। मनुष्य का मस्तिष्क उसे अन्य प्राणियों से अलग कर देनेवाला है। उसकी रचना एवं कार्य-पद्धति बेहद जटिल है। निम्नस्तरीय प्राणियों का मस्तिष्क केवल जीवन के लिए जरूरी श्वसन, हृदय के स्पंदन आदि का ही नियमन करता है। उत्क्रांति की प्रक्रिया में प्राणियों के उच्च स्तर के अनुसार मस्तिष्क का कार्य अधिक जटिल और विकसित हुआ। इस स्थिति में वह साँस लेना, हृदय की धड़कनें, स्वसुरक्षा, क्रोध अथवा प्रक्षिप्त क्रियाओं पर भी नियंत्रण रखने लगा है। मानवजाति के स्तर पर मस्तिष्क के दृष्टिकोण में ये कार्य प्राथमिक ही होते हैं। मस्तिष्क के विकास से ही मनुष्य में विचार, भावना एवं विवेकबुद्धि का विकास होता है। प्राकृतिक संवेदनाओं पर नियंत्रण रखने की क्षमता केवल विकसित मस्तिष्क में होती है। सभी प्राणियों के मस्तिष्क का अध्ययन करने के बाद समझ में आता है कि अविकसित अवस्था वाले प्राणियों का मस्तिष्क, मनुष्य के मस्तिष्क के ब्रेनस्टेम नामक हिस्से के समान होता है। मनुष्य के मस्तिष्क में श्वसन एवं हृदय के कंपनों का एक केंद्र होता है। लेकिन यह बहुत छोटा होता है। प्राणियों की भावनाएँ और विचार जैसे-जैसे विकसित होते गए, वैसे-वैसे मस्तिष्क का अन्य हिस्सा, फ्रांटललोब, प्री-फ्रांटललोब, लिंबिक सिस्टम मस्तिष्क में अधिकाधिक जगह लेते गए। इस प्रकार मनुष्य का मस्तिष्क तैयार हुआ। मनुष्य की भावना, विचार एवं आचार को नियंत्रित करनेवाला उसके मस्तिष्क का यह हिस्सा अन्य प्राणियों की अपेक्षा बड़ा होता है। सभी मानसिक प्रक्रियाएँ 'नूतन मस्तिष्क' के जरिए नियंत्रित होती हैं। मस्तिष्क की अनगिनत कोशिकाएँ एक-दूसरे से जुड़ी होती हैं। उन्हें

सायनाप्सेस कहा जाता है। इसके आधार से जुड़ी चेतन संस्था की कोशिकाओं का बहुत बड़ा जाल मस्तिष्क में होता है। उस जाल के द्वारा ही पूरे शरीर में संदेश भेजे जाते हैं। उसके द्वारा ही सभी ग्रंथियों, शरीर के अंगों एवं रगों पर नियंत्रण रखा जाता है। इस नियंत्रण में सायनाप्सेस का बड़ा योगदान होता है। इस सायनाप्सेस में सिरोटोनीन, इपीनेफ्रीन नारडपीनेफ्रीन, गैबा जैसे अनेक रसायन होते हैं। शरीर में कौन-सा रसायन कितनी मात्रा में है, इस पर संदेश वहन का कार्य निर्भर होता है। इन रसायनों का संतुलन बिगड़ने पर संदेश वहन का कार्य बिखर जाता है और मस्तिष्क के उस हिस्से से नियंत्रित होनेवाली भावनाओं एवं विचारों के बीच दोष उत्पन्न हो जाते हैं। जैसे सिरोटोनीन के कारण मन शांत होता है, लेकिन उसके असंतुलन से भ्रम पैदा होते हैं। डोपामाइन शारीरिक हलचल को दिमाग के द्वारा नियंत्रित करता है, लेकिन उसका स्तर नीचे गिरने पर पार्किंसंस नामक बीमारी हो जाती है।

मन और फ्रायड के विचार

आधुनिक मन का रचनाकार और मानसशास्त्र का जनक डॉ. सिग्मंड फ्रायड है। मानसिक क्रियाओं के बारे में उन्होंने दो विचार बताए हैं :

1. प्रत्येक व्यक्ति के अंतर्मन की गहराई में प्राकृतिक प्रेरणाएँ अपनी मूल आदिम अवस्था (Primitive) में होती हैं। उन्हें बेसिक इंस्टिंक्ट कहा जाता है। उसमें से 'इद' (ID) नामक मन केंद्र बनता है। भूख, लैंगिक भावनाएँ, आक्रमण, स्वसुरक्षा—ये प्रेरणाएँ हैं। मनुष्य एक सामाजिक और सुसंस्कृत प्राणी है। इसीलिए आदिप्रेरणाओं को अन्य प्राणियों के समान स्वीकार लेना उसके लिए संभव नहीं होता। इन प्रेरणाओं का दबाव उसके मन पर अधिक होता है, क्योंकि वे प्राकृतिक प्रेरणाएँ होती हैं।

व्यक्ति बचपन से यौवन तक परिवार में ही विकसित होता है। आस-पास के माहौल से वह व्यवहार संबंधी कुछ नीति-नियम सीखता है। वे नियम उसके व्यक्तित्व का हिस्सा बन जाते हैं। मनुष्य मन के इस हिस्से को 'सुपर ईगो' (Super ego) कहा गया है; अर्थात् 'इद' और 'सुपर ईगो'—ये केवल भिन्न ही नहीं बल्कि विरुद्ध दिशाओं में प्रवाहित होनेवाले प्रभावी प्रवाह हैं। परिणामस्वरूप व्यक्तित्व में बिखराव आता है। इन दोनों प्रवाहों का निरंतर संघर्ष व्यक्ति के लिए हानिकारक होता है। इसीलिए दो भिन्न प्रवृत्तियाँ संतुष्ट हों, उन्हें कम-से-कम पीड़ा हो, इस तरह का हल निकालने एवं समन्वय कायम करने की जिम्मेदारी मन के एक हिस्से को ही निभानी पड़ती है। यह समन्वय कायम करते समय ही बीच का हिस्सा विकसित होने लगता है जिसे 'ईगो' कहा जाता है। यह ईगो, इद और सुपर ईगो। इन दोनों को कम-से-कम नाराज कर अधिक से अधिक संतुष्ट रखने का खेल खेलता है। वह सकारात्मक और नकारात्मक दोनों तरह का होता है। सुरक्षा के इस खेल के कुल योग से ही व्यक्तित्व विकसित होने की महत्त्वपूर्ण क्रिया पूरी होती है।

2. हमारे मन में जो भी घटित होता है, उससे हम थोड़े-बहुत अनजान होते हैं। जिस मानसिक हलचल का एहसास हमें होता है, उसे हम जाग्रत् मन कहते हैं। जाग्रत् मन के विचार, स्मृतियाँ एवं भावनाओं से हम आसानी से वाकिफ होते हैं। लेकिन मन का दूसरा हिस्सा गहरा होता है, जिसे अचेतन मन कहा जाता है। इस मन में बहुत-सी स्मृतियाँ, तीव्र भावनाओं का कोलाहल मचा रहता है। हिमखंड के रूपक के जरिए इस बात को अच्छी तरह से समझा जा सकता है। हिमखंड का एक दशमलव हिस्सा पानी के ऊपर होता है और सात दशमलव हिस्सा पानी के अंदर होता है। उसी तरह रूपक की भाषा में कहें तो बाह्य मन, प्रकट मन, व्यक्त एहसास हिमखंड के एक दशमलव हिस्से की तरह होता है और अव्यक्त, अचेतन अंतर्मन हिमखंड के सात दशमलव हिस्से की तरह होता है। मस्तिष्क की प्रत्यक्ष रचना में ऐसे दो हिस्से नजर नहीं आते लेकिन व्यवहार में उनका अनुभव होता है। जैसे रास्ते पर चलनेवाला एक व्यक्ति हमें नजर आता है। विगत बीस वर्षों में हमने उसे नहीं देखा है, उसका फोटो भी नहीं देखा है। उसकी आवाज भी कभी नहीं सुनी है। उसके साथ हमारा कोई संपर्क भी नहीं है, फिर भी उस व्यक्ति को देखकर उससे बचपन की दोस्ती याद आती है। बीते बीस वर्षों में कोई संपर्क नहीं होने पर भी उसकी स्मृति हमारे अंतर्मन में सुरक्षित थी। जाग्रत् मन ने उस व्यक्ति को देखते ही अंतर्मन के गोदाम से उस स्मृति को निकालकर व्यक्ति को उसका एहसास करवाया। इसका मतलब है—अंतर्मन का गोदाम बिलकुल ठीक तरह से बंद है और जाग्रत् मन सक्रिय है। इस गोदाम में कौन-सा संकलन नहीं होता? हमारे जन्म से लेकर वर्तमान क्षणों तक अनेक भावनाएँ हार-जीत, सुख-दुख, आशा-निराशा—यह सब उस गोदामरूपी अंतर्मन में रखा जाता है। इच्छा होते हुए भी नौकरी नहीं मिलती, जीवनसाथी से मुलाकात नहीं होती, काम के स्थान पर निरंतर संघर्ष का सामना करना पड़ता है, ऐसी अनेक नकारात्मक बातें किसी से बाँटी नहीं जातीं; बल्कि अंतर्मन में बंद रखी जाती हैं। यह माल गोदाम की क्षमता से परे होने पर उसमें नहीं समा सकता। अगर वह विस्फोटक हो तो मामूली कारण से भी फट जाता है।

भारतीय महिलाएँ अत्यधिक तनाव एवं परेशानियों से अपने अंतर्मन के गोदाम को भरती रहती हैं। इसका एक कारण घर और समाज में उन्हें दिया गया गौण स्थान भी है। घर-परिवार अथवा सामाजिक संबंधों में एक के बाद एक सदमा पहुँचने से मनुष्य अत्यधिक घुटन का अनुभव करने लगता है, जैसे—लड़ाई-झगड़ा होना, किसी की अचानक मृत्यु हो जाना, जायदाद का अधिकार हाथ से निकल जाना आदि गंभीर दुर्घटनाओं के आगे अंतर्मन की सहनक्षमता टिक नहीं पाती है। विशेष रूप से जो व्यक्ति दूसरों पर अधिक निर्भर रहते हैं, अपने निर्णय स्वयं नहीं ले पाते हैं, दूसरों की सूचनाओं पर आश्रित रहते हैं, उनके अंतर्मन का गोदाम वेदनाओं से, दुख से बहुत शीघ्र भर जाता है। किसी भी उपचार या उपाय से उस गोदाम को खाली

करना आवश्यक होता है। कुछ समय ऐसा भी देखा गया है कि कोई बाह्य तनाव न होते हुए भी व्यक्ति पागल के समान हरकतें करता है; अर्थात् इसका आंतरिक कारण उसके जाग्रत् मन और अंतर्मन के बीच संवाद न हो पाना है। ऐसे व्यक्ति के चेहरे पर अजीबोगरीब हावभाव नजर आने लगते हैं, आवाज बदल जाती है, आँखें बंद कर वह चक्कर लगाने लगता है। छाती पर हाथ बाँधकर घूमने लगता है। वह 'जय देवी माँ' या ऐसा ही कुछ चिल्लाने लगता है। कुछ समय के लिए वह मानो अलग व्यक्तित्व धारण कर लेता है। अपने कपड़ों का, व्यवहार का, आस-पास के माहौल का उसे होश नहीं रहता। दूसरे लोग समझ नहीं पाते कि वह ऐसा क्यों करता है। ज्यादातर लोग मान लेते हैं कि उस व्यक्ति को भूत-पिशाच की बाधा है अथवा उस पर देवी सवार है। वास्तव में ऐसा सोचना ऐसे परंपरागत अंधविश्वासों के प्रभाव के कारण है जो ढकोसलों को जन्म देता है।

भूत-प्रेत क्या है?

भूत-प्रेत के दर्शन या उनकी बाधा दो प्रकारों से होती है। एक आभासी भूत और दूसरा मानसिक बीमारी से पैदा होनेवाला विचित्र व्यवहार का भूत। समाज के सभी उम्र के स्त्री-पुरुषों में, शहरी अथवा देहाती लोगों में, शिक्षित अथवा अनपढ़ लोगों में, गरीब अथवा अमीर लोगों में 'भूत' अथवा 'पिशाच' की रहस्यात्मक कल्पना पाई जाती है। यह कल्पना कैसे निर्मित होती है? हमारे देश में परंपरागत विचारधारा 'आत्मा' को मानती है। मनुष्य की मृत्यु के पश्चात् वह आत्मा अगर असंतुष्ट रहती है तो सूक्ष्म रूप में उसका अस्तित्व बना रहता है और अपनी अधूरी वासना को पूरी करने के लिए वह किसी भी शरीर का चयन करती है। इस स्थिति में वह उस शरीर यानी कि व्यक्ति को अवश या भ्रमित कर देती है। भूत-पिशाच के संदर्भ में पर्याप्त जानकारी हमारे समाज में मिल जाती है। व्यक्ति को भूत-बाधा कैसे होती है और यह विशेष मंत्र-तंत्र से कैसे दूर होती है, इसका सरस वर्णन करनेवाली पुस्तकें बाजार में बेची जाती हैं। उनमें भूत-प्रेत, पिशाच से मुक्ति पाने के लिए 'ऊकं कल्याणं शोभानाभ्यं नः।' जैसे मंत्र का हर रोज 1008 बार जप करने का उपाय सुझाया गया रहता है। पीड़ित व्यक्ति अगर जप नहीं कर सकता तो अन्य व्यक्ति को उसकी बगल में बैठकर वह काम करना चाहिए। मंत्र का जप करते समय ताँबा या चाँदी के बर्तन में पानी रखना चाहिए और जप खत्म होते ही कुलदेवता का नाम लेकर वह पानी अर्थात् तीर्थ पी लेना चाहिए। मंत्रोच्चारण का रेकॉर्ड बजाकर भी यह कर्म पूरा हो सकता है।— ऐसी भरपूर सुविधाजनक जानकारी देनेवाली अनगिनत किताबें बाजार में उपलब्ध हैं।

जीवन में मृत्यु अटल होती है। वह किसी भी रूप में आ सकती है। किसी की हत्या हो जाती है, कोई आत्महत्या कर लेता है, कोई दिल की बीमारी का शिकार हो जाता है। कोई स्त्री बच्चे को जन्म देते समय मर जाती है। अचानक ही जीवन को

व्यक्ति की इच्छा के बगैर खत्म करनेवाली ऐसी मृत्यु उस व्यक्ति की अनेक इच्छाओं को अधूरा रखती है। इसीलिए वह मरा हुआ व्यक्ति आत्मा बनकर भटकता है। वह आत्मा किसी पेड़ पर बैठती है और अपनी इच्छाओं को पूरा करने का मार्ग ढूँढ़ने लगती है। भारतीय लोगों को बचपन से ही ऐसा ज्ञान और संस्कार दिया जाता है। उन्हें 'भूत-पिशाच, वेताल, खबीस, चुड़ैल, बरुवा जैसे अनेक अलौकिक जीवात्माओं के बारे में बताया जाता है। ब्राह्मण की हत्या होने पर वह ब्रह्मराक्षस बन जाता है। वह ब्राह्मण अगर धन का लोभी हो तो उसका ब्रह्मसंबंध हो जाता है। पनघट, कब्रिस्तान, खँडहर, पुरानी हवेलियाँ तथा बरगद एवं पीपल के पेड़ों पर भूतों का डेरा होता है। अमावस की आधी रात में वे निश्चय ही प्रकट होते हैं। उनके लिए नीबू, पीला चावल और मुर्गी का उतारा जरूरी होता है। इन भूतों का सिर नहीं होता, उनकी आँखें सीने पर होती हैं, उनकी छाया या प्रतिबिंब नहीं होता। उनके पैर उलटे होते हैं। रामनाम या हनुमान चालीसा का उच्चारण या जप करने पर भूत भाग जाते हैं।' ऐसे संस्कार बचपन से ही मन पर अंकित कर दिए जाते हैं, जिससे भूत की कल्पना दिमाग में जड़ जमाकर बैठ जाती है।

यह सब कुछ चार कारणों से होता है—ढोंग, संस्कार, मनुष्य का सुनी-सुनाई बातों को सच मान लेने का स्वभाव एवं इंद्रियजन्य भ्रम। इन सभी के अलग-अलग भ्रम अथवा समग्र कल्पना ही भूत होती है।

भूत का निर्माण

सदियों से 'भूत' की कल्पना पर लोगों का अंधविश्वास है। इक्कीसवीं सदी में भी जनसंचार माध्यम इस अंधविश्वास को बड़े उत्साह से प्रसारित कर रहे हैं। 10 से 12 वर्ष का बाल मन, प्राप्त ज्ञान की तर्क की कसौटी पर जाँच-पड़ताल नहीं कर सकता। उसी उम्र में किताबों, आस-पास के लोगों एवं जनसंचार माध्यमों के जरिए बच्चों को भूतों के बारे में सारी जानकारी मिल जाती है। संक्षेप में, 'भूत होता है' यह मानने का संस्कार मन पर गहराई से प्रभाव डालता है। लोग विज्ञान का ज्ञान प्राप्त कर लेते हैं, लेकिन समस्या यह होती है कि अंतर्मन की गलत जानकारी खींचकर जाग्रत् मन में लाना, तार्किक विवेचन के द्वारा प्राप्त जानकारी में जो अज्ञान है, उसे दूर करना और नई वैज्ञानिक जानकारी अंतर्मन में रखना उन्हें रास नहीं आता। ऐसी कोशिश भी नहीं की जाती है। भूत-पिशाचों की स्वैर कल्पनाएँ मन में केवल एक आतंक पैदा करती हैं। बचपन में डराने या चुप कराने के लिए बच्चों को 'बांगुलबुवा' अथवा 'शैतान' के आने का डर दिखाया जाता है जो बड़ा होने पर भी उसके मन में कहीं न कहीं छुपा रहता है।

मनुष्य का मन सूचनाओं पर बिना सोच-विचार के शीघ्र ही भरोसा कर लेता है। विज्ञापनों का अध्ययन करने पर यह मुद्दा अधिक स्पष्ट होता है। कोई अभिनेत्री

अपनी सुंदरता का राज किसी साबुन को बताती है और उस साबुन की बिक्री काफी बढ़ जाती है। इसका कारण क्या है? उस अभिनेत्री के शब्दों से अनेक का सुप्त मन इस सूचना को मान लेता है कि अभिनेत्री के समान सुंदर बनने का तरीका वह साबुन है। ठीक उसी तरह 'भूत' की कल्पना के बारे में सुनी-सुनाई चर्चा, जनसंचार माध्यमों से बताई गई बातें, जैसे—भूतबँगला, पीड़ित विचित्र लोग तथा जादू-टोना के प्रसंग कल्पना नहीं बल्कि वास्तव में घटी और जाँच-पड़ताल की हुई घटनाएँ हैं, ऐसा सुप्त मन मान लेता है। विभिन्न संचार माध्यम मामूली स्वार्थ के लिए ऐसा गलत प्रचार करते हैं। वास्तव में सभी स्तरों पर इसका विरोध किया जाना चाहिए। उसकी अवैज्ञानिकता को स्पष्ट करना चाहिए। सभी को उसकी काल्पनिकता से आगाह करना चाहिए।

'इंद्रियजन्य भ्रामकता' भी भूत-निर्माण का एक कारण है। शास्त्रीय परिभाषा में इसे (Ilusion) या विभ्रम कहा जाता है। इसका मतलब है, 'जो जैसा नजर आता है, वह वैसा नहीं है।' अँधेरे कमरे में रस्सी को भी कई लोग साँप समझ लेते हैं। गर्मी के दिनों में, तपती धूप में, कोलतार की सड़कों पर दूर से पानी की लहरों का आभास होता है। वास्तव में वह मृगजल या मृगमरीचिका होती है। रात के घने अँधेरे में रास्ते पर सरपट भागनेवाली गाड़ी में बैठे यात्रियों को सड़क किनारे मौजूद पेड़ या बड़े पत्थर हलकी-सी रोशनी में कोई विचित्र चीज लगते हैं। आँखों को दिखाई देनेवाले दृश्य के कार्य-कारण भाव पर गौर न करने से 'भूत' जैसी कल्पनाएँ और मजबूत हो जाती हैं। रात के सन्नाटे में घर की दीवार की आड़ में कोई अस्पष्ट आकृति नजर आती है। उसका पता लगाने के लिए घर का व्यक्ति उधर जाता है और उसकी आहट सुनते ही चोर भाग जाता है। उसी समय दीवार की आड़ से एक कुत्ता सामने आता है, उसे देखनेवाला व्यक्ति अगर कार्य-कारण भाव के बारे में नहीं सोचता, तो उसे यह प्रश्न सताता है कि अभी तो वहाँ कोई आदमी था, अब कुत्ता कैसे सामने आ गया? वह अन्य लोगों को बड़े आश्चर्य से सुनाता है, 'अरे, कल रात एक भूत ने पल में ही कुत्ते का रूप धारण कर लिया। यह मैंने अपनी आँखों से देखा है।' सुननेवाले ने इस घटना की तर्कसंगत पड़ताल नहीं की तो निश्चय ही वह इस गलत सूचना को स्वीकार लेगा और अनेक लोगों को यह किस्सा किसी वास्तविक घटना की तरह सुनाएगा। पैरों में लंबी लकड़ियाँ बाँधकर चलने की कसरत कुछ लोग करते हैं। लकड़ियों को ढकने के लिए वे लंबी सलवार पहनते हैं। रात के समय ऐसी ही सफेद सलवार पहनकर चलनेवाला मनुष्य किसी को नजर आता है तो वह बचपन से ही मिले भूत के संस्कार-ज्ञान के कारण उसे भूत समझ लेता है। रात का समय, हलकी-सी रोशनी और इंद्रियों का भ्रम जैसी अनुकूल स्थिति इतनी ऊँची और सफेद आकृति को 'भूत' मानने की सूचना को स्वाभाविकता से स्वीकार कर लेती है और फिर उसका प्रसार भी होने लगता है।

भूत की कल्पना को मजबूत अंधविश्वास बनाने का काम समाज में मौजूद स्वार्थी और ढोंगी साधु करते हैं। वे बहुत चतुर और छलिया होते हैं। अपने मामूली स्वार्थ के लिए वे 'भूत' की कल्पना को अधिक बढ़ावा देते हैं। पुरानी हवेलियों में, जहाँ पर नंबर दो के धंधों का बोलबाला रहता है, वहाँ ऐसे दुष्ट लोग अफवाहें फैलाते हैं कि 'वहाँ पर भूत है' ताकि लोग डर के मारे वहाँ जाने न पाएँ।

संस्कार, सूचना पर सहज भरोसा करने एवं इंद्रियजन्य भ्रम के कारण 'भूत' की कल्पना का निर्माण होता है। इसका उदाहरण 'अंधश्रद्धा निर्मूलन आंदोलन' के सक्रिय कार्यकर्ता अब्राहम कोवूर ने अपने अनुभव से स्पष्ट किया है। उसे विस्तार से देखा जाए तो भूत-निर्माण की प्रक्रिया अधिक सहजता से स्पष्ट होगी। अब्राहम कोवूर और उनकी पत्नी श्रीलंका के रिचमंड हिल पर रहते थे। वहाँ के एक टीले पर उनका कॉलेज एवं घर भी था। टीले की तलहटी में छात्रावास था। एक शाम कोवूर दंपती छात्रों से मिलने नीचे छात्रावास में गए। गपशप में भूत-पिशाच, अंधविश्वास पर चर्चा शुरू हो गई। कोवूर दंपती ने छात्रों को समझाने की कोशिश की कि भूत केवल एक कल्पना है। देर रात दोनों वापसी पर निकले तो छात्रों ने बताया कि वापसी के रास्ते पर एक पुराना बरगद का पेड़ है, जिसे 'महावेताल का पेड़' कहते हैं। अनेक लोगों को रात के अँधेरे में वहाँ भयावह जानवरों-पंछियों के रूप में भूतों के दर्शन हुए हैं और बड़े-बड़े हादसे हुए हैं। इसीलिए कोवूर दंपती वह रात छात्रावास में गुजारें और सुबह वापस लौटें। छात्रों की इस सलाह पर वे दोनों केवल मुस्कुराए और वापस लौटने लगे। चलते-चलते दोनों के बीच यह चर्चा होती रही कि किस प्रकार आज के छात्र ऐसे अंधविश्वास पर भरोसा रखते हैं। कुछ दूरी पर उन्हें वह बरगद अर्थात् महावेताल का पेड़ दिखाई दिया। अचानक कोवूर की पत्नी जोर से चिल्लाई। पेड़ की ओर उँगली कर बोली, ''वह देखिए, कितना बड़ा हाथी!'' कोवूर को उस पेड़ के नीचे एक बड़ा काला हाथी खड़ा नजर आया। जंगली जानवरों से डरनेवाली कोवूर की पत्नी घबराहट के मारे काँपने लगी। कोवूर को कुछ सूझ नहीं रहा था। सोचने लगे कि अगर पत्नी के साथ आगे चले जाएँ और हाथी हमला कर दे तो लोग कहेंगे, 'वेताल ने कोवूर को अच्छा मजा चखाया।' वापस जाने पर छात्र कहेंगे, 'हमने आपको जाने से मना किया, फिर भी आप चले गए। देखिए, कैसे वापस आना पड़ा!' हाथी बहुत दूर था, उनके हाथ में मौजूद टॉर्च की रोशनी हाथी तक नहीं पहुँच पा रही थी। गौर से देखने पर कोवूर को लगा कि मामला कुछ अलग है, क्योंकि हाथी का सिर्फ बायाँ कान हिल रहा था। वह घूँ-घूँ जैसी आवाज भी निकाल रहा था। कोवूर को लगा, शायद हाथी के साथ उसका महावत भी है। उन्होंने जोर से आवाज दी, ''कौन है वहाँ? अरे कौन है वहाँ?'' हाथी की आवाज बंद हो गई। बाकी सब कुछ वैसा ही रहा। हाथी वहाँ से हट जाएगा या नहीं, कोवूर को कुछ समझ में नहीं आ रहा था, इसीलिए वे फिर चिल्लाए, ''मैं

पूछता हूँ, कौन है वहाँ पर?'' हाथी के बाएँ कान की हलचल एकदम बंद हो गई। अब उसके दाहिने कान में कुछ हलचल हुई। एक सफेद आकृति उससे उतरकर कोवूर की ओर बढ़ने लगी। दृढ़निश्चयी होने के कारण कोवूर पीछे नहीं हटे बल्कि डटकर खड़े रहे। वह सफेद आकृति बिलकुल नजदीक आई तो पता चला कि वह एक सामान्य आदमी है। स्वाभाविक ही कोवूर ने धमकाकर पूछा, ''कौन है तू? और इतनी रात गए हाथी को लेकर यहाँ क्या कर रहा है?'' उस आदमी ने कोवूर को सिर से पैर तक देखा और बोला, ''आप किस हाथी की बात कर रहे हैं? होश में तो हैं?'' कोवूर पेड़ के नीचे गए। देखा, पुराने जमाने की बड़ी काली डॉज मोटरकार खड़ी थी। वह आदमी बोला, ''अचानक किसी काम की वजह से मेरे मालिक कॉलेज के प्राचार्य के पास आए हैं। मैं उनका ड्राइवर हूँ। मालिक ऊपर बँगले में गए हैं। ऊपर गाड़ी चढ़ नहीं सकती इसीलिए उसे लेकर यहाँ रुक गया। बाईं तरफ का दरवाजा खोलकर मैं केबिन में सोया था, किसी की पुकारने की आवाज सुनकर मेरी नींद खुल गई। फिर मैंने बायाँ दरवाजा बंद कर दाहिना खोल दिया और नीचे उतरकर यहाँ आया हूँ। आप बिना वजह मुझ पर क्यों चिल्ला रहे हैं? यह हाथी का लफड़ा क्या है? मैं कुछ समझा नहीं!''

कोवूर के दिमाग की बत्ती जल गई।

यह प्रसंग पढ़कर पाठकों के सामने भी भूतों के राज से यहाँ पर्दा उठ सकता है। अब जरा इस प्रसंग के कुछ पहलुओं पर विवेचनात्मक दृष्टि से गौर करें :

1. अन्य बच्चों की तरह कोवूर और उनकी पत्नी के बचपन में ही भूत की कल्पना के संस्कार गहराई से पड़े थे। भविष्य में विचारों की प्रगल्भता से कोवूर ने इस कल्पना को महत्त्व नहीं दिया, लेकिन श्रीमती कोवूर के मन में कहीं न कहीं इसका प्रभाव मौजूद था।
2. छात्रों ने सूचना दी थी कि रास्ते पर खड़े महावेताल के पेड़ पर भूत-पिशाच के दर्शन होते हैं।
3. इस सूचना से शायद श्रीमती कोवूर नहीं घबरातीं लेकिन रात का अँधेरा और टॉर्च की अपर्याप्त रोशनी के कारण काले रंग की डॉज गाड़ी के बारे में उन्हें इंद्रियजन्य भ्रम हुआ।
4. श्रीमती कोवूर ने हाथी को भूत नहीं बल्कि हाथी ही माना लेकिन जंगली जानवरों के उनके डर के कारण डॉज गाड़ी की बजाय वे 'हाथी' कहकर चिल्लाईं। यह गलत सूचना उन्होंने मान ली और ऊपर से अँधेरे के कारण इंद्रियजन्य भ्रम तुरंत पैदा हुआ।
5. गलत सूचना स्वीकार करने के कारण गलत कार्य-कारण भाव शुरू हुआ। इसीलिए सोए हुए ड्राइवर के खर्राटे हाथी की घूँ-घूँ आवाज की तरह लगे। ड्राइवर ने हवा अंदर आने के लिए बायाँ दरवाजा खुला छोड़ दिया

था जो हवा के साथ आगे-पीछे हिल रहा था, दरवाजे की यह हलचल कोवूर को हाथी के बाएँ कान की हलचल लगी थी।

6. कोवूर के पुकारने से ड्राइवर जाग गया। उसके खर्राटे बंद हो गए। मतलब हाथी की घूँ-घूँ आवाज बंद हो गई। उसने दाहिना दरवाजा खोल दिया जो कोवूर को हाथी का दाहिना कान हिलने जैला लगा। उस दरवाजे से ड्राइवर नीचे उतरकर कोवूर की तरफ बढ़ गया। मतलब, हाथी के दाहिने कान से एक सफेद आकृति निकली और कोवूर की दिशा में बढ़ गई।

अगर कोवूर ने साहस नहीं दिखाया होता अथवा ड्राइवर नहीं जगता या वह कहीं और चला जाता तो कोवूर को लगता कि हाथी निकल गया और वे सही-सलामत घर पहुँच गए। भूत-प्रेत पर भरोसा करनेवाले लोग कहते, 'कोवूर कुछ भी कहें, उन्होंने भूत देखा। उनकी तकदीर अच्छी थी जो बच गए।' लेकिन कोवूर के समयोचित व्यवहार के कारण भूत का भ्रम बिलकुल स्पष्ट हो गया। भूत-प्रेत का भ्रम दूर करने के लिए यह एक अच्छा उदाहरण है।

भूतों के संदर्भ में समाजसेवकों के विचार

अनेक लोगों ने भूतों के संदर्भ में लेखन किया है। चार्वाक ने भूतों का पता लगाया था। उन्हें इस बात का एहसास हो गया था कि भूतों की कल्पना आत्मा के अस्तित्व पर आधारित है। उन्हें आत्मा का शरीर से अलग अस्तित्व मान्य नहीं था। हमारा जड़ शरीर एक वास्तविकता है, पंचमहाभूतों के योग से इस चेतन देह का निर्माण हुआ है। शरीर बनने से पहले और उसके नष्ट होने के बाद आत्मा का कोई अस्तित्व नहीं है, ऐसा चार्वाक का कहना था। मराठी संत तुकाराम ने भी भूत के खोखलेपन के बारे में विचार व्यक्त किए हैं।

महाराष्ट्र के सुधारक गोपाल गणेश आगरकर ने भूत की कल्पना पर कठोर टिप्पणी की है। उनके अनुसार, "भूत-पिशाच अथवा बिना शरीर की आत्मा जैसी बातों का कोई अस्तित्व नहीं है। उनके बारे में मन क्यों सोचता है? इसका उत्तर यह है कि कैलास, पाताल, स्वर्ग, नरक, वैकुंठ, यम, यमपुरी आदि काल्पनिक वस्तुओं का जो अस्तित्व है, वही भूत-पिशाच या आत्मा का अस्तित्व है। इनके स्वरूप में कोई परिवर्तन नहीं होता। आत्मा के दो रूप हैं—एक, देहबद्ध और दूसरा देह से परे। मृतक के सगे-संबंधियों में यह कल्पना होती है। इसीलिए वे मृत व्यक्ति को उसके जीवन में जो चीजें प्रिय थीं, उनका अर्पण करते हैं। सुहागिन स्त्री के मृत शरीर को नहलाकर, नई साड़ी पहनाकर, कुमकुम लगाकर उसकी गोद भरी जाती है। उसे पिंडदान दिया जाता है। यह सब ऐसा ही कर्मकांड है।"

आगरकर की मान्यता भी यही है। भूतों को संतुष्ट करने के लिए जो श्रद्धा और कर्म किए जाते हैं, उससे कोई फर्क नहीं पड़ता। वे कहते हैं, "हमारी प्रशंसा से

ईश्वर खुश होता है और हमें संकटों से मुक्ति दिलाने के लिए प्रवृत्त होता है, यह विचार गलत है। श्राद्ध विधि या पिंडदान से मृतात्माएँ संतुष्ट होती हैं और हमारी सहायता करती हैं तथा गायत्रीमंत्र अथवा यज्ञ, जप एवं मंत्रोच्चारण से उनमें दहशत फैलती है, ऐसा मानना भी गलत है...''

भूत-पिशाचों के अस्तित्व पर इतना संदेह या प्रश्नचिह्न होने पर भी लोग क्यों अपने मन में उनकी कल्पनाओं को पालते हैं? आगरकर आगे लिखते हैं, ''सौ में से निन्यानबे लोग समान आचार-विचारों वाले होते हैं। उनमें समायोजन होता है। मनुष्य शारीरिक श्रम की अपेक्षा मानसिक श्रम को टालने की कोशिश करता है। घिसे-पीटे रास्ते पर चलना मन को अधिक प्रिय होता है। अधिकांश लोग स्वतंत्र विचारधारा को स्वीकार नहीं करते। इसीलिए भूत-पिशाच की कल्पनाएँ तत्काल मजबूत होती हैं, उनका त्याग करना चाहिए।''

सन् 1914 में रामकृष्ण नाईक (बीजापुर) ने 'भूताचा बागुलबुवा' (भूत का हौवा) नामक किताब मराठी में लिखी। उसमें उन्होंने बिलकुल स्पष्ट कहा है कि भूत-पिशाच का आभास केवल मन का भ्रम है। इस संसार में भूत-योनि का कोई अस्तित्व नहीं है। भूतबाधा अथवा पिशाच की चेष्टाओं की खबरें अखबारों में छपती रहती हैं। तर्कबुद्धि से विचार करने पर इन घटनाओं से भूत का रत्ती भर संबंध जाहिर नहीं होता। प्रकृति अजीबोगरीब घटनाओं का मानो पिटारा है। उसके सभी रहस्य ज्ञात नहीं होते। इसीलिए उन्हें भूतों की करामातें मानना गलत है। ऐसे मानसिक आतंक के कारण मनुष्य का अनेक स्तरों पर नुकसान होता है, इसीलिए सभी समझदार और जिम्मेदार लोगों को इस कल्पना का त्याग करने का आह्वान उस किताब में किया गया है।

'अंधश्रद्धा निर्मूलन समिति' वैचारिक जागृति के लिए चुनौतियों को स्वीकार करती है। कोई भी भूत दिखाए, उसका फोटो लेने के लिए उसे हमारे पास ले आए और अंनिस के कार्यकर्ता को उससे बाधित करके दिखाए। जो ऐसा कर दिखाएगा, उसे 21 लाख रुपयों का इनाम देने की समिति की चुनौती अब तक किसी ने स्वीकार नहीं की है।

एक सच्चा नायक

(अ) हिस्टेरिकल डिसोसिएशन

सामान्य व्यक्ति के शरीर पर किसी का सवार होना और उस व्यक्ति के घुघुआने की नौटंकी समाज में अनेक स्थानों पर नजर आती है। मंगलवार अथवा शुक्रवार को किसी स्त्री पर देवी सवार हो जाती है। अमावस और पूर्णिमा के दिन यह नजारा बहुधा देखने को मिलता है। नवरात्र के त्योहार में, आश्विन शुक्ल अष्टमी की रात को देवी की पूजा कर उसके सामने खाली गगरी में आवाज के साथ फूँककर नाचने

की रस्म महाराष्ट्र की स्त्रियों में प्रचलित है। नाचते समय उन्हें होश नहीं रहता। मेले में ढोल-नगाड़ों की कर्कश ध्वनि में देवी का जुलूस निकलता है। तब अनेक पर देवी सवार हो जाती है। भगवान श्रीदत्त जयंती के दिन गाणगापुर, महाराष्ट्र के तीर्थस्थानों पर श्रीदत्त की आरती में दत्त-सवार होने का करिश्मा अनेक लोग दिखाते हैं। सैलानी बाबा की दरगाह अथवा पीर के स्थान पर भी भूतों का ऐसा खेल दिखाई देता है। यहाँ जो दृश्य होता है, वह रहस्यात्मक और डरावना होता है। घूमनेवाला व्यक्ति भूत-पिशाच से पीड़ित है अथवा उस पर देवी सवार है, ऐसे प्रश्न असल में निरर्थक होते हैं। होता यह है कि घूमनेवाले व्यक्ति को अपना ही होश नहीं रहता। वह क्या बोलता है, उसे क्या चाहिए, इसका उसे एहसास ही नहीं होता। जो देवता अथवा मृत व्यक्ति सवार होता है, उसके व्यवहार की कल्पना के आधार पर पीड़ित व्यक्ति अपने हावभाव दर्शाता है, मानो उस देवता अथवा आत्मा ने उसके व्यक्तित्व को काबू में कर लिया हो! इस काल में घटनेवाली बातों की स्मृतियाँ उसके सामान्य हो जाने पर उसे याद नहीं रहतीं। हमारे समाज में ऐसी अवस्थाएँ अधिकांश स्त्रियों में ही पैदा होती हैं। कुछ समय के लिए अपने व्यक्तित्व का नियंत्रण खो देने की क्रिया को मानसशास्त्रीय भाषा में 'हिस्टेरिकल डिसोसिएशन' कहा जाता है। व्यक्ति के अचेतन मन में जो भावनाएँ, विरोधी विचार एवं तनाव भर जाता है, उसके विकास का मार्ग ही 'देवी का सवार होने' की क्रिया होती है। मजेदार बात यह है कि इस बात का एहसास उस व्यक्ति को अथवा अन्य किसी को नहीं होता। यह एक हलकी मानसिक बीमारी है। स्किजोफ्रेनिया की मानसिक बीमारी में ये लक्षण नजर आते हैं।

हमारे समाज में देवी-देवताओं के नाम पर भगत, मांत्रिक एवं देवर्षि अपना धंधा चमकाते हैं। ऐसे स्त्री एवं पुरुष इसका लाभ उठाते हैं और देवी सवार होने का नाटक करते हैं। आजकल मानसिक बीमारी से ग्रस्त व्यक्ति को भूतबाधा का शिकार बताकर लोगों को लूटने का धंधा जोरों पर है। दोनों आडंबरों में लोगों का शोषण होता है। ऐसी बातों का पर्दाफाश कर, जनजागृति कर, संघर्ष के माध्यम से ऐसे ढकोसलों पर पाबंदी लगाई जा रही है। आजकल इस पर बहुत अंकुश भी लग चुका है। अब तो महाराष्ट्र में कानून भी बन गया है।

देवी सवार होने का निश्चित कारण क्या होता है? बताया गया है कि यह मन में जमा हुए तनाव का परिणाम होता है। कुछ विशेष प्रसंगों में मन की घुटन निकालने की कोशिश की जाती है। पानी से भरे बाँध का उदाहरण इस संदर्भ में द्रष्टव्य है— घनघोर वर्षा होने पर बाँध लबालब भर जाता है। उसमें अतिरिक्त पानी समाने की क्षमता नहीं होती है, ऐसे समय बाँध के दरवाजे खोल दिए जाते हैं। पानी बाहर छोड़ना पड़ता है वरना पानी के दबाव से बाँध टूटने का खतरा रहता है। व्यक्ति का मन भी ऐसा ही बाँध होता है। अतिरिक्त दुख से वह टूट सकता है। हमारे समाज में यह गंभीर समस्या स्त्रियों को सहनी पड़ती है। समाज में गौण स्थान, असुरक्षा की

भावना से वे निरंतर दुखी रहती हैं। दुख का हल ढूँढ़ना उनके बस में नहीं होता। स्वाभाविक रूप से मन के बाँध का मार्ग खोलकर दुख को कम करने का एक उपाय 'देवी का सवार होना' है। जाग्रत् अवस्था में जो घुटन, तिरस्कार, तनाव, सास और पति के लिए शिकायत आदि व्यक्त नहीं होते, वे इस अवस्था में संभव होते हैं। चाहे भूत-पिशाच की पीड़ा हो या देवी सवार होने की कल्पना, अनजाने ही मन के अचेतन स्तर पर यह क्रिया होती है। अत्यधिक घुटन-दमन से बेचैन व्यक्तित्व ऐसी अंधविश्वासी क्रियाओं से स्वयं को टूटने से बचा लेता है।

ऐसी क्रिया को मानसशास्त्र में 'कैथर्सिस' की संज्ञा दी गई है। इस प्रक्रिया में मन सीमित रूप से हलका हो जाता है और उसे स्वयं को सँभालने का मौका मिलता है। हमारे देश में ऐसे मार्ग अधिक अपनाए जाते हैं, क्योंकि यहाँ उसकी जरूरत है।

किसी स्त्री पर, विशेष प्रसंगों में, अगर देवी सवार होने लगती है, तब घर के माहौल में उसके अनुकूल परिवर्तन होने लगता है। परिवार के लोग उसके प्रति आदर-सम्मान का भाव रखने लगते हैं। घर में जो सास-ससुर, पति उसका अपमान एवं ताने दिया करते थे, वे उससे डरने लगते हैं। इससे तात्कालिक मानसिक संतोष प्राप्त होता है। जाँच-पड़ताल के अनेक उदाहरणों में देखा गया है कि व्यावहारिक जीवन में उपेक्षित रखी जानेवाली स्त्रियों पर देवी सवार होती है। जब मान-सम्मान बढ़ने लगता है तो इस क्रिया को और भी प्रेरणा मिलती है। कभी-कभी धन-प्राप्ति के मार्ग भी खुल जाते हैं। फिर इस मार्ग को कायम रखना एक जरूरत बन जाती है; अर्थात् लम्बे समय बाद ऐसा भी होता है कि मानसिक संघर्ष के कारण देवी सवार होती है, लेकिन उसका निवारण गौण बन जाता है, और तीव्र इच्छा ही घूमने का कारण बन जाती है।

देवी सवार होनेवाली प्रक्रिया की शिकार बनी महिलाएँ हिस्टेरिकल व्यक्तित्व वाली होती हैं। सूचनाओं को वह सहजता से स्वीकार करती है। मानसिक परेशानी को व्यक्त करने की जरूरत की तीव्रता पर देवी के सवार होने की संभावना निर्भर होती है। सिर्फ नवरात्र की अष्टमी और गाँव के मेले में ही बहुत-सी औरतें इस अवस्था में नजर आती हैं। इसका कारण यह होता है कि बिना किसी दोष अथवा आरोप के ही मानसिक तनाव दूर हो जाता है। हर शुक्रवार को जो ऐसी अवस्था में होती हैं, उन्हें यह जरूरत अधिक होती है। देवी सवार होने की क्रिया सम्मोह के समान होती है। इसीलिए विशिष्ट माहौल में देवी सवार होने की क्रिया बहुत शीघ्र और प्रभावी ढंग से होती है। कोई एक ज्ञानेंद्रिय निरंतर सक्रिय रही तो ग्लानि का अनुभव होता है। किसी प्रकार की दीर्घ ध्वनि, ज्योति अथवा दीये को लंबे समय तक घूरना, धूप को जलाकर सुगंध को लंबे समय तक सूँघना जैसी बातें व्यक्ति को सम्मोह अवस्था में ले जाने के लिए सहायक होती हैं। साथ ही आस-पास के माहौल में बार-बार यह सूचना फैलाई जाती है कि मंगलवार, शुक्रवार, अष्टमी और मेला

आदि के दिन 'देवी सवार होती हैं'। इन बातों से व्यक्ति प्रभावित होता है। गाणगापुर जैसा विशिष्ट स्थान ऐसी बातों के लिए मशहूर है।

गगरी फूँकने का प्रसंग भी ऐसे माहौल का ही उदाहरण है। नवरात्र में देवी की बार-बार आरती उतारना, चमकनेवाले बहुसंख्य दीपक, धूप का जलना एवं धुआँ आदि बातें मानो सम्मोहन स्थिति की पूर्वतैयारी होती हैं। स्त्रियों का जमघट होता है। 'मुझ पर देवी सवार होनेवाली है' की पूर्वसूचना वह स्त्री स्वयं को देती रहती है। पूरे समूह की अपेक्षाएँ भी उस पर प्रभाव डालती हैं। बाह्य मन पर होनेवाली बंदिशें कुछ समय के लिए शिथिल हो जाती हैं और उस पर सहजता से देवी सवार हो जाती हैं। गगरी फूँकने के कर्मकांड में भी यही होता है। खाली गगरी में मुँह डालकर घूमते समय जो श्वसन होता है, उस समय खून में प्राणवायु की कमी आ जाती है और कार्बन डाईऑक्साइड की मात्रा बढ़ जाती है। दिमाग की पेशियों को पर्याप्त प्राणवायु नहीं मिलती और ग्लानि का अनुभव होने लगता है। इस स्थिति में लगातार घूमना आवश्यक हो जाता है।

देवी सवार होनेवाले आडंबर को छोड़कर बाकी मामलों में हलकी मानसिक बीमारी की संभावना होती है। घर के लोगों को आश्वस्त कर उन्हें इस बीमारी का स्वरूप समझाना इसके इलाज की पहली सीढ़ी है। ऐसी बातों के बारे में दैवी इलाज की नहीं, बल्कि मानसिक बीमारी के दृष्टिकोण से देखने की सीख देनी चाहिए। देवी सवार होने पर की जानेवाली पूजा, पूछे जानेवाले प्रश्न, पैसे फेंकने के फालतू कार्य पूरी तरह से बंद करने की व्यवस्था होनी चाहिए। इससे मनोरुग्ण की ऊटपटाँग बातों को मिलनेवाली प्रेरणा बंद हो जाएगी। फिर यह अवस्था धीरे-धीरे नष्ट होगी। देवी सवार होनेवाली बीमारी को पूरी तरह से खत्म करने के लिए बीमार व्यक्ति की समस्या पर गौर करना चाहिए। उस व्यक्ति को घर-परिवार, समाज में प्रेम और सम्मान मिलना चाहिए। तब वह देवी सवार बनने की जरूरत ही महसूस नहीं करेगा। परिवार इन बातों पर बहुत जल्दी अमल करेगा, ऐसी आशा नहीं रखनी चाहिए, क्योंकि पुराने खयालों से इतनी आसानी से मुक्ति नहीं मिलती। ऐसी बातों से अगर अर्थप्राप्ति का साधन जुड़ा हो तो जनजागृति का कार्य और भी कठिन हो जाता है। ऐसे मानसिक इलाज के लिए कुछ दवाएँ भी लागू होती हैं, लेकिन इन सारी बातों के लिए पारिवारिक सहयोग बहुत महत्त्वपूर्ण होता है।

(ब) हिस्टेरिकल कनवर्जन

मन के तनाव एवं घुटन के कारण व्यक्ति जीवन में संघर्ष से पलायन करता है। कुछ समय के लिए दूसरे व्यक्तित्व को स्वीकार करता है। देवी सवार होने की यह क्रिया हिस्टेरिकल डिसोसिएशन होती है। लेकिन हिस्टेरिकल कनवर्जन जैसी मानसिक बीमारियों में व्यक्ति अपनी परेशानियों को शारीरिक लक्षणों द्वारा स्पष्ट करता है।

आंतरिक बेचैनी से मुक्ति पाने के लिए केंद्रीय मज्जासंस्था की सहायता ली जाती है। इस बीमारी में प्रत्यक्ष जख्म बिलकुल नजर नहीं आते हैं। लेकिन सभी लक्षण मज्जासंस्था की शारीरिक बीमारी के होते हैं। यह समस्या अधिक गंभीर होती है।

ऐसे मनोरुग्ण हिस्टेरिकल व्यक्तित्व के होते हैं। इसमें थोड़ा-बहुत नाटक भी होता है। भावनाओं का प्रस्तुतीकरण अस्पष्ट होता है। शृंगार करना, शरमाना उन्हें अच्छा लगता है। ये थोड़े जिद्दी स्वभाव के होते हैं। अपनी इच्छा को अधिक महत्त्व देते हैं।

उनके मन की भावनाएँ एवं विचार शब्दों के साथ शारीरिक हावभावों से व्यक्त होते हैं। व्यक्ति भौंहें चढ़ाकर प्रश्न पूछता है, कंधे उचकाकर अथवा माथे की शिकन से नाराजगी व्यक्त करता है। गुस्से से काँपता है। कुछ मुहावरों के द्वारा भी मानसिक सदमों के परिणामों का वर्णन किया जाता है, जैसे—हाथ-पाँव फूलना, हिम्मत हारना, सुध-बुध खो देना आदि। इस तरह हिस्टेरिकल कनवर्जन का मानसिक संघर्ष शारीरिक लक्षणों में रूपांतरित होता है। पीड़ित व्यक्ति अप्रिय, असह्य भावनाओं को, इच्छाओं को मन में दबाने की कोशिश करता है। अंतर्मन की चिंता को सहने की क्षमता खत्म होने पर व्रह उसे कम करने का मार्ग ढूँढ़ता है। मज्जासंस्था की बीमारी के लक्षणों द्वारा वह चिंता बाहर निकलती है। ऐसे मरीज गूँगे हो जाते हैं, अंधे हो जाते हैं, अपाहिज हो जाते हैं। उन्हें लकवे की बीमारी भी हो सकती है। उन्हें दौरे पड़ने लगते हैं, कभी-कभी वे बेहोश भी हो जाते हैं। यह सब लक्षण अत्यधिक गंभीर होते हैं। परिवार के लोग घबरा जाते हैं। लेकिन यह शारीरिक बीमारी नहीं होती है बल्कि इसका मूल मानसिक तनाव एवं संत्रास में होता है। इस बीमारी का मूल उद्देश्य सभी का ध्यान अपनी ओर आकर्षित करना होता है। आस-पास अगर भीड़ हो तो यह लक्षण अधिक तीव्र होते हैं। अकेलेपन में इसकी तीव्रता अपने आप कम हो जाती है। यह बीमारी हिस्टेरिकल व्यक्तित्व के लोगों में देखी जा सकती है। मितभाषी, एकांतप्रिय व्यक्ति इस बीमारी से पीड़ित होते हैं। जवान औरतों में ये लक्षण अधिक होते हैं। किसी भी उम्र के पुरुषों में भी इन्हें देखा जा सकता है। बाह्य तनाव को न सह पाने तथा जानलेवा हादसों के कारण भी इस बीमारी की शुरुआत होती है। डॉक्टरी जाँच-पड़ताल के बाद ही इस मानसिक या शारीरिक बीमारी का पता चलता है।

मानसिक बीमारी के ऐसे मरीज कभी नाटक नहीं करते। बीमारी का नाटक करना या हिस्टेरिया होना दोनों में अंतर है। मरीज को इन लक्षणों का एहसास रहता है, और दोषों पर उनका विश्वास भी होता है। वे बीमारी का स्वाँग नहीं रचते। कभी-कभी रिश्तेदारों को ऐसी गलतफहमी हो जाती है, जो उचित नहीं है। पारिवारिक सहयोग के बिना ऐसे मरीजों के ठीक होने की संभावना नहीं होती है। रिश्तेदारों को चाहिए कि वे मरीज के साथ डॉक्टर की सलाह के अनुसार व्यवहार रखें। बिना वजह

घबराना नहीं चाहिए। नार्कोथैरैपी की इलाज-पद्धति में कुछ दवाओं की सहायता से, विशेषत: बेहोश करने की पेंटोथाल सोडियम जैसी दवाओं की अल्प मात्रा की खुराक दी जाती है। इसीलिए मरीज पूरी तरह से बेहोश नहीं होता। यह अवस्था सम्मोह के समान होती है। ऐसी स्थिति में मरीज को कुछ महत्त्वपूर्ण हिदायतें दी जा सकती हैं। मरीज उन्हें स्वीकार भी कर लेता है और बीमारी के लक्षण कम हो जाते हैं। मरीज के अंतर्मन की तह तक जाना जरूरी होता है। उसे मार्गदर्शन करना चाहिए।

अचानक उत्पन्न होनेवाली और गंभीर लगनेवाली ऐसी बीमारियों के कारण मरीज के रिश्तेदार बौखला जाते हैं। उन्हें यह मामला बाह्य बाधा लगती है। ऐसे में बाबा, तांत्रिक, मांत्रिक के इलाज को पसंद किया जाता है। मांत्रिक बुद्धिमान हो, उसे मरीज की पारिवारिक पृष्ठभूमि की जानकारी हो, उसकी प्रसिद्धि की वहाँ के माहौल में चर्चा हो तब मरीज अनायास उसकी प्रत्येक बात को स्वीकार लेता है और वह विश्वास के कारण धीरे-धीरे ठीक होने लगता है। ऐसे में बाबा की दैवी शक्ति की धाक जम जाती है। जो बीमारी डॉक्टर ठीक नहीं कर सके, उसे बाबा ने ठीक कर दिया। लगे हाथ ऐसी गलतफहमियाँ भी मजबूत होने लगती हैं कि यह बीमारी चिकित्साशास्त्र से परे और अज्ञात है।

हलकी और गंभीर मानसिक बीमारियाँ और कार्यकर्ता की भूमिका

मन, मन का व्यापार एवं उसके व्यवहार के बारे में सभी लोग नहीं जानते। इसीलिए असामान्य क्रियाएँ सदा रहस्य बनी रहती हैं। भूत की बाधा एवं देवी का सवार होने की कल्पनाओं से यह रहस्य और भी गहरा हो जाता है। अधिकांश प्रसंगों में झूठ का सहारा लिया जाता है और इन चीजों से मान-सम्मान एवं पैसा मिलने से यह एक धंधा बन जाता है। इस पर काबू रखने के लिए 'अंधश्रद्धा निर्मूलन समिति' का कार्य महत्त्वपूर्ण हो जाता है। जनजागृति उसकी पहली सीढ़ी है। मन क्या है ? वह बीमार क्यों होता है ? उसका इलाज क्या है ? इन चीजों की जानकारी समाज में व्यापक रूप में पहुँचाने का काम समिति करती है। तनाव को टाला नहीं जा सकता। लेकिन वह मानसिक बीमारी में न बदल जाए इस बात का किस प्रकार ध्यान रखना चाहिए, यह समझाया जाता है। इसके बाद कार्यकर्ता की असली भूमिका शुरू होती है। जिस परिस्थिति में व्यक्ति ऐसा व्यवहार करता है, उसको वह रोक नहीं पाता है। परिवार और समाज से उसे उपेक्षा का सामना करना पड़ता है। समाज को उसकी इस समस्या से कोई लेना-देना नहीं होता। ऐसे हालात में अंधश्रद्धा निर्मूलन समिति के जाग्रत् एवं संवेदनशील कार्यकर्ता का सहयोग बहुत मूल्यवान होता है। मान लीजिए, शादी के पाँच वर्ष बाद भी संतान नहीं होती है, इसका तनाव एवं घुटन वह स्त्री सह नहीं पाती। ऐसे में उस पर देवी सवार होती है। उस दंपती के नि:संतान होने के कारण आधुनिक विज्ञान अधिक गहाराई से जाँच कर इसका इलाज बता सकता है। कार्यकर्ताओं को

चाहिए कि वे ऐसे दंपती को यह बताएँ कि इस समस्या का समाधान डॉक्टरी जाँच से निकल सकता है। उनकी समायोचित पहल भी आवश्यक होती है। जाँच-पड़ताल से यह सच्चाई पता चल सकती है कि उन्हें संतान होगी या नहीं। बच्चे को गोद लेने का विकल्प उन्हें मिल सकता है। इससे अनाथ बच्चों को आधार मिलता है और दंपती को मातृत्व-पितृत्व का आनंद। इन बातों के लिए लोगों को प्रेरित करना और इसमें सुधार लाना भी कार्यकर्ता का महत्त्वपूर्ण कार्य होता है। मानसिक बीमारियों का गलत लाभ उठाकर लोगों को उल्लू बनानेवाले बाबाओं एवं मांत्रिकों का भंडाफोड़ भी समिति करती है। यह सब करते समय एक बात का ध्यान रखना चाहिए कि सुई चुभोकर, मारपीट कर पीड़ित व्यक्ति को होश में लाने की कोशिश नहीं करनी चाहिए। स्वाँग का पदार्फाश करने को लेकर आत्मप्रशंसा भी नहीं चाहिए। वस्तुतः स्वाँग एक मानसिक बीमारी का लक्षण होता है। व्यक्ति अपने अचेतन मन के तनाव से मजबूर होकर यह सब कुछ करता है। इसीलिए ऐसे मरीजों को शिक्षा की अपेक्षा प्यार की जरूरत होती है; क्रोध की अपेक्षा करुणा की जरूरत होती है। यह विस्तृत विवेचन इसीलिए आवश्यक है क्योंकि गंभीर मानसिक बीमारी के मामलों में अकसर वास्तविक परिस्थिति नहीं देखी जाती। उसके लक्षण प्रायः अंधविश्वास से जोड़ दिए जाते हैं। इसे टालकर मानसोपचार विशेषज्ञ से इलाज करवाने की जरूरत होती है। ऐसे इलाज में पूरा सहयोग दिया जा सकता है।

गंभीर मानसिक बीमारी के लक्षण

ऐसी वीमारी को सायकोसिस कहा जाता है। ऐसे मरीज वस्तुस्थिति से दूर भागते हैं। कभी-कभी वे बिना कुछ खाए-पिए घंटों निष्क्रिय बैठे रहते हैं; प्राकृतिक विधियाँ भी भूल जाते हैं। कभी-कभी असामान्य ऊर्जा से काम भी करते हैं। कुछ मरीज स्वयं से बातें करते हैं, हँसते हैं, चुटकियाँ बजाते हैं, चक्कर लगाते हैं। उनके चेहरे के हाव-भावों में लगातार परिवर्तन आता रहता है, आवाज बदल जाती है।

किसी बात का आभास अथवा भ्रम होना इस बीमारी का प्रमुख लक्षण माना जाता है। यह आभास किसी ज्ञानेंद्रिय से जुड़ा होता है। पीड़ित व्यक्ति को अपनी आँखों के सामने कभी तेजस्वी व्यक्ति का आभास होता है, कभी भयंकर स्वरूप का प्राणी नजर आता है। कभी-कभी उसे चंदन अथवा इत्र की सुगंध आती है तो कभी सड़े हुए कचरे की बदबू आती है। प्रत्यक्षतः ऐसा कुछ भी नहीं होता। कभी त्वचा पर मुलायम स्पर्श का आभास होता है, तो कभी कीड़ों के बिलबिलाने का भ्रम होता है। कान में निरंतर कोई न कोई संदेश सुनाई देता है। 'जग के कल्याण के लिए तुझे चुना गया है', 'यह दवा मत ले, यह तुझे मारने के लिए दी जा रही है'—ऐसी फुसफुसाहट उसे सुनाई देती है। वास्तव में ऐसा कुछ भी नहीं होता है, लेकिन मरीज के लिए यह सब सच्चाई होती है।

यह आभास कैसे और क्यों होते हैं, यह समझ लेना जरूरी है। आवाज का उदाहरण लीजिए—स्वस्थ व्यक्ति को जब आवाज सुनाई देती है, तो उसमें दिमाग की भूमिका महत्त्वपूर्ण होती है। दूर कहीं इंजन की सीटी बजती है। हवा में उसका ध्वनिकंपन तैयार होता है। वह कंपन कानों के पर्दों तक पहुँचती है। पर्दा हिलने लगता है और वह हलचल सूक्ष्म विद्युत संदेश में रूपांतरित होती है। श्रवणेंद्रिय के मज्जातंतु (तंत्रिकाएँ) यह संदेश दिमाग तक पहुँचाते हैं। दिमाग संदेश को फिर आवाज में रूपांतरित करता है। अब दिमाग की ख़ूबी यह होती है कि वह स्पष्ट करता है कि आवाज कान से नहीं बल्कि दूर इंजन की सीटी से आ रही है।

इसके विपरीत कुछ मानसिक बीमारियों में आवाज के भ्रम निर्मित होते हैं। यह दिमाग का दोष होता है। प्रत्यक्ष आवाज आती ही नहीं है। कान में आवाज के भ्रम के शिकार व्यक्ति उस काल्पनिक आवाज का उत्तर देते हैं। मानसिक बीमारी के कारण उनमें यह भ्रम निर्मित होता है। उसे वे सच मानते हैं। प्रतिक्रिया के रूप में चिल्लाने, हाथों से इशारे करने, गालियाँ देने जैसे हावभाव दिखते हैं। प्रत्यक्षत: यह किसी को संबोधित नहीं होता। बीमार व्यक्ति का यह व्यवहार समाज की दृष्टि में निरर्थक होता है।

ऐसे आभासों के संदर्भ में समिति से एक प्रश्न हमेशा पूछा जाता है (भारतीय पंरपरा ने भी उसे महत्त्व दिया है)। प्रश्न यह है कि अनेक साधु–महात्मा ईश्वर की अनुभूति का दावा करते हैं। निश्चय ही वे झूठ नहीं बोलते और न ही उन्हें मानसिक बीमारी होती है। ऐसी महान हस्तियों के अनुभवों का स्पष्टीकरण क्या है?

उत्तर के रूप में मानसिक आभासों के चार प्रकारों पर रोशनी डाली गई है :

(अ) प्रगाढ़ सम्मोहन

व्यक्ति स्वयं को दी गई सूचनाओं के द्वारा ही सम्मोह की अवस्था में चला जाता है। दूसरों के द्वारा प्राप्त सूचनाओं को स्वीकार करने पर वह परसम्मोह अवस्था में आ जाता है। इस अवस्था में इंद्रियाँ भ्रमित हो जाती हैं। सम्मोह की गहरी अवस्था में पहुँचे व्यक्ति को 'चींटियाँ' काट रही हैं, ऐसी सूचना मिलने पर वह आभासी चींटियों को मारने लगता है। उसका कुलदेवता उसके सामने प्रकट हुआ है, यह जानने पर वह साष्टांग नमस्कार करने लगता है। करेले को चॉकलेट समझकर खाने लगता है। कपास के सूखे चीथड़े को इत्र का चीथड़ा समझकर उसे सूँघता है। इसमें कुछ भी रहस्य या अद्‌भुत बात नहीं है। मन सम्मोह की अवस्था में होता है तब ऐसे भ्रम पैदा होते हैं। मन की तीव्र इच्छाओं के कारण भी व्यक्ति इस अवस्था में पहुँच सकता है। इसीलिए प्रियतमा की लगन में डूबा व्यक्ति उसे अपनी अमानत समझने लगता है। ईश्वरीय अनुभूति की सच्ची लगनवाला भक्त ईश्वर की आराधनाएँ करने लगता है। उसे ईश्वर का आभास होना स्वाभाविक है। गुरु के प्रति श्रद्धा से ईश्वर–

प्राप्ति की आस रखनेवाले शिष्य को गुरु के आने की सूचना मिलने पर ही ईश्वर-प्राप्ति का संतोष मिल जाता है। संक्षेप में, यह कहा जा सकता है कि मन की एक विशिष्ट अवस्था में होनेवाली अनुभूति ही सम्मोह है।

(ब) नशीले पदार्थों का सेवन

शराब, चरस, अफीम, गांजा, ब्राउन-शुगर जैसे नशीले पदार्थों की आदत व्यक्ति को बहुत जल्द ही काबू में कर लेती है। इसका एक कारण यह है कि नशीले पदार्थों के सेवन से अनेक भ्रम पैदा होते हैं। उनकी चाहत बढ़ जाती है। उन अनुभवों को दोबारा प्राप्त करने के लिए नशा जरूरी हो जाता है। प्रसाद खाने पर भक्त को अपने अंदर अपनी 'आत्मा' का आभास होता है। पापी शरीर में रहने का दुख उसे होता है और वह कभी पाप न करने का निश्चय करता है। प्रसाद के सेवन से भक्त को आध्यात्मिक अनुभव प्राप्त नहीं हुआ तो इसका मतलब है, उस प्रसाद में कुछ नशीले पदार्थ की मिलावट की संभावना हो सकती है, इसका पता लगाना चाहिए। भाँग ऐसी ही अनुभूति देनेवाला पदार्थ है, जिसे विशिष्ट प्रसंगों में हमारे यहाँ के लोग पीते या खाते हैं।

(स) पाखंड

अंनिस के आंदोलन में इस बात का हमेशा ध्यान रखा जाता है कि व्यक्ति जो दावा करता है वह सम्मोह, परसम्मोह, नशीले पदार्थों के सेवन के कारण तो नहीं है ? या फिर किसी मानसिक बीमारी का लक्षण तो नहीं? अगर नहीं तो फिर वह एक ढकोसला या ढोंग होता है। बाबा दावा करता है कि देवी के सामने बैठकर भक्त जब उससे प्रश्न पूछता है तब देवी उन प्रश्नों के उत्तर उसके कानों में बताती है। फिर वह भक्त औरों को सुनाता है। सीधे देवी की सलाह देने के बदले वह अच्छी-खासी रकम भक्तों से जमा करवाता है। ऐसे ढकोसलों के विरुद्ध समिति ने हमेशा ही आवाज उठाई है।

(द) गंभीर मानसिक बीमारी

जहाँ पर आभासों के कारण सम्मोह, ढोंग अथवा नशापान नहीं होते, वहाँ गंभीर मानसिक समस्या इसका कारण होती है। ऐसे आभासों पर मरीजों को पूरा विश्वास होता है। 'मैं बीमार हूँ' अथवा 'मैं गलत हूँ'—ऐसा मानने को वे कतई तैयार नहीं होते। सलाह देनेवालों को वे अपना दुश्मन अथवा अज्ञानी जीव समझते हैं।

भ्रम (Delusion) भी एक गंभीर मानसिक बीमारी का लक्षण है। मरीज के मन में कुछ गलतफहमियाँ होती हैं। यह उसके विचारों का दोष होता है। ऐसी स्थिति में False unshakable belifs तैयार होते हैं। एक मरीज में एक अथवा अनेक भ्रम एक ही अवस्था में नजर आते हैं, जैसे—'कोई मुझ पर नजर रखता है, मुझ पर काला

जादू करता है, वह मुझे मार डालेगा, मेरी पत्नी व्यभिचारी है, लोग मेरी चर्चा करते हैं, मुझ पर ताने कसते हैं, मेरे पास बहुत पैसा है, मैं बहुत बड़ी हस्ती हूँ।'—ऐसे स्वरूप में ये भ्रम होते हैं। कुछ भ्रम असंभव स्तर के होते हैं, जैसे—मेरे दिमाग पर काबू कर उपग्रहों के द्वारा मेरी हलचल पर नियंत्रण रखा जा रहा है अथवा मेरा हृदय किसी ने निकाल दिया है और सीने में खाली जगह रह गई है, आदि।

गंभीर मानसिक बीमारियों के इलाज

उपर्युक्त आभास अथवा भ्रम के शिकार मरीज स्वयं अथवा उनके रिश्तेदार उनको लेकर अंनिस के पास आते हैं। उनकी ऐसी धारणा होती है कि भूत-पिशाच की बाधा हो ही गई है, समिति के कार्यकर्ता इस क्षेत्र में काम करते हैं इसीलिए वह इलाज करें। ऐसे इलाज के लिए जानकार लोगों की जरूरत होती है। ऐसी बीमारियों के इलाज के लिए आज अनेक दवाओं की खोज हुई है। ये उपलब्ध भी हैं। ये दवाएँ पीड़ित व्यक्ति के दिमाग में हुए रासायनिक परिवर्तन को सामान्य कर देती हैं। इन दवाओं के परिणाम तकरीबन 10-15 दिनों में नजर आते हैं। कुछ बीमारियों में दी हुई दवाओं का असर नहीं होता, तब वे बदलकर दी जाती हैं। दवाओं की खुराक लंबे समय तक लेनी पड़ती है। रिश्तेदारों को मरीज के शीघ्र स्वस्थ होने की अपेक्षा होती है। तब वे डॉक्टर और इलाज दोनों को बदलते हैं। भूतबाधा की कल्पना से मांत्रिक, भगतों की शरण ली जाती है, जो उचित नहीं है। बिजली के झटके और शॉक ट्रीटमेंट भी ऐसी बीमारियों में प्रभावी होते हैं। लेकिन इनके बारे में अंधविश्वास अधिक है। प्रायः लोग मानते हैं कि मरीज को शॉक उसका पागलपन हद से बढ़ जाने के कारण दिया जाता है पर इसे लेकर समाज में गलतफहमी है। शॉक को बहुत भयावह इलाज पद्धति माना जाता है, जबकि वास्तव में बात ऐसी नहीं है। इस इलाज-प्रक्रिया में मरीज को 2-3 मिनट के लिए बेहोश किया जाता है। बेहोशी की दवा दी जाती है। मरीज को लगता है, उसे कोई इंजेक्शन दिया गया है। उसके बाद बिजली का हलका-सा झटका मरीज के दिमाग में पहुँचाया जाता है। उसे 10-15 सेकंड की फिट आती है और कुछ समय बाद वह होश में आ जाता है। मरीज को कोई पीड़ा नहीं होती। दवाओं की तरह यह भी एक इलाज है और गंभीर बीमारियों में इसका इस्तेमाल किया जाता है। इस इलाज के पूर्व मरीज के शरीर की जाँच की जाती है। इसीलिए इलाज के दौरान मरीज की मृत्यु की संभावना '2 से 3 लाख में 1' यानी कि 'न' के बराबर होती है।

मानसिक बीमारियों का इलाज सक्षम और विशेषज्ञ डॉक्टरों से ही करवाया जाना चाहिए। इस संदर्भ में लोगों की गलतफहमियाँ दूर करना, उचित इलाज के लिए जनमानस को प्रेरित करना समिति का काम होता है। जिस माहौल में ऐसी बीमारियाँ होती हैं, उसे बदलने की जरूरत होती है। इन बीमारियों में कुछ बातों पर

ध्यान रखना जरूरी होता है जिनसे मरीज की दुर्दशा होती है। इलाज में थोड़ा वक्त लग सकता है, इसीलिए लोग उसे बाबा, भगत, मांत्रिकों के पास लेकर जाते हैं। वे लोग मरीजों का शोषण करते हैं। उनके विरुद्ध संघर्ष तथा उचित इलाज में मरीज को सहयोग देना जरूरी होता है।

मरीज के इस विकार को उस पर लगा कलंक मानना एक विकृति है। उसे हीन दृष्टि से देखना गलत है। किसी भी बढ़ती हुई बीमारी के लिए मरीज को सहानुभूति देनी चाहिए। उसकी बेचारगी का चित्र बनाना मरीज के रिश्तेदारों को सुविधाजनक लगता है। ऐसे बुरे विचार आरंभ में बीमारी को नजरअंदाज करते हैं और उसके बढ़ जाने पर अंधविश्वासी कार्यवाही की जाती है। इसके संदर्भ में जनजागृति जरूरी है। समाज के सभी संवेदनशील घटकों को संगठित होकर प्रचार कार्य को हाथ में लेने का सामाजिक कर्तव्य निभाना चाहिए।

भगत-मांत्रिक-बाबा के पास जाने से क्या होता है?

मांत्रिक मनोरुग्ण पर दो पद्धतियों से इलाज करते हैं। वे मरीज की इस स्थिति के लिए उसके पूर्वजन्म, पूर्वकर्म, कुंडली, ग्रहदशा जैसी दैवी बातों को जिम्मेदार ठहराते हैं। व्रत रखना, तीर्थस्थानों की यात्रा करना, मंदिर-दरगाहों में जाना जैसे उपायों का सुझाव देते हैं।

दूसरी पद्धति में भगत अथवा बाबा स्वयं सम्मोह अवस्था में जाते हैं अथवा मरीज को उस अवस्था में ले जाते हैं। किस पिशाच ने कौन से समय में क्यों बाधित किया है, इसका उस मरीज के मुँह से पता लगाया जाता है। फिर उस बाधा को दूर करने के लिए भूत को उतारा देना, मरीज को दागना, मारपीट करना जैसे दुष्कृत्य किए जाते हैं।

ये दोनों इलाज अंधविश्वास पर आधारित हैं। कभी-कभी भगत के इलाजों को सफलता मिलती है जिससे लोगों में यह भ्रम बनता है कि मरीज को डॉक्टर के पास लेकर जाने से वह ठीक नहीं होता है लेकिन महाराज अथवा मांत्रिक के इलाज से वह ठीक हो जाता है, तो फिर क्यों न उनसे ही इलाज करवाया जाए?

संक्षेप में, बाबा-भगत के पास जो मनोरुग्ण लाए जाते हैं, उनके इलाज में निम्नलिखित वास्तविकता पर भी गौर करना चाहिए :

1. कुछ हलके या गंभीर मनोविकार भी कुछ समय में ठीक हो जाते हैं। उस दौर में मांत्रिक का इलाज शुरू हो तो ठीक होने का श्रेय उसे ही जाता है। वास्तव में बिना मांत्रिक अथवा डॉक्टर के इलाज से उसका स्वस्थ होना तय होता है। शरीर अथवा मन के सुरक्षा तंत्र के सक्रिय हो जाने के कारण कुछ समय के लिए मरीज ठीक हो जाता है। कुछ मरीजों में गंभीर मानसिक बीमारियाँ ज्वार-भाटे की तरह आती-जाती हैं।

2. बीमारी का कारण पूर्वजन्म, जन्मपत्री या कुंडली आदि को बताया जाता है, इसीलिए बीमार होने का संत्रास कम हो जाता है। 'मेरी कोई गलती नहीं है, बाहरी कारणों से मैं बीमार हुआ हूँ'—ऐसा विचार व्यक्ति के लिए आधार बनता है। इससे मरीज और रिश्तेदारों की 'कलंक लगने' की चिंता मिट जाती है।
3. मरीज को तथाकथित बाबा एवं भगतों का गुरुत्व प्राप्त होता है। ऐसे में वह आश्वस्ति महसूस करता है कि सक्षम गुरु की कृपा में उसका इलाज हो रहा है।
4. मानसोपचार विशेषज्ञ मरीज को सीमित वक्त देते हैं। वे मरीज के परिवार से सीमित संवाद करते हैं। उनके व्यावसायिक हिसाब और व्यवहार में रूखापन होता है। इसके विपरीत भगत और बाबा मरीज के लिए अधिक वक्त देते हैं। वे पूरे परिवार से संवाद करते हैं। उनकी बातें मरीज और उसके परिवार की श्रद्धा एवं परंपरागत भावजगत् के अनुरूप होती हैं। परिणामस्वरूप इलाज सफल होता है।
5. 'किसी दैवी शक्ति ने मेरी शिकायत सुनी है, मेरा इलाज किया है, मुझे आशीर्वाद दिया है'—जैसे विचारों से मरीज का आत्मविश्वास बढ़ जाता है।
6. यह इलाज-पद्धति किसी-न-किसी कर्मकांड से जुड़ी होती है। कर्मकांड पूरा होने पर प्रायश्चित्त पूरा होने की भावना निर्मित होती है। इसीलिए अपराधी होने की भावना दूर हो जाती है।
7. ऐसे इलाज जहाँ किए जाते हैं, उस स्थान पर एक वातावरण तैयार होता है। रामरक्षा का जप शुरू रहता है। दासबोध का पाठ होता रहता है। गुरुचरित्र का पाठ सुनाई देता है। एक छोटे कुंड में जमा हुई राख लोग बड़ी श्रद्धा से माथे पर लगाते हैं। आनेवाले लोग उस स्थान और बाबा के बारे में बड़े आदर से बातें करते हैं। कुछ लोग अपने अनुभव बताते हैं। ऐसे माहौल में परंपरागत विचार के मरीज को मानसिक आधार मिलता है और उसके ठीक होने की संभावना बढ़ती है।
8. इस इलाज-पद्धति के दौरान अनेक लोगों पर देवी सवार होती है। तब दबी हुई भावनाओं का विकास होता है। इस क्रिया को कैथर्सिस अर्थात् भावात्मक विरेचन कहा जाता है।
9. कुछ स्थानों पर मरीजों का भूत उतारने के लिए उन्हें बहुत मारा-पीटा जाता है। कहा जाता है कि यह मारपीट मरीज के लिए नहीं बल्कि उसके अंदर के भूत के लिए है। वास्तव में मन मारपीट से ऊब जाता है और जल्द सँभलने लगता है।

अनेक कारणों से हलकी मानसिक बीमारी में अथवा मानसिक सदमे से अंधा होने, लकवा मार जाने जैसे शारीरिक लक्षण निर्मित होते हैं। कुछ मामलों में तथाकथित इलाज में सफलता भी मिलती है। उसकी व्यापक तौर पर धाक भी जमती है। बाबा को अपना धंधा चलाने के लिए ऐसे प्रचार करना जरूरी होता है। जिसका इलाज सफल होता है, उसे वह इलाज अद्‌भुत व दैवी लगता है। ऐसे व्यक्तियों के संदर्भ में जो सर्वेक्षण हुआ, उससे पता चला कि ऐसा इलाज करनेवाले 20 प्रतिशत वैद्य स्वयं ही मनोरुग्ण होते हैं। 44 प्रतिशत लोग गुप्तरोग से पीड़ित होते हैं। 12 प्रतिशत लोग फरार अपराधी अथवा उस जैसे अन्य अपराधी होते हैं। इलाज से जिन लोगों को अच्छा लगता है, उनका वह आनंद कुछ क्षणों के लिए ही होता है। गलत इलाज के पीछे पड़कर उचित इलाज को नजरअंदाज करने से किसी भी समय बीमारी बढ़ने की संभावना होती है।

प्रतिबंधात्मक उपाय

सरकार ने 'सभी के लिए स्वास्थ्य' जैसी महत्त्वाकांक्षी योजना का नारा लगाया था। बहुत समय गुजर गया है, लेकिन सरकार की भूमिका अब भी वही है। किसी भी व्यक्ति के स्वास्थ्य के संदर्भ में मानसिक स्वास्थ्य महत्त्वपूर्ण है। मानसिक स्वास्थ्य को समझ लेना जरूरी है। 18 वर्ष की लड़की अगर विचित्र व्यवहार करती है तो 'शादी कर दो' जैसे 'प्रभावी' इलाज का सुझाव दिया जाता है। मानसिक दृष्टि से अस्थिर होनेवाली वह लड़की एक अजनबी, नए घर में आती है। इस अनुभव में वह बहुत कुछ सह लेती है और उसका मानसिक स्वास्थ्य और भी बिगड़ जाता है। फिर उपाय बताया जाता है, 'एक बच्चा होने दो, सब कुछ ठीक हो जाएगा।' गर्भावस्था और बच्चे के जन्म के बाद उसकी परवरिश में माँ की शारीरिक तथा मानसिक भाग-दौड़ होती है। उसे आराम की जरूरत होती है, जिसके अभाव में वह और अधिक गंभीर मानसिक कमजोरी की ओर बढ़ जाती है।

आजकल अनेक घरों में एक अथवा दो बच्चे होते हैं। उनकी इच्छा-अपेक्षाओं को पूरा करना मानो उनका अधिकार और अभिभावक अपना कर्तव्य मानते हैं। बच्चों की परवरिश की यह पद्धति उचित नहीं है क्योंकि बच्चों की हर इच्छा पूरी होना असंभव होता है। उन्हें असफलता, संघर्ष एवं निराशा का सामना करना पड़ सकता है। इन बातों का एहसास उन्हें बचपन से ही देना जरूरी होता है, ताकि जीवन के मीठे-कटु अनुभवों को वे समान नजरिए से झेल सकें। अपनी समस्याओं को समझ लेना, उन्हें प्रस्तुत करना, उनका हल ढूँढ़ने के लिए स्वयं को प्रगल्भ बनाना उनके लिए जरूरी होता है।

आज के परिवार बच्चों की परवरिश के संदर्भ में एकमत नहीं होते। उनके एहसास, मूल्य और दृष्टिकोणों में मतभिन्नता होती है। आज के युग में हर बात में

जानलेवा होड़ मची हुई है। बच्चों की क्षमता को देखे बिना उस होड़ में उन्हें धकेला जाता है। कठोर परिश्रम और अच्छे-बुरे मार्ग से सफलता प्राप्त करने के लिए उसे प्रेरित किया जाता है। समाज में फैली भौतिक सुविधाओं का आकर्षण, सांप्रदायिकता जैसी बातों के कारण बच्चे बौखला जाते हैं। इन सबसे गुजरने से मानसिक बीमारी की पृष्ठभूमि तैयार होती है। ऐसी प्रवृत्ति का विरोध कर अच्छे संस्कारों से बच्चों को पालने का आग्रह होना चाहिए।

भूत-पिशाच से पीड़ित व्यक्ति अजनबी भाषा को बिना सीखे कैसे बोल सकता है?

भूत-पिशाच की बाधा से पीड़ित व्यक्ति लोगों की दृष्टि से अजनबी भाषा बोलता है; अर्थात् अब तक के जीवन में सिर्फ मराठी बोलनेवाला व्यक्ति कभी हिंदी, कभी उर्दू तो कभी बंगाली अथवा कभी कन्नड़ भाषा बोलने लगता है। एक बात तय है कि व्यक्ति बिना सीखे कोई भाषा बोल नहीं सकता। पीड़ित व्यक्ति जो भाषा बोलता है, उसका ज्ञान उसे नहीं है। यह बात उसके जान-पहचानेवाले लोगों को पता होती है। जाहिर है, उन्हें यह कोई चमत्कार ही लगता है। आस-पास के माहौल में वह भाषा बोलनेवाला व्यक्ति अगर मौजूद हो अथवा हाल ही में उसकी मृत्यु हुई हो, तो माना जाता है, उस व्यक्ति के भूत की बाधा हुई है, यह कैसे संभव है?

इस बात का हमें एहसास होना चाहिए कि जब व्यक्ति की मृत्यु होती है, तब उसके दिमाग की कोशिकाएँ नष्ट हो जाती हैं। उन कोशिकाओं में दर्ज भाषिक संस्कार भी तभी नष्ट हो जाते हैं। वह अन्य व्यक्तियों पर हावी हो जाए, यह असंभव बात है। किसी भाषा के केवल उच्चारण के लिए भी उसे सुनना जरूरी होता है। हमारे देश में देवी सवार व्यक्ति चीनी, रूसी, जापानी अथवा फ्रेंच भाषा बोल नहीं सकता। पीड़ित व्यक्ति वही भाषा बोल सकता है, जिसके शब्द जाने-अनजाने उसने सुने हों। हिंदी, उर्दू, इंग्लिश तथा कन्नड़ भाषाएँ श्रमजीवी मजदूरों के कारण आस-पास अन्य भाषा-भाषियों के रहने पर, उसकी भाषा सुनकर ही पीड़ित व्यक्ति वह भाषा अथवा मिश्रित भाषा बोलता है। यह बोली ध्वनिमुद्रण के द्वारा जाँचने पर स्पष्ट होता है कि अजनबी भाषा को बिना रोकटोक बोलना संभव नहीं, क्योंकि एक ही शब्द बार-बार दोहराया जाता है, वाक्य-रचना सदोष होती है। उस बोली से कोई अर्थ नहीं निकलता। संबंधित व्यक्ति के अंतर्मन पर आस-पास के माहौल से भाषा के अबोध संस्कार होते हैं, जैसे—एक छोटे कमरे में अपना घर बसानेवाली अनपढ़ औरत के बच्चे उसी कमरे में अंग्रेजी का पाठ रटते रहते हैं। दिन में अनेक प्रसंगों में जाने-अनजाने इंग्लिश के शब्द वह अनपढ़ औरत सुनती है। किसी प्रसंग में उसके सचेत मन का अचेत मन पर होनेवाला नियंत्रण छूट जाता है। ऐसे सम्मोह की अवस्था में वह अंतर्मन पर दर्ज हुए शब्दों को तेजी से बोलने लगती है। जिस व्यक्ति

ने अंग्रेजी नहीं सीखी, उसका अंग्रेजी बोलना एक अचरज की बात लगती है। इसका ध्वनिमुद्रण अगर विशेषज्ञ व्यक्ति को सुनवाया जाए तो उसकी निरर्थकता समझ में आती है। ऐसी मानसिक बीमारी को 'ग्लासोलोलिया' कहा जाता है। इसका अर्थ—असंबद्ध वाक्य या शब्द उच्चारण करना है।

देवी सवार होने पर पीड़ित व्यक्ति को दस-दस लोग काबू नहीं कर पाते, इतनी असामान्य ताकत का होना क्या उसकी दैवी शक्ति का प्रमाण नहीं बन सकता ?

देवी का सवार होना एक रहस्यात्मक क्रिया है। इसीलिए ऐसे व्यक्ति का व्यवहार लोगों में जिज्ञासा पैदा करता है। मानसिक कार्य के बारे में ज्ञान न होने के कारण मानसिक अवस्थाओं को दैवी शक्ति की अनुभूति माना जाता है। प्रत्येक व्यक्ति के पास जितनी शक्ति होने का अनुमान होता है, उससे अधिक वह उसके पास होती है। अपवादात्मक परिस्थिति में वह अपनी सारी ताकत जमाने का प्रयास करता है। जंगल में चलते-चलते व्यक्ति थक जाता है। एक कदम भी वह आगे चल नहीं सकता है। लेकिन अचानक शेर सामने आने पर पूरी ताकत लगाकर वह भाग खड़ा होता है। वस्तुतः इतनी शक्ति उस व्यक्ति में होती है जो प्रसंग के अनुसार व्यक्त होती है। आधे घंटे तक एक स्थान पर बैठकर पढ़ाई न करनेवाला व्यक्ति परीक्षा के समय तीन घंटों तक एक जगह बैठकर लिखता रहता है। रात 10 बजे ही जम्हाई लेनेवाला व्यक्ति परीक्षा के समय रात भर जागकर पढ़ाई करता है। घर में शादी होने पर दिन-रात लोग काम करते हैं। कार्य खत्म होने पर क्षमता खत्म होती है, वे आराम करते हैं। यह बात अध्ययन और एकाग्रता से भी संभव होती है। जैसे कि जूडो का प्रशिक्षित खिलाड़ी हाथ के एक ही वार से बर्फ के टुकड़े को फोड़ सकता है। लेकिन इन क्षमताओं की भी सीमाएँ होती हैं। ये सीमाएँ विज्ञान की हैं। मतलब देवी सवार होने पर घूमने की क्रिया शरीर-विज्ञान की सीमा है। वह व्यक्ति 2-3 घंटे बदहवासी से घूमता है। लेकिन दिन भर वह नहीं घूम सकता।

देवी सवार हुई स्त्री को 10-12 लोग काबू में नहीं कर सकते, यह बात भी तर्कसंगत नहीं है। अगर 10-12 लोगों ने उसके हाथ-पैर पकड़ लिये तो वह हिल नहीं सकेगी। वास्तव में तीन-चार लोग ही उसे डरते-डरते पकड़ते हैं। स्त्री जब चार-पाँच अँगड़ाइयाँ लेती है तो उसे पकड़नेवाले लोग यह कहकर छोड़ देते हैं कि 'यह बहुत कठिन मामला है, हमसे नहीं होगा'। दूसरे तीन-चार लोग वही कोशिश करते हैं। 2-3 बार यह कोशिश होने पर 'औरत बहुत भारी है, 10-12 लोगों से भी काबू नहीं होती' जैसी निरर्थक चर्चा रंग लाती है।

गाणगापुर में श्रीदत्त के तीर्थक्षेत्र पर एक बहुत ही मुलायम और चिकने खंभे पर देवी सवार होनेवाली महिलाएँ 40-50 फीट तक कैसे चढ़ पाती हैं, यह भी एक फरेबी प्रश्न है। वास्तव में यह खंभा 8 से 10 फीट ऊँचा। पीड़ित महिलाएँ अपना

होश और हवास खो बैठती हैं। नीचे लुढ़कते-लुढ़कते ही वे खंभे पर चढ़ने की क्रिया पूरी करती हैं। यह मानसिक एकाग्रता के कारण होता है। इसमें कोई रहस्य या दैवी शक्ति नहीं होती है। जो बातें बिना सीखे आतीं ही नहीं, जैसे—पीड़ित व्यक्ति को अगर साइकिल चलानी नहीं आती है, तो कोई दैवी शक्ति उसे साइकिल चलाना नहीं सिखाएगी।

प्रत्यक्षतः अमावस और पूर्णिमा के दिन ही देवी सवार होती है तथा भूत-पिशाच की बाधा होती है, क्या यह इन शक्तियों का प्रमाण नहीं है?

यह प्रश्न भी अधूरे ज्ञान पर ही आधारित है। यह बात सही है कि अन्य दिनों की अपेक्षा अमावस और पूर्णिमा के दिन महिलाओं पर देवी सवार होती है। इसका मतलब यह कतई नहीं है कि इन दिनों में कुछ विशेष घटित होता है। परंपरा में चाँद को मन की पूरक मिसाल माना गया है। इन दो दिनों में चाँद की दो विशेष अवस्थाएँ होती हैं। समुंदर के ज्वार-भाटे का चाँद से संबंध होता है। पानी के ज्वार के अनुसार मनुष्य के मन में भी चाँद की स्थिति के समान भावनाओं का ज्वार उमड़ता है। यह मान्यता चंद्र और मनुष्य-मन के बीच संबंध जोड़ती है।

परन्तु वास्तव में ऐसा कोई भौतिक संबंध नहीं है। लेकिन ऐसी तीव्र काल्पनिकता के कारण लोगों के बीच दुराग्रह होता है कि अमावस और पूर्णिमा के दिन बलात्कार, खून, आत्महत्याएँ, लूटमार जैसी दुर्घटनाएँ होती हैं। लेकिन इस मान्यता को साबित करनेवाला कोई प्रमाण अभी तक नहीं मिला है। अमावस-पूर्णिमा के दिन अधिक महिलाओं में देवी सवार होती है, ऐसा दावा किया जाता है। इसमें तथ्यांश यह है कि आस-पास के माहौल से स्त्री को यह क्रिया करने की सूचना मिलती रहती है। इस बात का गहरा रुझान उसके मन में होता है। इसीलिए अमावस, पूर्णिमा, अंबाबाई का शुक्रवार तथा नवरात्र की अष्टमी के दिन इस सूचना को वह मन में दृढ़ कर लेती है। परिणामस्वरूप यह क्रिया सहज हो जाती है। महाराष्ट्र में मनोरुग्णों के अस्पताल में देखा गया है कि अनेक महिलाएँ वहाँ रहकर इलाज करवाती हैं। उन्हें दिन अथवा तिथियों का कोई होश नहीं होता। उनमें से कुछ स्त्रियों में अमावस-पूर्णिमा के दिन देवी सवार होती है। लेकिन अनुभव ऐसा भी है कि अगर उन्हें 'आज पूर्णिमा या अमावस है'—ऐसी झूठी सूचना दी जाए तो अन्य तिथि होते हुए भी उस दिन उन महिलाओं पर देवी सवार हो जाती है। यह दरअसल सूचना-व्यवहार का मामला है; अर्थात् अमावस-पूर्णिमा और देवी सवार होने में कोई वास्तविक संबंध नहीं है। ये सब निराधार बातें हैं।

सम्मोहन

आदिकाल से मानव को सम्मोहन की मानसिक प्रक्रिया के बारे में कुतूहल, भय और कुछ मात्रा में आकर्षण भी रहा है। कोई उसे वशीकरण अथवा मोहजाल की कला समझता है, तो कोई उस पर आधुनिकता का मुलम्मा चढ़ाकर 'अपने अंतर्मन की अद्‌भुत शक्ति के स्वामी बनो' का ढिंढोरा पीटता है। सम्मोहन के आम कार्यक्रमों में उसकी सूचनाओं का पालन करनेवाले व्यक्ति के विभिन्न आविष्कारों को देखकर लोग दाँतों तले उँगलियाँ दबा लेते हैं। सम्मोहन के जरिए किसी भी बीमारी का इलाज करनेवाली तथा व्यक्तित्व को संपन्न बनानेवाली शक्ति अनेक लोगों को आकर्षित करती है। इस भूलभुलैया के कारण ही सम्मोहन क्या है, उसमें आडंबर क्या है, आदि बातों को समझाना अंधश्रद्धा निर्मूलन के आंदोलन का आवश्यक कार्य है।

तल्लीनता की अवस्था से सभी वाकिफ हैं। वह एक लगन होती है। पढ़ने की लगन में डूबे हुए मनुष्य को पड़ोस से गुजरे हुए जुलूस की भनक तक नहीं लगती। संगीत की आराधना में मगन व्यक्ति को आस-पास के माहौल से कोई सरोकार नहीं होता। तन-मन को भूलकर चित्रकार चित्र पूरा करता है। खेल में सुध-बुध खोए खिलाड़ी को अपने जख्मों और वेदनाओं का खयाल नहीं रहता। यह सब तल्लीनता की अवस्थाएँ हैं। नींद, जाग्रत्‌ावस्था, स्वप्न, बेहोशी एवं तल्लीनता के समान ही सम्मोहन की अवस्था होती है। लेकिन इसमें विशेष बात यह है कि यह अवस्था सूचनाओं से जुड़ी होती है।

सम्मोहन की सूचनाओं का पालन कर तथा स्वयं ही स्वयं को सूचना देकर भी सम्मोहन की अवस्था को प्राप्त किया जा सकता है। नींद एवं जाग्रतावस्था जैसी प्राकृतिक अवस्थाओं से यह भिन्न अवस्था है। इस अवस्था में एक सीमा तक इस पर प्रकाश, तापमान तथा आवाज जैसे बाह्य वातावरण का कोई प्रभाव नहीं होता। उस अवस्था में व्यक्ति की हलचल पर मन का जो नियंत्रण रहता है, उसे रोक दिया जाता है। व्यक्ति के सूचना ग्रहण करने की आवृत्ति बढ़ जाती है और उनके अनुसार व्यक्ति आचरण करता है। ज्ञानेंद्रियों के भ्रम इसी अवस्था में होते हैं।

कहा जाता है कि सम्मोहन-कला को सीखने के लिए आत्मिक शक्ति का विकास और कठोर तपश्चर्या की जरूरत होती है। अमावस-पूर्णिमा की रात

श्मशानभूमि में नग्नावस्था में जाकर मंत्र-तंत्रों की विधि करनी पड़ती है। लेकिन वास्तविकता यह है कि सम्मोहन को सीखने के लिए उपर्युक्त किसी भी ढकोसले की जरूरत नहीं होती। यह नींद के समान एक मानसिक अवस्था है और सूचनाओं को स्वीकार करनेवाला एहसास इसमें जाग्रत् रखा जाता है। यह एहसास स्वयं व्यक्ति की और सम्मोहन की सूचनाओं से जुड़ा होता है। इस अवस्था में मन की जिज्ञासावृत्ति कुछ समय के लिए रोक दी जाती है। संवेदनाओं को एक ही दिशा में प्रेरित करने के कारण व्यक्ति की ज्ञानेंद्रियाँ एकाग्र अवस्था में पहुँचती हैं। दीर्घ, लयबद्ध, गहरी साँस, एक ही मंत्र का पठन, तेजोमय वस्तु अथवा दीये की लौ लगातार देखना, ढोल-नगाड़ों की ध्वनि, नाचना, छलाँगें लगाना, घूमना, जाँत का घरघराना, एक लय में भाषण, लोरी आदि के द्वारा हमारी ज्ञानेंद्रिय को जो सूचनाएँ मिलती हैं, उससे वे एकाग्र होती हैं और सम्मोहन अवस्था में पहुँचती हैं। इस अवस्था में भी दिमाग का कुछ हिस्सा पहरेदार की तरह सजग रहता है। सूचनाओं के अनुसार वह व्यक्ति से कार्य करवाता है। अब तक आत्मिक शक्ति नाम की तथाकथित किसी शक्ति का अस्तित्व साबित नहीं हुआ है। सम्मोहन के लिए उसकी आवश्यकता भी नहीं है। इसे कोई भी व्यक्ति आसानी से सीख सकता है।

सम्मोहन का इतिहास

डॉ. अंटन मेस्मर (1734-1815) हिस्टेरिकल मरीजों पर रहस्यात्मक पद्धति से इलाज करते थे। उनके नाम से ही इस इलाज-पद्धति को 'मेस्मेरिजम' कहा गया। इस इलाज-पद्धति को लेकर चिकित्साशास्त्र में एक दौर में बड़ी खलबली मची हुई थी। डॉ. मेस्मर की इलाज-पद्धति की जाँच-पड़ताल के लिए फ्रांस में एक समिति का गठन किया गया। उसने निष्कर्ष निकाला कि डॉ. मेस्मर के इलाज के पीछे कोई अद्‌भुत प्राणशक्ति (ॲनिमल मॅग्नेटिज्म) का अस्तित्व नहीं है तथा उनका दावा भी अवास्तविक है।

मैनचेस्टर में रहनेवाले डॉ. जेम्स ब्रेड (1815-60) ने अनुसंधान कर यह साबित किया कि व्यक्ति को सम्मोहन अवस्था में जाने के लिए किसी प्राणशक्ति अथवा दस्तंदाजी की जरूरत नहीं होती है। उनके अनुसार, मज्जासंस्था को तंग कर उसे कृत्रिम निद्रा में सुलाया जाता है। इसीलिए 1843 में उन्होंने 'मेस्मेरिजम' नाम को बदलकर 'हिप्नॉटिजम' नाम रखा। ग्रीक भाषा में निद्रादेवता का नाम 'हिप्नास' है। लेकिन सम्मोहन नींद से भिन्न अवस्था होती है।

सम्मोहन के इलाज के बारे में पूरे विश्व में मतभेद है। कुछ देशों में इसे भूलभुलैया करार देकर इसके आधार पर प्रस्तुत होनेवाले कार्यक्रमों पर कानूनन पाबंदी लगाई गई है। आधुनिक काल के मानसोपचार विशेषज्ञ इलाज के लिए सम्मोहन के उपयोग को प्रासंगिक एवं दोयम स्तर का मानकर करते हैं। ऐसे इलाज

के लिए कुछ कानून होना चाहिए, ऐसी अनेक देशों की माँग है। सम्मोहन से जो साध्य होने का दावा किया जाता है, वह अन्य मार्ग से भी उतने ही प्रभावी ढंग से साध्य है। सम्मोहन के बारे में वैश्विक स्तर पर अनेक आशंकाएँ व्यक्त की गई हैं और सम्मोहन विशेषज्ञ अभी तक उनका निराकरण नहीं कर पाए हैं। इन बातों पर गौर करने के बाद सम्मोहन का अद्‌भुत वलय खत्म हो जाता है। समाजहित की दृष्टि से इसकी ओर देखना जरूरी है।

सम्मोहन : धारणाएँ और गलतफहमियाँ

समाज में यह भी एक दहशत है कि सम्मोहन के माध्यम से व्यक्ति का अपहरण कर उसे लूटा जा सकता है। समय-समय पर ऐसे मामलों की जाँच-पड़ताल के बाद यह निष्कर्ष सामने आया कि संबंधित व्यक्ति ने सम्मोहन के संदर्भ में गलतफहमियों का सहारा लेकर समाज की आँखों में धूल झोंकी है। यह गोलमाल का एक खेल है। कोई भी सम्मोहन, स्वसम्मोहन होता है। किसी भी व्यक्ति की इच्छा के विरुद्ध उसे सम्मोहित नहीं किया जा सकता। इस अवस्था में जाने के लिए कुछ समय तक निरंतर एकाग्रता से सूचनाओं को स्वीकार किया जाता है। अजनबी व्यक्ति को कोई भी प्रतिक्रिया नहीं देता। अजनबी व्यक्ति की आँखों में आँखें डालकर लगातार देखना, उसकी सूचनाओं का पालन करने जैसा मानसिक सहयोग कम-से-कम महिलाएँ और बच्चे तो कतई नहीं देते। सम्मोहन के बिना यह नहीं होता। इसीलिए यह एक अफवाह बनकर रह जाती है।

वास्तव में ऐसा है कि पैसे गुम हो जाते हैं या शराब-जुए में उड़ाए जाते हैं। कुछ घरों में बेटा नाराज होकर घर छोड़कर चला जाता है। ऐसी घटनाओं का स्पष्टीकरण देना जब असंभव होता है तब चतुराई से व्यक्ति, 'मेरी आँखों में आँखें डालकर किसी ने देखा और मुझे नींद आ गई, मैं पीछे-पीछे गया...मेरी चीजें निकाल ली गईं...' ऐसे झूठ-मूठ के कारण बताता है। 'क्या हुआ, मुझे पता नहीं...' ऐसा कहने पर पैसे-गहनों के बारे में कोई पूछता ही नहीं। 'जान बची लाखों पाए' भावना के कारण उस व्यक्ति को सहानुभूति मिलती है, क्योंकि अधिकांश लोग ऐसी चिकनी-चुपड़ी बातों पर विश्वास रखते हैं। जनसंचार माध्यम के लोग अज्ञान के कारण अथवा कवर स्टोरी के लिए ऐसी गलतफहमियाँ फैलाने में अधिक जिम्मेदार होते हैं।

माना जाता है कि कमजोर इच्छाशक्ति का व्यक्ति बहुत जल्द सम्मोहित होता है और प्रबल इच्छाशक्ति का व्यक्ति शीघ्र इसका शिकार नहीं बनता। वस्तुस्थिति बिलकुल इसके विपरीत है। कमजोर इच्छाशक्ति के व्यक्ति की नया सीखने की इच्छा, कुछ अलग जानने की जिज्ञासा तथा मन एकाग्र करने की तैयारी न होने के कारण सम्मोहक की सूचनाओं पर ध्यान केंद्रित कर उससे एकरूप होना सहज संभव नहीं होता। क्योंकि वह अपने ही विचारों में खोया रहता है इसीलिए मनोरुग्ण,

स्कूल के बच्चे, नकारात्मक दृष्टिकोण के लोग, जिद्दी लोगों को सम्मोहित करना कठिन होता है। इसके विपरीत नई बातें सीखने की इच्छा रखनेवाले, दी गई सूचनाओं पर ध्यान केंद्रित करनेवाले, प्रबल इच्छाशक्ति के लोग शीघ्र ही सम्मोहित होते हैं।

एक गलतफहमी यह भी है कि सम्मोहित अवस्था में संबंधित व्यक्ति से अनैतिक कृत्य करवा लिया जा सकता है। सम्मोहन के सरेआम होनेवाले कार्यक्रमों की वजह से ऐसी गलतफहमियों को बढ़ावा मिलता है, क्योंकि स्टेज शो करनेवाला व्यक्ति पीड़ितों से उनके अनजाने कुछ शरारतें और बेहूदा कृत्य करवाता है, जैसे—कागज को बिस्किट समझकर खा लेना, चींटियाँ न होते हुए भी उन्हें मरवाना, नाचना आदि मनोरंजक कृत्य सम्मोहित व्यक्ति से करवा लिये जाते हैं। इस अवस्था में व्यक्ति की चौकन्नी वृत्ति लुप्त हो जाती है इसीलिए यह संभव होता है। सम्मोहन की अवस्था में पीड़ित व्यक्ति से उसकी इच्छा के विरुद्ध कोई कार्य करवा नहीं सकते। इसके प्रमुख दो कारण हैं—एक यह है कि सम्मोहक के बारे में अगर आश्वस्त हो, तभी वह सम्मोह के लिए तैयार होता है। दूसरा कारण यह है कि सम्मोहित व्यक्ति उसकी इच्छा के विरुद्ध, संस्कारों के विरुद्ध अपने लिए खतरनाक लगनेवाली अनैतिक सूचना को स्वीकार नहीं करता। ऐसी सूचना देने पर सम्मोहित व्यक्ति उसको स्वीकार नहीं करता और जाग्रतावस्था में आता है। इसीलिए सम्मोहित नास्तिक व्यक्ति को देवता के दर्शन नहीं होते। अच्छे संस्कार वाला व्यक्ति सम्मोहन अवस्था में भी 'माता-पिता को मारो अथवा गालियाँ दो' जैसी सूचना को स्वीकार नहीं करता। जिन महिलाओं या लड़कियों के मन में यह बात बैठी रहती है कि 'महिलाएँ तमाशा में नाचती हैं', वे सम्मोहन की अवस्था में नाचने की सूचना मिलने पर भी नहीं नाचतीं। 'चोरी करना पाप है, गुनाह है' जैसे संस्कारों वाले व्यक्ति से चोरी करवाना संभव नहीं होता। सम्मोह की अवस्था में 'अपने चेक पर हस्ताक्षर करो और मुझे दे दो' की सूचना को व्यक्ति स्वीकार नहीं करता।

सम्मोहित व्यक्ति के मन में मौजूद रहस्यों का पता लगाया जा सकता है, ऐसा लोगों का मानना है। इसका कारण यह है कि जो बातें दूसरों को बताने की इच्छा होती है लेकिन भय, संकोच एवं दबाव के कारण व्यक्ति उन्हें व्यक्त नहीं कर पाता, ऐसी बातें वह सम्मोह की अवस्था में बताता है। जैसे हिस्टेरिया के केस में महिलाएँ अपने मन की परेशानियाँ, ससुरालवालों से होनेवाला छल सम्मोह की अवस्था में बताती हैं, लेकिन इन महिलाओं को अगर सहानुभूति मिल जाए, अपनी समस्या का समाधान मिले तो वे अपना दुख जाग्रतावस्था में भी सुनाती हैं। इसीलिए सीना ठोककर ऐसा दावा नहीं किया जा सकता कि यह सम्मोहन की स्थिति में ही संभव होता है। पुलिस अधिकारियों से छोड़ने का आश्वासन मिले तो अपराधी गुनाह के बारे में जानकारी देता है। लेकिन जानकारी देने से निश्चय ही दंड मिलेगा और

जीवन खतरे में पड़ सकता है, ऐसा विश्वास होने पर अपराधी उस पर चाहे कितने भी सम्मोह के प्रयोग करें, वह जानकारी नहीं देता।

सम्मोहन के बारे में एक और दावा किया जाता है कि इसके माध्यम से पूर्वजन्म की स्मृतियाँ जाग्रत् होती हैं, लेकिन यह असत्य है। क्योंकि 'स्मृति' की बुनियाद पूरी तरह से भौतिक है। हमारे अनुभवों को दिमाग बहुत करीने से एकत्र करता है, जो स्मृति में मौजूद होते हैं। प्रत्येक उम्र के अपने गुणविशेष होते हैं। सम्मोहन की अवस्था में भेजकर व्यक्ति को उसकी उम्र घटने की सूचना देने पर वह उसे स्वीकार लेता है क्योंकि उसमें कोई धोखा नहीं होता। व्यक्ति सूचना के अनुसार उम्र का अनुभव करता है और उसके अनुरूप व्यवहार भी करता है। कॉलेज के छात्र के समान नाचना, प्रथम या द्वितीय कक्षा के छात्र के समान पहाड़ा बोलना, बालक की तरह घुटनों पर रेंगना, दूध पीना आदि क्रियाएँ व्यक्ति सम्मोहन अवस्था में करता है। अब ऐसा कहना एक साहस ही होगा कि वास्तव में वह व्यक्ति अपनी उम्र के उस दौर में वैसा ही व्यवहार करता होगा। बल्कि सच यह है कि वह यह बताता है कि उस उम्र में उसका बर्ताव कैसा हो सकता है। इस बात का भी कोई शास्त्रीय आधार नहीं कि सम्मोहन की अवस्था में पूर्वजन्म की स्मृतियों को जाग्रत् किया जा सकता है। वह उस व्यक्ति द्वारा अनजाने में ही बनाया गया एक कल्पना-विलास होता है और यह जाँच-पड़ताल से साबित भी हुआ है। दिमाग को चोट पहुँचने पर उसमें इकट्ठी स्मृतियाँ नष्ट हो जाती हैं। सम्मोहन से भी वे वापस नहीं आतीं। व्यक्ति की मृत्यु के बाद उसकी स्मृतियाँ नष्ट हो जाती हैं। इसीलिए सम्मोहन की अवस्था में पूर्वजन्म की बातों को याद करना एक मनोरंजक कल्पना के सिवा और कुछ नहीं है।

जादूगर अपना जादू दिखाते समय लड़की को सम्मोहित करता है। उसके शरीर को तानकर तलवार की धार पर उसे झेलना अथवा प्रेक्षागृह में महिलाओं के अनजाने ही उनके बच्चों को उठाकर रंगमंच पर एक पेटी से उन्हें निकाल देने का करिश्मा वह दिखाता है। अपनी आँखों पर पट्टी बाँधकर गाड़ी चलाता है। मास हिप्नॉटिजम के जरिए सभी को अपनी घड़ी में एक ही समय दर्शाता है। जादू की कला के बारे में अज्ञानी होने के कारण उच्च शिक्षितों में भी उपर्युक्त प्रयोग देखते समय सम्मोहन शक्ति के संदर्भ में विश्वास निर्मित होता है। वस्तुस्थिति यह है कि कोई भी जादूगर अपने पास ऐसी शक्ति होने का दावा नहीं करता। वह अपने तंत्र का कलात्मकता से उपयोग कर दृष्टिभ्रम का निर्माण करता है। सैकड़ों लोगों के सामने संपूर्ण रेल को गायब करनेवाले जादूगर पी.सी. सरकार (जूनियर) बताते हैं कि यह 'मास हिप्नॉटिजम' नहीं बल्कि आधुनिक तकनीक का कमाल है। संबंधित व्यक्ति का सहयोग, तकनीक का उपयोग, शब्द एवं रोशनी के नियोजनात्मक भूलभुलैया के कारण जादू के खेल में सच्चाई लगती है। लेकिन यह कोई दैवी शक्ति नहीं होती।

ऐसे प्रसंगों के रहस्य सामान्य जनता के सामने खोल देना अंतर्राष्ट्रीय जादूगर संगठन की नीति के विरुद्ध है। फिर भी जिज्ञासारत लोगों को इस कला को सीखने की सुविधा मुंबई, कोलकाता के प्रशिक्षण केंद्रों में है।

सम्मोहक के चले जाने के बाद भी व्यक्ति उसी अवस्था में रहता है, यह भी एक बेबुनियाद डर है। सम्मोहन नींद के समान एक अवस्था है। यह सम्मोहक की सूचनाओं से जुड़ी होती है। किसी भी कारण से ऐसी सूचनाओं का आदेश मिलना बंद होने पर व्यक्ति और सम्मोहक के बीच का मन:संबंध टूट जाता है और सम्मोहित व्यक्ति जाग जाता है अथवा प्राकृतिक नींद में सो जाता है और हमेशा की तरह जाग्रत् अवस्था में आ जाता है। सम्मोहक के चले जाने से अथवा उसकी सूचनाएँ बंद हो जाने से अथवा उसे जाग्रत् न करने की वजह से व्यक्ति सम्मोहन की अवस्था में पड़ा नहीं रहता है।

स्वयंसूचना

सम्मोहन में जानेवाला व्यक्ति सम्मोहक की सूचनाओं से जुड़ा रहता है तथा उसके अनुसार व्यवहार करता है। व्यक्ति स्वयं भी सूचना लेकर इस अवस्था को प्राप्त करता है। आगे चलकर इसका ऐसा तार्किक विवेचन किया जाता है कि समस्याओं-निराशाओं पर विजय प्राप्त कर आनंद और आत्मविश्वास के साथ सफल जीवन जीने का अत्यधिक आसान मार्ग! मतलब—सम्मोहन की अवस्था में जाकर स्वयंसूचना का पालन करना। इस संदर्भ में लिखी गई अनेक किताबों में भी ऐसे ही दावे पढ़ने को मिलते हैं।

माना जाता है कि व्यक्ति को स्वयंसूचना लेनी चाहिए। वह अगर सम्मोहन की अवस्था में ली जाए तो अधिक प्रभावी होती है। लेकिन इस बात का कोई प्रमाण अभी तक नहीं मिला है। ज्यादा से ज्यादा ऐसा कह सकते हैं कि कुछ लोग ऐसा अनुभव करते हैं। सूचनाओं को ग्रहण करते समय एक बात अत्यधिक महत्त्वपूर्ण है कि व्यक्ति को अपनी समस्याओं का ठीक तरह से विश्लेषण करना चाहिए। मेरा मोटापा कम होगा, शराब की लत छूट जाएगी, अच्छा लगेगा—जैसी स्वयंसूचना जाग्रत् अथवा सम्मोह की अवस्था में देने से कोई विशेष फायदा नहीं होता। इन समस्याओं का स्वरूप, उसके कारण, उसका विश्लेषण पहले कर लेना चाहिए। मूल समस्या क्या है, उस पर गौर कर उसके आधार पर संभाव्य उचित उत्तर एवं उसको दी जानेवाली सूचनाओं पर सोचना चाहिए। जैसे मोटापे की समस्या का उपाय ढूँढ़ते समय अधिक आहार, व्यायाम का अभाव, आनुवंशिकता, शरीर की चयापचय क्रिया में दोष और मानसिक तनाव को कम करने के लिए निरंतर कुछ न कुछ खाने की आदत जैसे कारणों का पता चलता है। उनका ठीक तरीके से विश्लेषण न करने से स्वयंसूचना और सम्मोहन की सूचना का अपेक्षित उपयोग नहीं हो पाता।

स्वयंसूचना देने के संदर्भ में कुछ परहेजों का पालन करने से व्यक्तित्व में कुछ परिवर्तन आ सकते हैं, और यह सम्मोहन की अवस्था में सूचनाओं के द्वारा ही संभव हो पाता है। इस क्षेत्र के तथाकथित विद्वानों के दावों की भी जाँच-पड़ताल होनी चाहिए। ये लोग एक बहुत महत्त्वपूर्ण वस्तुस्थिति को नजरअंदाज करते हैं। यह सामाजिक वस्तुस्थिति होती है। सम्मोहन अवस्था में जाकर 'मुझे अच्छा लगेगा, संतोष होगा' जैसी सूचनाएँ स्वयं से अथवा अन्य से लेने के कारण ऐसी अनुभूति संभव नहीं होती। आनंद और संतोष जैसी भावनाओं का आनंद लेने के लिए भौतिक अनुकूलता का मजबूत होना बहुत जरूरी होता है। हर रोज नल से पानी भरते समय संघर्ष का सामना करनेवाले तथा पानी के लिए कोसों दूर जानेवाले लोगों को उनके दुख को बगल में रखकर सम्मोहन की स्थिति संतोष नहीं दे सकती। उच्च शिक्षा पूरी करने पर नौकरी के लिए दर-दर भटकनेवाले युवक की परेशानी और आनंद उसे सम्मोहन की सूचना नहीं दे सकती। बढ़ती महँगाई के कारण घर-परिवार की जिम्मेदारी निभानेवाले मनुष्य का कलेजा मुँह को आता है। जिसके जीवन से सुकून नष्ट हो गया है, उसे सम्मोहन की स्वयंसूचनाओं से वह वापस नहीं मिलता। सामाजिक वस्तुस्थिति के बारे में सोचने का होश इन तथाकथित विद्वानों को नहीं रहता। बड़ी सहजता से वे उसे भूल जाते हैं।

परिस्थिति को कोई बदल नहीं सकता, लेकिन प्रश्न यह उठता है कि प्राप्त परिस्थिति में संतोष और प्रसन्नता से जीने के लिए सम्मोहन की स्वयंसूचनाओं का उपयोग क्यों न किया जाए। लेकिन यह मार्ग सफल हो भी गया तो वह पलायनवाद का, दैववाद का अथवा ढकोसले का मार्ग हो जाता है। वह वास्तविकता को भूलकर एक खोखला समाधान प्रदान करता है। इससे समाज-परिवर्तन की लड़ाई पीछे पड़ जाती है। प्रश्नों के उचित उत्तर ढूँढ़ने की जरूरत महसूस नहीं होती। व्यापक परिवर्तन का लक्ष्य रखनेवाले अंधश्रद्धा निर्मूलन समिति (अंनिस) के आंदोलन ऐसे समय उसका विरोध करना आवश्यक मानते हैं।

स्वसम्मोहन

सम्मोहन दो प्रकार का होता है—एक, सम्मोहक की सूचना के अनुसार किया हुआ 'परसम्मोहन' अथवा स्वयं को सूचना देकर किया हुआ 'स्वसम्मोहन'।

सम्मोहक के पास जाने के बाद हम शुरू में उसकी सूचनाओं के अनुसार परसम्मोहन करते हैं। इसका स्वाभाविक कारण है—हम उसके लिए मन की तैयारी करते हैं। अचानक अड़चन आने पर मदद मिलने की आशा होती है। वहाँ का माहौल भी इसके अनुकूल बनाया जाता है। परसम्मोहन के बाद व्यक्ति जब स्वसम्मोहन की ओर मुड़ता है तब उसकी स्वप्रेरणा भी तीव्र होनी चाहिए। उसके मन में कोई आशंका नहीं होनी चाहिए। उसके मन पर कोई तनाव नहीं होना

चाहिए। शुरू में कुछ कठिनाइयाँ आने पर भी अभ्यास के बाद स्वसम्मोहन सफल और सार्थक होता है।

स्वसम्मोहन की व्याख्या इस प्रकार की जाती है : "स्वसम्मोहन मन की लगन और संवेदनात्मक एहसास को बढ़ाने की ऐसी आंतरिक प्रक्रिया है जिसमें सकारात्मक परिवर्तन के लिए सूचनाओं की प्रतिक्रिया दी जाती है।"

स्वसम्मोहन का अध्ययन करने से पहले हमें यह क्यों करना है, इसके बारे में सोचना चाहिए। इसके अलग-अलग उद्देश्य हो सकते हैं, जैसे—व्यक्तिगत लक्ष्य की पूर्ति, अच्छा साक्षात्कार देना, नई कला सीखना, बाजे बजाना, अंग्रेजी सीखना, स्वयं को अधिक अच्छी तरह से पहचानना या स्वयं को बदलना, बिना वजह आए गुस्से की वजह ढूँढ़ना आदि। इनके अनुसार ही स्वसम्मोहन में ली जानेवाली सूचनाएँ बनानी होंगी।

स्वसम्मोहन जहाँ पर सुविधाजनक लगे, वहाँ पर उसे करना अधिक फलदायी होता है। कमरे का सन्नाटा, धीमी रोशनी, ढीले वस्त्र, प्रसन्न वातावरण, मधुर संगीत और कुछ देर पहले किया गया भोजन—ये सारी बातें स्वसम्मोहन के लिए उपयोगी सिद्ध होती हैं।

स्वसम्मोहन में सूचनाएँ लेने के लिए कौन सी सूचनाएँ देनी चाहिए, इसका पर्याप्त ज्ञान होना आवश्यक होता है। मानसोपचार विशेषज्ञ, मानसशास्त्रज्ञ, व्यक्ति को अच्छी तरह से जाननेवाला, उसके लिए अपनेपन की भावना रखनेवाला बुजुर्ग व्यक्ति अथवा स्वयं वह व्यक्ति भी बिलकुल स्थिरता से और चौकन्ना रहकर सोच सकता है। कौन सी सूचनाएँ लेनी चाहिए, यह तय करने के लिए उस व्यक्ति का स्वभाव, उसकी क्षमता, वर्तमान परिस्थिति, आस-पास का प्रभावी माहौल—इन बातों की सोच बहुत जरूरी होती है। सूचनाओं के बारे में मार्गदर्शन देनेवाले व्यक्ति के साथ दोस्ती बहुत उपयोगी साबित होती है।

अनुभूति एवं सम्मोहन

व्यक्ति को ईश्वर की आवाज सुनाई देना, उसके दर्शन होना जैसी खबरें दुनिया में हर दौर में दर्ज हुई हैं। ईश्वर की अनुभूति करनेवाले लोग महान साधु-संत के रूप में मान्यताप्राप्त थे। स्वाभाविक रूप से उनके अनुभवों को ईश्वर के अस्तित्व का प्रमाण माना जाता है। इसके पीछे वास्तविकता क्या है?

श्रेष्ठ संत और साधु-महात्माओं को जो ईश्वर की अनुभूति होती है, वह एक सम्मोह की अवस्था होती है। ईश्वर के प्रति सच्ची भक्ति, उससे मिलन की आंतरिक व्याकुलता, भजन, पूजन, कीर्तन आदि बातों के परिणामस्वरूप संबंधित लोग सम्मोहन की अवस्था में पहुँचते हैं। वे मानने लगते हैं कि साक्षात् ईश्वर से उनकी भेंट हो गई। ये लोग वैरागी और संन्यासी होते हैं जिस कारण लोग इनके अनुभवों पर विश्वास रखते हैं।

इस प्रक्रिया के पीछे कार्यरत मनोविज्ञान को सम्मोहन के आधार पर स्पष्ट किया जा सकता है। सम्मोहन की गहन निद्रावस्था में पहुँचे व्यक्ति को 'अब तुम्हें तुम्हारे कुलदेवता के दर्शन होंगे'—ऐसा सूचित करने पर पीड़ित उस व्यक्ति को उसका कुलदेवता दिखाई देता है। वह बड़ी लगन से उसका दर्शन करता है। उसी अवस्था में उससे प्रश्न पूछने पर वह अपने अनुभवों का सरस वर्णन भी करता है। उस व्यक्ति को 'तुम गोकुल में घुटनों के बल रेंगनेवाले श्रीकृष्ण हो' सूचित करने पर वह व्यक्ति घुटनों के बल रेंगने लगता है। 'यशोदामाता आ रही है, मक्खन और दही चाटो' कहने पर वह होंठों पर जीभ घुमाने लगता है। इन सभी क्रियाओं से साक्षात्कार और मनोविज्ञान के बीच होनेवाले सत्य का स्पष्टीकरण अब सभी को हो जाना चाहिए। कुंडलिनी जागृति, सहजयोग साधना, सूक्ष्म अनुभूतियों के प्रयोग, भावों से परे ध्यान-धारणा आदि सम्मोहन-स्थिति के अलग-अलग आविष्कार होते हैं। सफल सम्मोहन के लिए यह अनुकूल वातावरण तैयार किया जाता है। प्रसन्न वातावरण, धीमी रोशनी और संगीत, फोटो अथवा मूर्ति को अपलक निहारना, साधना के तौर पर सूचनाएँ देना, अगर व्यक्ति प्रभावित नहीं होता हो तो अन्य उपायों से उसे प्रभावित करना आदि बातों से सम्मोहन-तंत्र को धार्मिक छत्रच्छाया के नीचे पनाह दिया जा रहा है।

पुनर्जन्म एवं सम्मोहन

मनुष्य की स्मृति की बुनियाद पूरी तरह से भौतिक होती है। जिन संवेदनाओं की मुहर दिमाग पर होती है, उन्हें दोबारा याद किया जा सकता है। सम्मोहन की अवस्था में व्यक्ति के पूर्वजीवन की स्मृतियों को ताजा किया जा सकता है। लेकिन किसी दुर्घटना या शल्यक्रिया के कारण स्मृतियों को एकत्र करनेवाला दिमाग का हिस्सा नष्ट हो जाता है। मृत्यु के बाद मृत शरीर को जलाया जाता है अथवा जमीन में दफनाया जाता है, जिसके कारण दिमाग नष्ट हो जाता है। इसीलिए तथाकथित अगले जन्म में उन स्मृतियों के संक्रमित होने की गुंजाइश नहीं होती। किसी बात का अस्तित्व दर्शाने के लिए पंचेंद्रियों के द्वारा उसकी संवेदनाओं का एहसास बहुत जरूरी होता है।

आधुनिक सम्मोहनशास्त्र में पुनर्जन्म की कल्पना की निर्मिति साधारण सूचनावर्तित्व के जरिए की गई मानसिक प्रक्रिया मानी जाती है। इस अवस्था में व्यक्ति सम्मोहक की इच्छाएँ पूरी करने के लिए अत्यधिक स्वतंत्रता से और कल्पनाविलास में डूबकर पूर्वजीवन की भूमिकाओं के बारे में बताता है। इस अवस्था को 'क्रिप्टोमेंशिया' कहा जाता है।

व्यक्ति विभिन्न माध्यमों से जानकरी हासिल करता है, और कुछ समय वह उसके स्रोतों को भूल जाता है। सम्मोहन की अवस्था में दी हुई ऐसी जानकारी को

अपने आप रहस्यमय मान लिया जाता है। परंपरागत सम्मोहकों को जानकारी के इन वैज्ञानिक एवं नैतिक पक्षों का ज्ञान नहीं होता। ऐसे लोग आधे-अधूरे, पूर्वजन्म, आत्मा जैसी काल्पनिक बातों पर विश्वास रखनेवाले अज्ञानी होते हैं। पुनर्जन्म के मामलों को गलत पद्धति से उठाते हैं और लोग उन पर विश्वास भी करते हैं। जाँच-पड़ताल के समय दो-तीन बातों की ऊपरी तौर पर जाँच कर, अपनी बात की सत्यता की घोषणा करते हैं। पुनर्जन्म की जाँच में लंबे समय तक साक्षात्कार लेना आवश्यक होता है। ऐसी जाँच में व्यक्ति के प्रथम साक्षात्कार से लेकर अंतिम साक्षात्कार तक के फोटो लेना आवश्यक होता है। ऐसी जाँच-पड़ताल मानसोपचार विशेषज्ञ से कराना जरूरी होता है।

जिस जीवनक्रम के ऐतिहासिक गवाह मौजूद होते हैं अथवा जिसमें शास्त्रज्ञ का सहयोग मिल सकता है, ऐसे सबल मामलों का अध्ययन करने पर उनकी सत्यता की जाँच की जा सकती है। ऐसी जाँच में विसंगतियों, गलतियों अथवा मनोरंजक बातों को कभी भी जाहिर नहीं किया जाता।

पूरी दुनिया में चर्चित एक ऐसे ही मामले में अर्नाल्ड ब्लॉकसहैम के पुनर्जन्म का दावा शामिल है। वे अनेक व्यक्तियों को सम्मोहन की अवस्था के जरिए उनके तथाकथित पूर्वजन्म में लेकर गए। सम्मोहित व्यक्ति की जुबान से उनके पूर्वजन्म के बारे में जानकारी ली गई। सम्मोहन से मुक्त होने के बाद उन लोगों को पूर्वजन्म की कोई बात याद नहीं आई। यह सारा दृश्य पूरी दुनिया ने बी.बी.सी. पर देखा। सभी को उस पर विश्वास होने लगा। 'पूर्वजन्म के वैज्ञानिक प्रमाण' के रूप में उसको स्वीकार करने की माँग होने लगी। तब मॉरकेट विश्वविद्यालय के अध्यापक इस संदर्भ के अन्य गवाह डॉ. एडवीन झोलिक को सामने ले आए। उन्होंने अनेक लोगों को सम्मोहित किया। उनके पूर्वजन्म की जानकारी लेकर उन्हें फिर जाग्रतावस्था में लाया। लोगों ने सम्मोहन की अवस्था में बयान की हुई जानकारी के बारे में अपनी अज्ञानता दर्शाई। फिर उन पर सम्मोहन की क्रिया को दोहराकर, वह जानकारी उन्हें पूर्वजीवन में कैसे मिली, इस पर अनुसंधान किया। सम्मोहन में उन्हें उम्र की अलग-अलग अवस्था में पहुँचाकर तत्कालीन स्मृतियों को जाग्रत् करने का प्रयास किया गया। तब सभी को याद आया कि उन्होंने तथाकथित पूर्वजन्म का वर्णन किस सिनेमा में देखा था अथवा किस किताब में पढ़ा था, या किस चर्चा में सुना था; अर्थात् स्मृतियाँ और उसमें मिली भावनाओं के गहरे रंग के मिश्रण से पूर्वजन्म का निर्माण हुआ था।

फिनलैंड के ओलू (Oolu) विश्वविद्यालय के मानसशास्त्र विभाग के प्रमुख डॉ. कैपमन ने इस विषय पर अनुसंधान किया और डॉ. झोलिक के निष्कर्ष का समर्थन किया। ब्लॉकसहैम के जो मामले टी.वी. पर चर्चित हुए थे, उन लोगों को प्रयोग के लिए बुलाया गया। लेकिन उन्होंने और ब्लॉकसहैम ने आने से इनकार कर दिया।

सम्मोहन के आधार पर किए जानेवाले फाजिल दावों का खंडन करना और सम्मोह की मर्यादा को स्पष्ट करना अंनिस अपना परम कर्तव्य समझती है। जैसे—सम्मोहन शक्ति के अद्‌भुत गवाह के रूप में दो कुर्सियों पर दो सम्मोहित व्यक्ति को सुला दिया जाता है। केवल दो कुर्सियों के आधार पर वे अपने शरीर का संतुलन रखते थे। इतना ही नहीं, अपने शरीर पर खड़े एक व्यक्ति का बोझ भी वे सह सकते थे। यह सब कुछ सम्मोहन शक्ति के प्रमाण के रूप में दिखाया जा रहा था। जाग्रतावस्था में केवल स्वयंसूचना एवं इच्छाशक्ति के आधार पर कोई भी यह प्रयोग सफल बना सकता है। सम्मोहन-कला के इर्द-गिर्द का रहस्यात्मक घेरा दूर करना, लोगों को एक मानसिक अवस्था के रूप में उसका परिचय करवाना, उनमें से जिज्ञासारत लोगों के कुतूहल को पूरा करना तथा कुल मिलाकर सम्मोह-प्रक्रिया लोगों को समझाना या सिखाना—अंनिस अपने आंदोलन का लक्ष्य मानती है।

व्यक्तित्व विकास एवं सम्मोहन

व्यक्तित्व विकास दो-तीन दिन में सीखने की बात नहीं है; वह आजीवन चलनेवाली प्रक्रिया है। आत्मपरीक्षण करना, अपने दोषों को दूर करना और गुणों का विकास करने का एहसास तीव्र होना—ये बातें केवल स्त्रियों तक सीमित नहीं होतीं कि हम उन्हें नजरअंदाज करें। जीवन में आनेवाले अनेक अनुभवों से व्यक्तित्व विकसित होता है। व्यक्ति की शारीरिक, सामाजिक एवं मानसिक स्थितियों का प्रभाव उसके व्यक्तित्व पर होता है।

संपन्न व्यक्तित्व के लिए हम कैसे हैं? अथवा 'मैं कैसा/कैसी हूँ?' इस बात का एहसास होना जरूरी होता है। स्वयं के गुण-दोष, अच्छी-बुरी आदतें, अपनी संवादकुशलता, मानसिक गठन, भावनाओं का संतुलन, न्यूनता, वैचारिक स्तर, अपनी क्षमता, अपनी सीमाएँ आदि बातों का एहसास होने पर हम स्वयं के दोष कम कर सकते हैं।

आत्मविश्वास के अभाव में मनुष्य में न्यूनता की भावना आ जाती है। उसके कारणों की चर्चा कर शारीरिक, मानसिक, आर्थिक क्षमता एवं पात्रता का अनुमान होने पर व्यक्ति आत्मविश्वास को दोबारा निर्मित कर सकता है। लेकिन ऐसे विश्लेषण की बजाय सम्मोहन की अवस्था में 'मेरा आत्मविश्वास बढ़ जाएगा' जैसी स्वयंसूचना लेने से कोई लाभ नहीं होता। वस्तुतः कारणों को ढूँढ़कर उनका इलाज किया जाए तो सम्मोहन की कोई जरूरत महसूस नहीं होती है। ऐसे समय सूचनाओं को मजबूत करने में सम्मोहन सहायक होता है।

सम्मोहन प्रशिक्षण वर्ग अथवा शिविरों का आयोजन करनेवाले अधिकांश विद्वान व्यक्तित्व विकास के लिए लोगों को प्रगल्भता की कल्पना न देते हुए सम्मोहन के जरिए मोटापा कम करना, हकलाने का दोष दूर करना, निद्रानाश, शराब

की लत, न्यूनता की भावना को कम करना आदि बातों की सूचनाएँ देते हैं। लेकिन तथ्य यह है कि ऐसे मामलों में व्यक्तिसापेक्ष इलाज जरूरी होता है, न कि ऐसे गोलमाल इलाज की, जो निरर्थक ही नहीं अनैतिक भी हैं।

'सम्मोहन से स्मरणशक्ति बढ़ाइए' जैसे विज्ञापन पढ़ने को मिलते हैं। वास्तव में मनुष्य की बुद्धि सर्वसामान्य और प्रकृति की देन है। उसमें ग्रहणशक्ति, कल्पनाशक्ति, जिज्ञासा एवं लक्ष्यपूर्ति के प्रयासों का समावेश होता रहता है। एकाध विशेष विचार अथवा बात पर ध्यान केंद्रित करना ही मन की तल्लीनता होती है। अगर ऐसा नहीं होता है तो उसके अन्य कारणों का पता लगाना चाहिए, जैसे—शारीरिक बीमारियाँ, शोरगुल, घुटन, असुरक्षा की भावना एवं अनजाना डर। इन कारणों को नष्ट करने का प्रयास करना चाहिए। कारणों को सोचे बिना, 'मन की लगन बढ़ेगी' की सूचना देकर उसे सफल बनाने की आशा अवैज्ञानिक है।

सम्मोहन से स्मरणशक्ति में बढ़ोतरी करने का छलिया दावा सम्मोह वर्ग से किया जाता है। हालाँकि स्मरणशक्ति को बढ़ाने की स्वतंत्र तकनीक है एवं उसके निरंतर प्रयोग से उसका विकास होता है।

ऐसी तकनीक का उपयोग किए बिना स्मरणशक्ति बढ़ाने या अध्ययन की गई चीजों को याद करा देने के दावे धोखाधड़ी हैं। सामान्य लोग बहुत शीघ्र इसके शिकार हो जाते हैं। परीक्षा के समय शरीर को सुस्त करने पर मानसिक तनाव कम हो जाता है और कुछ बातें पूरी तरह से याद आने लगती हैं। लेकिन इससे पहले ऐसी बातों का स्मृतिकेंद्र से जुड़ा होना आवश्यक होता है। सम्मोहन-प्रक्रिया के क्रम में कुछ भी घटित नहीं होता और केवल सम्मोहन से स्मरणशक्ति का विकास नहीं हो सकता।

सम्मोहन का आधुनिक रूप

अभी तक सम्मोह की मानद उपाधि देने की जरूरत किसी विश्वविद्यालय को महसूस नहीं हुई है। कम-से-कम भारत में तो इसकी आवश्यकता नहीं; अर्थात् व्यक्ति पर प्रयोग के द्वारा ही इसे सीखने की कोशिश होती है।

सम्मोहन को 'पापी पेट का सवाल' बनानेवाले लोग आज देश में बड़ी तादाद में हैं। अपनी व्यावसायिक सफलता के लिए इस प्रक्रिया में वे आधुनिक मनोविज्ञान और भावनाओं के गहरे रंगों को मिला देते हैं। यह प्रवृत्ति अत्यधिक खतरनाक है। थोड़े-बहुत अंतर से यह व्यवस्था इस प्रकार होती है :

इसके विज्ञापन का नमूना इस प्रकार है—'अंतर्मन की अद्‌भुत शक्ति का मालिक बनिए। आत्मसम्मोह एवं स्वयंसूचना की ताकत असीम है। उसके जरिए अपनी निराश और चिंतित मन:स्थिति को दूर कर सकते हैं। न्यूनता पर विजय प्राप्त कर सकते हैं। निराशा से आशा की ओर, दुख से सुख की ओर, समस्याओं से विकास की ओर आप जा सकते हैं।'

ये लोग केवल विज्ञापन में व्यावसायिक दृष्टिकोण रखते हैं, ऐसा नहीं है बल्कि इनके भाषण, आलेख एवं किताबों में भी ऐसे ही दावे किए जाते हैं।

मूलत: उपर्युक्त प्रत्येक समस्या के इलाज के लिए उसके अतीत के कारणों की सहृदयता से विश्लेषण करनेवाली चर्चा आवश्यक होती है। ऐसा विश्लेषण करना प्रशिक्षण कला का एक हिस्सा होता है। केवल सम्मोहन–प्रक्रिया सीखकर उससे इलाज और मार्गदर्शन करना उचित नहीं। यह दगाबाजी भी हो सकती है। 'व्यसन' विषय पर गौर करें। 'सम्मोहन के द्वारा शराब पीने की लत छूट जाती है, अनेक बुरी आदतों का यह इलाज है'—ऐसा निरूपण, उन आदतों के स्वरूप एवं उनके कारणों से वाकिफ न होने का लक्षण है। आज व्यसन एक मानसिक बीमारी मानी जाती है, और उसका इलाज भी उसी दिशा में होता है। पूरी दुनिया के सामने 'व्यसन' एक जटिल समस्या है। अमेरिकी शासन द्वारा करोड़ों डॉलर खर्च कर शुरू किया गया व्यसनविरोधी अभियान आज असफल हो गया है। यह वर्तमान इतिहास है। बेचारे अमेरिकी शासन को सम्मोहन जैसा इतना प्रभावी इलाज क्यों नहीं सूझा ? व्यसन के इलाज मानसशास्त्रीय किताबों में मिल जाते हैं लेकिन उसमें सम्मोहन के इलाज का उल्लेख नहीं मिलता।

सम्मोहन को धंधा बनानेवाले लोग उससे व्यक्तित्व विकास के फायदों की लंबी सूची अपने खाते पर जमा करवाते हैं, जैसे—'व्यक्तित्व विकास के लिए सम्मोहनशास्त्र बहुत प्रभावी माध्यम है। पूरी दुनिया में इसके बहुत से मार्ग बताए जाते हैं लेकिन सबसे प्रभावी और भरोसेमंद मार्ग केवल सम्मोहन है। इसके इलाज से व्यक्तित्व के दोष दूर हो जाते हैं, मन आनंदित हो जाता है, उत्साह बढ़ता है, लोगों से संपर्क बढ़ता है, व्यक्तित्व संपूर्ण और प्रभावी बन जाता है' आदि।

सामान्य मनुष्य ऐसी चिकनी–चुपड़ी बातों के मोहजाल में फँस जाए तो अचरज की बात नहीं। आधुनिक युग में किसी भी इलाज–पद्धति के असामान्य प्रभाव का दावा करते समय कहा जाता है कि यह अनगिनत बीमारियों पर भी लागू होता है। सम्मोहन के व्यावसायिक समर्थक यह करते भी हैं। मस्सा, वॉर्ट, सोरिऑसिस, डायबिटीज, अस्थमा, संधिवात, ब्लडप्रेशर, सिरदर्द, निद्रानाश, क्रॉनिक डिसेंट्री, कोलाइटिस, बदहजमी, पेट की बीमारियाँ आदि 72 बीमारियों का सम्मोहन से इलाज होता है, ऐसा दावा ये लोग करते हैं। इतना ही नहीं, यह भी दावा किया जाता है कि सम्मोहन से मनुष्य की प्रतिरोधक शक्ति बढ़ती है, वह किसी भी बीमारी का मुकाबला कर सकता है। ऐसा दावा केवल ढकोसला होता है।

इलाज में बुनियादी बात कौन सी होती है ? अचूक इलाज ! जैसे सिरदर्द का इलाज करने के लिए उसके कारणों पर सोचना चाहिए। सिर में दर्द क्यों होता है ? ट्यूमर से ? जुकाम से ? ब्लडप्रेशर से ? चश्मे का नंबर बढ़ने से ? या फिर मानसिक तनाव से ? अचूक इलाज केवल सम्मोहन–प्रक्रिया सीखने से नहीं होता। उसकी

जाँच-पड़ताल के बिना सम्मोहन का प्रयोग एक गंभीर बात है। उससे अल्प समय के लिए सिरदर्द कम हो जाएगा लेकिन उससे कोई खतरा भी पैदा हो सकता है। जैसे—उतने समय में अंदर का ट्यूमर बढ़ सकता है या मरीज जान गवाँ सकता है। अन्य सभी बीमारियों पर भी यह विचार-पद्धति लागू होती है। इसका मतलब है, बीमारी का कोई शारीरिक कारण न होने का विश्वास होने पर ही सम्मोहन का इलाज किया जा सकता है, वरना गलत सूचनाओं के प्रयोग से इलाज सफल नहीं होगा, जैसे—ऑफिस में अधिक काम होने का तनाव, घर में माँ-बीवी का झगड़ा, बच्चों के कैरियर की चिंता, सामने रहनेवाले गुंडों की दहशत, पड़ोस के होटल से निरंतर ध्वनिप्रदूषण—इनमें से निश्चित कारण का पता लगाना जरूरी होता है। यह काम मानसोपचार विशेषज्ञ एवं मनोवैज्ञानिक शास्त्रज्ञ (क्लिनिकल सायकॉलॉजिस्ट) का है। सुस्त हो जाने की सूचना से सम्मोहन की सामान्य प्रक्रिया की जा सकती है इसीलिए स्वयं को सम्मोहन विशेषज्ञ कहना और दूसरों का इलाज करने का दावा करना ढकोसला नहीं तो और क्या है? अपवाद से कोई ठीक होता है तो 'वह इलाज-शास्त्रीय है' ऐसा नहीं कह सकते। इसीलिए उपर्युक्त किसी भी बीमारी के इलाज के लिए मौजूद चिकित्साशास्त्र की किताबों में सम्मोह इलाज पद्धति का समर्थन नहीं किया गया है। इलाज के संदर्भ में विश्व में जो अनुसंधान जारी है, उसमें भी सम्मोहन को कोई स्थान नहीं है। होगा भी तो अत्यंत गौण ही। ज्यादा से ज्यादा कह सकते हैं कि पूरक इलाज के तौर पर जिन बातों (आहार, व्यवहार, व्यायाम, पर्याप्त नींद, घूमना) का मरीज को सुझाव दिया जाता है, उसमें सम्मोह एक होता है।

'सम्मोहन के इलाज से केवल फायदा ही होता है। बुरे से अच्छा, निराशा से आशा, ऐसी संपन्नता की यात्रा सहज ही शुरू होती है'—सम्मोहन को धंधा बनानेवाले आधुनिक लोग यह दावा करते हैं और सामान्य मनुष्य को आकर्षित करते हैं। इस ढकोसले को वे समाजहित से जोड़ते हैं। उनके अनुसार, सम्मोहन के माध्यम से मनुष्य का सुख और आनंद उसके ही दिमाग में निर्मित होता है। सम्मोहन के उपयोग से प्रत्येक व्यक्ति और उसका समाज आनंदयात्री बन जाता है।

सवाल यह है कि इन दावों का मतलब क्या है? मनुष्य के आनंद का उसके दिमाग से कंडिशनिंग कर सकते हैं? कोई भौतिक सुख न मिलने पर उसे हीन मानना और उसके बिना भी हम सुखी हैं ऐसा माननेवाली नियतिवादी वृत्ति और सामाजिकता की परवाह न करते हुए सारा समाज ही आनंदयात्री बन सकता है। ऐसा दावा करनेवाले सम्मोहनवाले अंनिस के लिए खतरनाक साबित हो रहे हैं। निर्मला माता, महेश योगी, प्रजापिता ब्रह्मकुमारी आदि इससे अलग कुछ नहीं बताते। उनके ध्यान-धारणा के मार्ग भी सम्मोहन-प्रक्रिया के इर्द-गिर्द घूमते हैं। उनका दावा भी मनुष्य को परम आनंद, शांति एवं सुख का महामार्ग दिखानेवाला है। आज के सामाजिक

जीवन में कठोर यथार्थ हर क्षण मनुष्य को उद्ध्वस्त करता है। बेरोजगारी, महँगाई, जानलेवा होड़, सांप्रदायिकता और भ्रष्टाचार की छाया व्यक्ति और समाज पर मँडरा रही है। इस संदर्भ में कोई प्रतिक्रिया न देते हुए सम्मोह के द्वारा जीवन की आनंदयात्रा में शामिल होने का संदेश पलायनवाद और पुरुषार्थहीनता है। बाल्टी भर पानी के लिए नल पर रोज लड़ाई-झगड़ा करनेवाली और कोसों दूर भटकनेवाली हमारी बहनों को क्या सम्मोहन स्थिर जीवन का आनंद दे सकेगा? अधिकार को छिनने के कारण निराश और दिशाहीन बने युवाओं को सम्मोहन कितना संतुष्ट बना पाएगा? असुरक्षित आर्थिक हालात में गोता खानेवाले दरिद्र परिवारों को सम्मोहन कौन सा आधार दे पाएगा? हिंसा, क्रूरता, बेपरवाही, अनैतिकता जैसी अनेक बातों का भारी तनाव मन को व्याकुल करता है तब सम्मोहन में जाकर 'मैं जिधर देखूँ, खुशी ही खुशी है' का अनुभव अस्थिर मनुष्य के दिमाग को कैसे प्राप्त होगा?

इन धूर्त लोगों ने इस बात की पहले ही सतर्कता बरती है कि उपर्युक्त आशंकाएँ लोगों के मन में उत्पन्न न हों और उत्पन्न होने पर उनका उत्तर देने की जिम्मेदारी उनके व्यवसाय को संकट में न डाले। पूछने से पहले सम्मोहन का समर्थन करनेवालों की सूची तैयार रखी जाती है। उसमें ब्रिटिश मेडिकल एसोसिएशन, अमेरिकन मेडिकल एसोसिएशन, सायकियाट्रिक हैंडबुक नं 2, एनसायक्लोपीडिया ऑफ ब्रिटानिका जैसे प्रतिष्ठित नाम होते हैं। अमेरिकन एवं ब्रिटिश मेडिकल एसोसिएशन ने सम्मोहन इलाज-पद्धति को मान्यता देने से पहले स्पष्टता से सूचित किया है कि इलाज करनेवाला व्यक्ति चिकित्साशास्त्र का होना चाहिए। उसके पास सम्मोहन-शास्त्र की पूरी जानकारी होनी चाहिए।

'एनसायक्लोपीडिया ब्रिटानिका' में सम्मोह का उल्लेख प्रतिकूल है। उसमें कुछ मुद्दे इस प्रकार हैं :

1. सम्मोहन प्रत्यक्ष अनुभवों पर आधारित होता है, फिर भी इसके एक भी सिद्धांत का कोई स्पष्टीकरण नहीं दिया गया है।
2. 'सम्मोहन से स्मरणशक्ति बढ़ जाती है' के निष्कर्ष को लेकर अभी विवाद है। वह अभी निर्विवाद साबित नहीं हुआ है।
3. भुजा में सुई चुभोते समय वेदनाओं का एहसास न होना यह सम्मोह की शक्ति मानी जाती है। इसका जो गवाह प्रस्तुत होता है, वह गलत है।
4. जाग्रतावस्था की अपेक्षा, सम्मोह की अवस्था में मनुष्य अधिक सहनशील होता है। उसकी शारीरिक क्षमता, ग्रहण क्षमता, सीखने की क्षमता अधिक होती है, यह असंभव है। वह जाग्रतावस्था में जो बातें नहीं कर सकता, वह सम्मोहन की अवस्था में कर सकता है, यह भी असंभव है।
5. सम्मोहन विज्ञान से संलग्न नहीं हो सकता; बल्कि उसे सर्वसामान्य नियमों में कैसे ढाला जाए, यह देखना मानसशास्त्र का काम है।

6. गवाह की ओर से सत्य उगलवाने में सम्मोहन समर्थ नहीं है, ऐसा देखा गया है।
7. स्मरणशक्ति के लिए अथवा किसी बात को याद करने के लिए सम्मोहन का उपयोग नहीं होता। अन्य मार्ग अपनाकर सम्मोह से अधिक प्रभावी परिणाम प्राप्त किए जा सकते हैं।

उपर्युक्त बातों को ध्यान में रखकर उस पर जो सोचेगा, वह सम्मोह की भूलभुलैया में नहीं फँसेगा। लेकिन जो इसका व्यवसाय करते हैं, उनके पास स्वार्थ साधने की व्यवस्था होती है और सत्य बोलनेवाले के पास जनमानस में उस सत्य को पहुँचाने के लिए ऐसी कोई व्यवस्था नहीं होती है।

यही कारण है कि तीन दिन या तीन घंटों के सम्मोह वर्ग की भारी फीस चुकाकर लोग बड़ी आशा-आकांक्षाओं के साथ उसमें शामिल होते हैं। कीमती चीजें अच्छी होती हैं, लोगों की यह मानसिकता भी इसके पीछे होती है। लेकिन उनके पल्ले संपन्न व्यक्तित्व, निराशा से आशा, दुख से सुख का मार्ग आदि कुछ भी नहीं पड़ता। जो है ही नहीं, वह प्राप्त कैसे होगा ? इन भोले-भाले लोगों की भविष्य की शिकायत ग्राह्य मानकर ये चतुर लोग पहले ही उनसे बतियाते हैं, 'इस प्रक्रिया के लाभ, सीखनेवाली की वृत्ति, ग्रहणक्षमता तथा उनके द्वारा किए गए कार्य नित्य अभ्यास पर निर्भर होंगे।' किसी को लाभ न होने पर उत्तर पहले ही तैयार रहता है कि 'मेरे दिए हुए मंत्र का नित्य पठन-पाठन आपने नहीं किया था, आपकी मेरे ऊपर श्रद्धा नहीं है।'

अंनिस का कार्य व्यापक आर्थिक, राजनीतिक, सामाजिक परिवर्तन से जुड़ना है, महाराष्ट्र अंनिस इस बात का ध्यान रखती है। इस संदर्भ में बुनियादी कार्य करनेवालों के साथ वह काम करती है। वैज्ञानिक जाँच-पड़ताल के द्वारा अंधविश्वास का सत्य स्वरूप वह लोगों के सामने लाती है। उसका अगला कदम है—लोग विवेक, मूल्य के आधार पर जीना सीखें, निर्भयता से काम करें—इतना आत्मविश्वास उनके मन में पैदा करना। वशीकरण विद्या के रूप में अथवा तथाकथित वैज्ञानिकता का बुरादा डालकर सम्मोहन के मायाजाल के प्रचार का पर्दाफाश करने से यह आंदोलन पीछे नहीं हटेगा।

भानमती

प्रकृति के कार्य अथवा दुनिया के क्रम को समझाना आदिम मनुष्य की बुद्धि से परे की बात थी। आस-पास घटनेवाली घटनाएँ उसे अजीबोगरीब लगती थीं। उसने कल्पना की कि इस संसार में 'यातू' नाम की शक्ति है। उसकी पूजा करना अर्थात् 'यातूक्रिया' और पूजा के द्वारा जो धर्म सिद्ध हुआ, उसे 'यातूधर्म' माना गया। 'यातू' शब्द के अपभ्रंश से 'जादू' शब्द उत्पन्न हुआ। इसीलिए यातू धर्म को Magico Religious Belief कहा जाता है। अच्छी बातें, जैसे—बारिश, अनाज की संपन्नता, बच्चों की संख्या बढ़े आदि उद्‌देश्य से की जानेवाली यातूक्रियाओं को 'शुक्ल यातू' कहा जाता है। बुरे उद्‌देश्य से, मतलब पड़ोस के घर का अनाज अपने आप मेरे घर में आ जाए, सौतन बाँझ हो जाए, दुश्मन खून की उल्टियाँ करे और उसकी मृत्यु हो जाए, जैसी अपेक्षा से की जानेवाली करतूतों को 'कृष्ण यातू' कहा जाता है। इसे ही ब्लैकमैजिक या भानमती कहा जाता है। वास्तव में इक्कीसवीं सदी में प्रकृति की अनगिनत घटनाओं के कार्य-कारण भाव पता चलने के बाद 'काला जादू' अथवा भानमती की कल्पनाएँ जितनी मात्रा में खत्म होनी चाहिए थीं, उतनी नहीं हुईं। देहातों में अभी भी लड़ाई-झगड़ों के विषय काला जादू, भानमती और जादू-टोना ही होते हैं। इस संदर्भ में होनेवाला कार्य-कारण भाव समझने में लोग अमूमन राजी नहीं होते। ऐसे में भानमती पर विश्वास को मजबूत करनेवाली जैसी घटनाओं का सिलसिला शुरू होता है। अचानक घर की छत पर पत्थर गिरने लगते हैं, पुलिस की गश्त से भी उसमें रुकावट नहीं आती। घर में रखे कपड़े अपने आप फटने लगते हैं अथवा उनमें आग लग जाती है। दीवार की अलमारी में रखे डिब्बे अपने आप गिरने लगते हैं। घर के किसी व्यक्ति के शरीर पर काले निशान नजर आने लगते हैं। कभी खाने की थाली में राख दिखाई पड़ती है, तो कभी खाना बहुत ही तीखा या कड़वा हो जाता है। कभी-कभी स्कूल में बैठे बच्चों की आँखों से कंकर आने लगते हैं। ये बातें बहुत ही रहस्यात्मक और भयावह होती हैं। इनसे विज्ञान से परे किसी दूसरी शक्ति का आभास होता है। ऊपरी तौर पर इन घटनाओं के कारण नजर नहीं आते। घर के व्यक्ति का हाथ हो, ऐसी कल्पना भी कोई नहीं करता। खाने का स्वाद कड़वा लगना, कपड़े का जलना, पत्थर बरसना आदि इन बातों से घर में आतंक का साया

मँडराने लगता है कि कहीं घर को ही आग न लग जाए, घर पर बरसनेवाले पत्थर से कहीं घर का कोई सदस्य जख्मी न हो जाए, बच्चों की आँखों से कंकर आने के कारण कहीं आँखों में कोई गहरा जख्म न हो जाए!

महाराष्ट्र के मराठवाड़ा में अधिकांश महिलाओं पर भानमती सवार होती है। पीड़ित महिलाएँ घुघुआने लगती हैं, निरर्थक बड़बड़ाती हैं, जमीन पर लोटने लगती हैं। मुँह से भौंकने की आवाज निकालती हैं। भानमती का संसर्ग गाँव की अन्य महिलाओं को भी होता है। यह बात केवल मराठवाड़ा में ही नजर आती है। यह मानसिक बीमारी है, इसमें कोई शक नहीं है। पिछले 20 वर्षों से अंनिस इसके विरोध में कार्य कर रही है। 20 वर्ष की तुलना में अब ऐसे मामलों में बहुत कमी आ गई है। लोगों की मानसिकता में भी परिवर्तन आ गया है। ऐसे मामलों में अब वे आंदोलन के कार्यकर्ता और पुलिस की मदद लेना चाहते हैं। फिर भी ऐसे प्रसंग, खबरें चर्चा का बड़ा विषय बनते हैं। जब तक इन पर पूरी तरह से रोक नहीं लगेगी तब तक इसके विज्ञान से परे एक रहस्यात्मक शक्ति होने की गलत मानसिकता लोगों में मौजूद रहेगी। इसीलिए ऐसी घटनाओं में तुरंत दखलंदाजी करना जरूरी होता है।

भानमती की खास बात यह है कि इसमें हमेशा ही रहस्यात्मक और भयावह घटनाएँ घटती हैं। भानमती से कुएँ में पानी आ गया, लॉटरी लग गई, पुत्रप्राप्ति हो गई अथवा दुर्घटना टल गई जैसी कोई बात नहीं होती; बल्कि दुर्घटनाएँ ही दर्ज होती हैं। व्यक्ति पर यह भानमती अपना असर दिखाती है, जैसे—अचानक अंग पर फूली के काले निशान नजर आना, कान से कंकर टपकना आदि। भानमती हुए व्यक्ति के संदर्भ में गलतफहमियाँ भी फैलती हैं। ऐसा व्यक्ति कोने में बैठ जाता है अथवा खूँटी पर लटक जाता है। वह अपने बालों के बल लटकता है। उसके सिर से, नाक से, कान से, सुइयाँ, कीलें निकलने लगते हैं।

भानमती से पीड़ित व्यक्ति के प्रति घर के लोगों को सहानुभूति होती है। वे पीड़ित की तकलीफ देखकर खुद भी तकलीफ का अनुभव करते हैं। लेकिन इस पीड़ा से उन्हें मुक्त करने के लिए कोई साहस नहीं बटोरता। उनकी सहायता नहीं करता। इसका कारण यह भी हो सकता है कि ऐसी ऊटपटाँग बातों का कारण उन्हें पता नहीं होता। इसीलिए कौन सी सहायता ली जाए, इस उलझन में वे रहते हैं। वे शायद सोचते भी हों कि इसमें कोई तथ्य नहीं, घबरानेवाली बात नहीं। लेकिन क्या पता, वास्तव में ऐसी कोई शक्ति हो, वे ऐसा भी मान लेते हैं। एक व्यक्ति दूसरे को भानमती की जानकारी बढ़ा-चढ़ाकर बताता है और इस तरह भानमती और भी भयावह बन जाती है।

भानमती के मामलों का अध्ययन करने के बाद पता चलता है कि पीड़ित व्यक्ति समाज से उपेक्षित, निरर्थकता की भावना से परेशान और जीवन में असफलता का अनुभव करनेवाला होता है। इन बातों को सहने की क्षमता उसमें नहीं होती। ऐसे

समय उसे सहानुभूति की, अपनेपन की जरूरत होती है। संवेदनाहीन समाज में उसकी जरूरत जब पूरी नहीं होती, तब समाज को आकर्षित करने के लिए भानमती का सहारा लिया जाता है। भानमती के दुष्कृत्य चोरी-छिपे, कभी पूरे होशोहवास में तो कभी मन की सुप्त इच्छाओं से प्रेरित होकर अनजाने ही किए जाते हैं। ऐसे व्यक्ति मानसिक स्तर पर असामान्य (सायकोलॉजिकल माल ॲडजेस्टेड) अथवा अप्राकृतिक या विकृत (ॲबनॉर्मल) होते हैं। प्रेम या सहानुभूति को गलत मार्ग से प्राप्त करना मानसिक बीमारी का लक्षण होता है, जो समाज को हानि पहुँचाता है। भानमती के संदर्भ में विशेष बात यह है कि ऊपरी तौर पर सतानेवाली इसकी घटनाएँ प्रत्यक्ष घटित नहीं होतीं। कपड़ों में आग लगती है, लेकिन उसे पहननेवाला व्यक्ति नहीं जलता। अलमारी में रखी हुई फुटकर चीजें बाहर आती हैं, मूल्यवान चीजें अंदर ही रहती हैं। वस्तुएँ गायब होती हैं, लेकिन वापस मिल भी जाती हैं। इससे यह पता चलता है कि भानमती करनेवाले व्यक्ति को उसके कृत्यों का होश नहीं होता।

भानमती की घटना का पर्दाफाश कैसे किया जाए?

भानमती की जाँच-पड़ताल करते समय वैज्ञानिक सिद्धांत यह है कि 'कोई भी चीज किसी भी भौतिक शक्ति के बिना 1 मिलीमीटर भी हिल नहीं सकती।' कार्य-कारण भाव के बिना कुछ भी अपने आप घटित नहीं होता। अकारण पत्थर नहीं गिरते। हर घटना के पीछे मनुष्य का हाथ होता है। यह रासायनिक, जैव रासायनिक, यांत्रिक करामातें होती हैं। इन बातों पर ध्यान न देते हुए भानमती की रहस्यात्मक व्यवस्था के पीछे उसके अनुसंधान से इनकार कर, यह कुछ बाहरी पीड़ा है, ऐसा भ्रम पैदा किया जाता है। भानमती को खत्म करने का मतलब उसका भंडाफोड़ करना है। इस काम के लिए चौकन्नी वृत्ति और तर्कशुद्ध विचारों की जरूरत होती है।

भानमती की दो सौ से अधिक घटनाओं के पीछे किसका हाथ है, यह समिति जान चुकी है। दूरदृष्टि रखनेवाला कोई भी समझदार व्यक्ति यह जान सकता है। इस काम के लिए समिति ने एक पद्धति तैयार की है। वह इस प्रकार है :

1. भानमती की घटनाएँ बंद करने के लिए जब लोग हमारे पास आते हैं और हमसे विनती करते हैं तब उनसे यह लिखित प्रतिज्ञापत्र लेना चाहिए— 'इसके बाद भानमती को रोकने के लिए किसी भी मांत्रिक को बुलाया नहीं जाएगा। समिति को पूरा सहयोग दिया जाएगा। समिति द्वारा दी गई सूचनाओं का पालन किया जाएगा। जरूरत पड़ने पर प्रेस अथवा पुलिस के पास जाने की अनुमति ली जाएगी।'

   भानमती की प्रथम घटना से लेकर सारा ब्यौरा विस्तार से समिति को दिया जाए, जैसे—घटना कहाँ, किस तारीख को, कितने बजे घटित हुई, घटित होते समय कोई देखनेवाला है या नहीं, खबर किससे मिली, ऐसी दुर्घटनाओं

को टालने के लिए कौन से उपाय किए गए हैं, उससे कोई परिवर्तन हुआ या नहीं ? आदि।

2. भानमती का पता लगाने के लिए संबंधित घर में जाने के बाद समिति के सदस्यों द्वारा परिवार के हर सदस्य की, स्वतंत्रता से बंद कमरे में पूछताछ होगी—चाहे वह महिला हो या युवा या वृद्ध।
3. जाँच करनेवाले समूह में 4 या 5 व्यक्ति हों। उनमें एक प्रगल्भ महिला हो। पूछताछ कौन करेगा, यह पहले से ही तय हो। किसी के काम में कोई दखलंदाजी न दे। पूछताछ के समय की बातचीत रेकॉर्ड की जाए। पूछताछ वृद्ध व्यक्ति से शुरू हो। युवाओं को अंत में संबोधित किया जाए।
4. पूछताछ शुरू करने से पहले घर का ठीक तरह से निरीक्षण करें। संभव हो तो उसका नक्शा सामने रखें।
5. पूछताछ उचित दिशा में हो। आवश्यकता के अनुसार कुछ व्यक्तियों से दोबारा पूछताछ हो। परिवार के सभी सदस्यों में होनेवाली सुसंगति, विसंगति को ढूँढ़ लें। अंतर्कलह को ढूँढ़ लें। व्यक्ति के चेहरे पर होनेवाले हाव-भाव, उसकी चंचलता को देखते हुए निष्कर्ष तक पहुँचना ही जाँच-पड़ताल की सही दिशा होती है। कुछ मामलों को अनुभवी कार्यकर्ता के साथ स्वतंत्रता से उठाएँ।
6. पूछताछ, निरीक्षण, समूह-चर्चा के माध्यम से अधिकतर यह पता चल जाता है कि भानमती कौन करवाता है। शक के अनुसार उस व्यक्ति को बंद कमरे में बिठाकर उसे सख्ती से ऐसी ऊलजलूल हरकतें न करने की हिदायत दी जाए, इतना ही काफी है। जरूरत के अनुसार इस व्यक्ति का मानसोपचार विशेषज्ञ से इलाज करवाइए। वे उस व्यक्ति की मानसिकता की जाँच कर हमारे हवाले कर देते हैं।
7. भानमती के नाम से दुष्कृत्य करनेवाले व्यक्ति को ढूँढ़ लिया जाता है। कभी-कभी वह अपना गुनाह कबूल नहीं करता। इससे समाज के लिए उसका खतरा वैसे ही बना रहता है। जाँच करनेवाले सदस्यों की असफलता की चर्चा होती है। ऐसी स्थिति में उस व्यक्ति को घटनास्थल से दूर रखना चाहिए। घर के लोग कभी-कभी उसे दूर रखने के लिए तैयार नहीं होते। उन्हें अपने ही घर के सदस्यों को दोषी ठहराना नागवार लगता है। संभाव्य खतरों को टालने के लिए पुलिस अथवा प्रेस से संपर्क करें तथा दी हुई सूचनाओं पर अमल करना बहुत जरूरी है, बल्कि उसकी लिखित अनुमति उपयुक्त होती है।
8. भानमती करनेवाले व्यक्ति के साथ कैसा बर्ताव करना चाहिए, यह उस परिवार के सदस्यों को बताना जरूरी होता है। भानमती करनेवाले व्यक्ति

का पता लगने पर, इस मामले में जिन लोगों को समस्याओं का सामना करना पड़ता है, वे लोग उसके प्रति तिरस्कृत होकर उसे सजा देने की भूमिका में होते हैं। बदले की भावना से उसके साथ बुरा बर्ताव करने की संभावना होती है। लेकिन पीड़ित व्यक्ति पहले से ही मानसिक समस्या से ग्रस्त होता है। उसके साथ तिरस्कार एवं उपेक्षा से पेश आने के बाद उसकी मानसिकता और भी बिगड़ने की संभावना होती है। अगर उसके साथ समझौते का दृष्टिकोण रखा जाए, उसकी समस्या का निराकरण करने का प्रयत्न किया जाए तो भविष्य में कोई समस्या नहीं आती। इसीलिए परिवार के लोगों को सूचित करके उस व्यक्ति को मानसोपचार विशेषज्ञ के पास ले जाना अधिक उचित होता है।

9. भानमती के करतूतों को दोबारा जारी रखने की संभावना उस व्यक्ति से हो सकती है। इसकी सूचना उसके परिवार के लोगों को देनी चाहिए।
10. भानमती करनेवाले व्यक्ति को जनसंचार माध्यमों से दूर रखना चाहिए, वरना बात का बतंगड़ बनकर मामला और भी उलझ सकता है। ऐसे मामलों के दुष्परिणामों को टालने के लिए यह समझना जरूरी है कि ऐसा करनेवाले व्यक्ति की समस्या क्या है और उसका समाधान कैसे किया जाए!

बुवाबाजी (बाबागीरी)

यत्र तत्र सर्वत्र, सभी सामाजिक स्तरों पर, स्त्री-पुरुष, युवा—सभी सामाजिक स्तरों पर फैला हुआ बुवाबाजी का स्वरूप बहुत ही चिंताजनक है।

बीमारी वही होती है, लेकिन मरीज की स्थिति जैसे ही बदलती है, वैसे ही इलाज करनेवाले भी बदल जाते हैं। गाँव में रहनेवाली अनपढ़ औरतें अपने बीमार बच्चों को लेकर गाँव के वैद्य के पास जाती हैं। तहसील वाले छोटे शहर में रहनेवाला मध्यवर्गीय मनुष्य उसी बीमारी के इलाज के लिए अपने बच्चे को छोटी-बड़ी उपाधिधारी डॉक्टर के पास जाता है। शहर के उच्च-मध्यवर्गीय मनुष्य के लड़के को वही बीमारी होने पर वह उसका इलाज बालरोग विशेषज्ञ से करवाता है। महानगर में रहनेवाले उच्चवर्गीय रईस के लड़के को वही बीमारी होने पर उसके इलाज के लिए अनेक विषयों के विशेषज्ञों और डॉक्टरों की फौज तथा अस्पताल सेवा के लिए तैयार रहता है। बिलकुल ऐसा ही वर्गीकरण बुवाबाजी के बारे में भी होता है। गाँव के अनपढ़ श्रमिकों की समस्याओं का इलाज करने के लिए कोई भगत या देवर्षि को ढूँढ़ा जाता है। एक शिक्षित मनुष्य भी अपनी समस्याओं के उत्तर किसी 'ज्योतिष द्वारा पिंजड़े के तोते द्वारा भविष्य बाँचनेवाले बाबा के पास पाता है। साथ में ताईत-टोटके भी होते हैं। पढ़ा-लिखा, नौकरी करनेवाला, उद्योग-धंधों में व्यस्त मध्यवर्ग नारायण-नागबली की पूजा में, वैभवलक्ष्मी के व्रत में, तो कोई मल्लिनाथ महाराज, नरेंद्र महाराज अथवा अनिरुद्ध बापू में अपनी समस्याओं का हल ढूँढ़ता है। उनकी सेवा में जीवन की सार्थकता मानता है। बड़े-बड़े नेता, नौकरशाह, धनवान उद्योगपति, कलाकार एवं खिलाड़ियों को कोई निर्मला माता, चंद्रास्वामी, भगवान रजनीश अथवा सत्य साईं बाबा की याद आती है। जीवन में अब तक जो मिला है और आगे जो कुछ मिलनेवाला है, वह सब बाबा की कृपा और उनके आशीर्वाद के कारण मिला है, ऐसा श्रेय वे बुवाबाजी को देते हैं। बुवाबाजी का यह विश्वव्यापी जाल दिमाग को झकझोर देता है।

बुवाबाजी के विरुद्ध संघर्ष में एक सलाह हमेशा दी जाती है कि अनेक स्थानों पर आडंबर, लूटमार, धोखाधड़ी हो रही है, उसके विरुद्ध समिति कुछ क्यों नहीं करती? समिति ऐसे ढकोसले का विरोध जरूर करती है, लेकिन उसके विरुद्ध

संघर्ष करना उसके कार्य का हिस्सा कभी नहीं रहा है। इस संदर्भ में और गहराई से सोचा जाए तो ढकोसले का वास्तविक रूप सामने आएगा। मुद्दा यह है कि किसी भी प्रकार से इलाज करनेवाले अथवा चमत्कार दिखानेवाले बाबा-बुवा कम ही होते हैं। कुछ भी न करते हुए जिनके इर्द-गिर्द लोगों की भीड़ रहती है, ऐसे बुवा-स्वामियों की तादाद समाज में अधिक है। उन सभी को बाबा अपने तारणहार ही लगते हैं। चमत्कार और उपचार न करनेवाले बाबा अथवा गुरु यह सब कुछ परमार्थ, ईश्वर, भक्ति, ब्रह्मज्ञान के नाम पर ही करते हैं। उनकी ताकत धोखाधड़ी की कला में नहीं बल्कि कथित परमार्थ के संदर्भ में समाज में जो अपार श्रद्धा होती है, उनसे जुड़कर बनती है। ऐसे बुवाबाजी का वर्णन अथवा उसकी व्याख्या 'परमार्थ की चापलूसी' कहकर की जा सकती है। वास्तव में दुखों के कारण और उसके इलाज में विवेकी विचारधारा से असंगत दैववादी भ्रामक कल्पनाएँ अनेक अनैतिक रूढ़ियों और गलत परंपराओं का समर्थन करती हैं, प्रश्नों के हल ढूँढ़ने का अवैज्ञानिक मार्ग दिखाती हैं, सभी स्तरों पर लोगों के साथ छलावा और उनका शोषण करती हैं। वह बुवा और उसकी ऐसी कार्यपद्धति ढकोसला कहलाती है। न्याय-व्यवस्था, पाबंदी एवं आंदोलनों के जरिए अन्य क्षेत्र में होनेवाले दोषों को नष्ट किया जा सकता है। लेकिन सरेआम धोखाधड़ी के मामलों को छोड़कर परमार्थ एवं ब्रह्मज्ञान ऐसे क्षेत्र हैं, जहाँ पर कानून पहुँच ही नहीं सकता। अधिकांश समाज इस विषय को गहराई से न जानता है, न पहचानता है बल्कि उसकी वैसी कोशिश भी नहीं होती। लोग प्रवाह के साथ बहना चाहते हैं। उसी में खुश रहते हैं। इसीलिए उनके विरोध में जनांदोलन करें भी तो कैसे?

बुवाबाजी के प्रकारों को देखकर बहुत ताज्जुब होता है। किसी भी धंधे में शाखा-उपशाखाओं का प्रपंच तो होता ही है। हमेशा बरकत में रहनेवाला बुवा का धंधा भी इसका अपवाद नहीं। बाबा, बुवा, गुरु, आदि को अनेक वर्गों में रखा जा सकता है। उनके कार्य के अनुसार उनका वर्ग निश्चित होता है :

1. मांत्रिक, देवर्षि, भगत

जिनके काले कारनामों की अखबारों में हमेशा ही चर्चा होती है, वे लोग इस वर्ग में आते हैं। जनसंचार माध्यम, पुलिस अथवा समिति के हाथ जिन लोगों तक नहीं पहुँच पाते, ऐसे लोग भी अनेक हैं। जादू-टोना एवं पाखंड करना तथा घिनौनी सलाह देने का काम ये लोग करते हैं। ये लोगों के साथ धोखा तो करते ही हैं, लेकिन बहुत बार इनकी करतूतें भयावह अपराध भी होती हैं।

2. जानलेवा इलाज

कुछ बाबा-बुवा इलाज करते हैं। उनकी इलाज-पद्धति देखने में सरल-सीधी लगती

है। जरूरतमंद गरीबों को वह भरोसेमंद लगती है। वास्तव में यह जान की दुश्मन बन जाती है। सांगली जिले में रहनेवाला रमजान गुंडू शेख बाबा रेबीजग्रस्त पागल कुत्ते से खतरा टालने के लिये दवा की चार पुड़ियाँ देता था। रेबीजग्रस्त कुत्ता काटने के बाद उसका जहर शरीर को बाधित न करे इसीलिए दिए जानेवाले इंजेक्शन से बहुत वेदनाएँ होती हैं। बहुत बार उसका रिएक्शन भी होता है जिससे गंभीर हालात पैदा हो जाते हैं। बाँह पर लिये जानेवाले और कम पीड़ा देनेवाले इंजेक्शन भी अब आ गए हैं। लेकिन सामान्य मनुष्य के जेब के लिए वे भारी हैं। ऐसी स्थिति में शेख बाबा खाने के लिए चार पुड़ियाँ दवा बाँधकर देता था जिससे लोगों को तसल्ली होती थी। वास्तव में यह तसल्ली बीमार लोगों को श्मशान में पहुँचाती थी। कुत्ते के काटने के बाद होनेवाली 'रेबीज' बीमारी के लिए आज तक कोई इलाज नहीं है। एंटी रेबीज वैक्सीन इंजेक्शन रेबीज पर रोक लगाने के लिए बनाया गया है। बीमारी हो जाने के बाद उसका भी इलाज नाकाम होता है। शेख बाबा की दवा लेने के बाद कुत्ता काटने से पीड़ित व्यक्ति, उसके रिश्तेदार खतरा टलने की भावना से बेफिक्र हो जाते हैं। इंजेक्शन लेने की उन्हें जरूरत नहीं लगती। लेकिन ऐसे इलाजों की कीमत उन्हें चुकानी पड़ती है। ऐसे ही अनपढ़ असलम बाबा के हाथ से शल्यक्रिया करवाना अथवा फर्शवाले बाबा का फर्श पर सिर रखकर जानलेवा इलाज करना ढकोसला ही है।

3. चमत्कार करनेवाले बाबा

सत्य साईं बाबा इसका अच्छा उदाहरण हैं। वे अपना खाली हाथ हवा में घुमाकर उसमें से सोने-चाँदी की अँगूठी और लॉकेट निकालते हैं। महाराष्ट्र में अनुराधाबाई देशमुख द्वारा सोमनाथ की पूजा करते समय उन पर देवता सवार होता है। उनके हाथ से अपने आप ही विभूति बाहर आती है। कभी-कभी रुद्राक्ष भी आते हैं। बाबा का दावा होता है कि सभी चमत्कार ईश्वर की कृपा से मिले दैवी शक्ति के आविष्कार हैं। विज्ञान का कहना है कि ऐसे चमत्कार संभव नहीं हैं। इसीलिए यह श्रद्धालु लोगों की भावनाओं का नाजायज लाभ उठाकर किया हुआ साधुत्व का ढोंग होता है।

4. अध्यात्म और विज्ञान का समन्वय करनेवाले गुरु

निर्मला माता देवी इसका अच्छा उदाहरण हैं। परंपरागत योगशास्त्र का विचार है कि प्रत्येक व्यक्ति की गुदास्थि में कुंडलिनी शक्ति साँप की तरह कुंडली मारकर सुप्तावस्था में पड़ी रहती है। दीर्घ तपश्चर्या के बाद कुंडलिनी शक्ति जाग्रत् कर व्यक्ति ब्रह्मज्ञान प्राप्त कर सकता है, आध्यात्मिक ज्ञान प्राप्त कर सकता है। निर्मला माता देवी का दावा है कि इस कुंडलिनी को अल्पावधि में जाग्रत् करनेवाला 'सहजयोग' नाम का विज्ञान उन्होंने ढूँढ़ लिया है। उसके द्वारा कुंडलिनी जाग्रत् होती

है और व्यक्ति की पीठ के चक्र से ऊपर सरकती है। तालु के ब्रह्मरंध्र से वह बाहर आ जाती है। इसके कारण व्यक्ति को अनगिनत लाभ मिलते हैं। इस प्रकार आध्यात्मिक कल्पना और स्वसम्मोहन के द्वारा सूचनाओं का समन्वय कर ऐसे गुरुगीरी रचाए जाते हैं।

5. विज्ञान की भाषा में धोखाधड़ी करनेवाले बुवाबाबा

आधुनिक युग में ढकोसले की भाषा भी आधुनिक ही होनी चाहिए। कुछ दिन पहले महाराष्ट्र में तकरीबन एक लाख रुपए कीमत की गद्दियाँ बेची जा रही थीं। चुंबक के टुकड़ों और वैद्यकीय गुणविशेषों वाले पंछियों के पर डालकर वह बनाई गई है। इसीलिए वैज्ञानिक दृष्टि से वह फायदेमंद है। उसके उपयोग से अनेक गंभीर बीमारियों का इलाज होता है, ऐसा उस गद्दी बनानेवाले निर्माता का दावा था। इसे वैज्ञानिक भाषा में की जानेवाली धोखाधड़ी कहा जाता है।

6. परामानसशास्त्र के उपयोग से चलनेवाला पाखंड

एक दौर में अद्भुत परामानसशास्त्रीय शक्ति का प्रतीक माना जानेवाला नामचीन विदेशी युरी गेलर इसका उत्तम उदाहरण है। निगाहों की शक्ति से चम्मच को मरोड़ देना, चाबियाँ तोड़ देना, घड़ी को रुकवाना जैसे अनेक चमत्कार वह करता था। इसीलिए उसकी परामानसशास्त्रीय शक्ति की चर्चा होती थी। वास्तव में उसकी चालाकी का जेम्स रेंडी नामक जादूगार ने भंडाफोड़ किया। ढकोसले पर से पर्दा उठ गया।

बारामती के मीठा बाबा उर्फ भानुदास गायकवाड़ और महाराष्ट्र की परामानसशास्त्र की अनुसंधान संस्था का दावा था कि बाबा के शरीर में अचानक मीठापन आ गया है। वे जिस चीज को हाथ लगाते हैं, वह मीठी बन जाती है और यह परामानसशास्त्रीय चमत्कार है। सच यह था कि बाबा अपने हाथ में शक्कर की जगह पाँच सौ गुना मीठा होनेवाला सैकरीन नामक पदार्थ लगाता था।

7. तत्त्वज्ञान अथवा आध्यात्मिक भाषा, आकर्षक व्यक्तित्व एवं सम्मोहन का उपयोग करनेवाले साधुत्व का ढोंग

आचार्य रजनीश, जो आगे चलकर भगवान रजनीश बन गए तथा स्वयं को उन्होंने 'ओशो' कहा, इस बात की अच्छी मिसाल हैं। तत्त्वज्ञान का उत्तम अध्ययन, प्रभावी अंग्रेजी, हिंदी वक्तृत्व कला, आकर्षक व्यक्तित्व और सम्मोहन का उपयोग कर उन्होंने अध्यात्म में अपनी पटरी जमाई थी। अमेरिका ने उन्हें 125 वर्ष की सजा सुनाई। उसे टालने के लिए उन्होंने अमेरिका छोड़ दिया। संसार के अनेक देशों ने उन्हें पनाह नहीं दी। इससे स्पष्ट होता है कि कथित अध्यात्म और तत्त्वज्ञान की रिक्तता किस प्रकार साधुत्व के ढोंग को सामाजिक बनाती है।

8. पागल बाबा

एकाध व्यक्ति मनोरुग्ण अथवा मंदबुद्धि होते हैं। उन्हें अपना होश नहीं रहता। शरीर की सफाई के नियम, वस्त्र पहनने की सभ्यता, खाने, बोलने के संकेत आदि बातों पर उनका नियंत्रण नहीं होता। परंपरागत भारतीय समाज उन्हें अवलिया कहता है। कुछ लोग उन्हें पूजते हैं, मानते हैं। ऐसे व्यक्ति अपने आप असामान्य बाबा बन जाते हैं। उनके जरिए शोषण और अपना उल्लू सीधा करने के काम में एक गुट सक्रिय रहता है। ऐसे बाबा को पागल कहने पर वह गुट शोरगुल कर राई का पहाड़ बना देता है।

9. लंपट बाबा

'बुवा तिथं बाया' (जहाँ बाबा, वहाँ स्त्रियाँ) ऐसी एक कहावत मराठी में है। वास्तव में अनेक संदर्भों में इसकी प्रतीति होती है। महिलाएँ हवस का शिकार क्यों बनती हैं, यह मुद्दा निरंतर चर्चा और विवाद का रहा है। महिलाओं की श्रद्धा का, भावुकता का गलत फायदा उठानेवाले लंपट बाबा महाराज का आडंबर बार-बार सामने आता है। अनेक स्त्रियों से शारीरिक संबंध बनानेवाला, पुणे के नजदीक रहनेवाला वाघमारे बाबा ऐसा ही उदाहरण है। उसकी करतूतें समाज की आँखों पर बँधी पट्टी को खोल देनेवाली हैं।

10. स्वयं को अवतार माननेवाले बाबा

हिंदू धर्म का मानना है कि ईश्वर अवतार लेता है। ढकोसले को लोगों की मान्यता दिलवाने के लिए बाबा इस कल्पना का लाभ उठाते हैं। स्वयं को किसी देवता का अवतार घोषित करते हैं। अपने आपको विष्णु का अवतार घोषित करनेवाले कल्कि भगवान ऐसे ही पाखंडी बाबा थे।

पाखंड की मानसिकता और सामाजिकता

ढकोसले की तरफ भागनेवाले जनसमूह का मतलब एक अँधेरे भविष्य की गंभीर चिंता है। सामाजिक स्तरों पर नगर एवं देहातों में रहनेवाले अलग-अलग उम्र के स्त्री-पुरुष जब अपने-अपने स्तरों पर इस मानसिकता के प्रत्यक्ष या अप्रत्यक्ष दावेदार बन जाते हैं, तब उसके पीछे कौन से प्रमुख कारण हैं, उन्हें समझना बहुत आवश्यक होता है। उन्हें इस प्रकार दर्ज किया जा सकता है :

1. व्याकुलता, अस्थिरता, अपराध की भावना

विगत डेढ़-दो दशकों से एक नई अर्थव्यवस्था पूरे विश्व में आकार ले रही है। उसका प्रमुख लक्षण आज की बेकारी है। आज का व्यक्ति इसीलिए निराश एवं घुटन की मानसिकता में जी रहा है। ऐसे लोगों का शोषण बहुत शीघ्र होता है।

लेकिन जिम्मेदार शोषक सामने नहीं आते। ऐसे समय व्यक्ति किसी आधार की तलाश में रहता है। साक्षात् मिलनेवाले, बोलनेवाले बाबा का आधार उसके लिए महत्त्वपूर्ण बनता है। उसकी अद्भुत दैवी शक्ति से समस्या का समाधान मिलने की आशा होती है। अंधी भाग-दौड़ वाली जिंदगी से निर्मित होनेवाली व्याकुलता, अस्थिरता उस बाबा के दैवी आश्रय की ओर आकर्षित हो जाती है। ख्यातलब्ध नायक एवं नायिकाओं की फिल्में धड़ाधड़ फ्लॉप हो जाती हैं। अव्वल स्थान के खिलाड़ी अपना फॉर्म गँवा बैठते हैं। किसी अज्ञात शक्ति के कारण यह संकट आते हैं, जिसका ज्ञान बाबा को होता है और वही अब इसे दूर भी करेंगे, ऐसा उनके भक्तों का विश्वास होता है। जब अनैतिक मार्ग से धन-दौलत, सुख-सुविधाएँ प्राप्त की जाती हैं, तब मन अपराधी के रूप में संत्रस्त रहता है। बाबा के चरणों में लीन हो जाने से उनकी कृपा को प्राप्त कर अपराधी मन को कुछ मात्रा में शांति मिलती है।

कवि मंगेश पाडगावकर ने ऐसी मानसिकता का वर्णन बहुत कलात्मकता से किया है :

''लोग बने हैं कंकाल अंदर से खोखले
अदृश्य आतंक से घबराए निराधार
हर कोई चाहता है जबर्दस्त बुवा
जो निकालेगा मन की चिंता की जुएँ
'जय साईं' पुकारकर अधिकारी रिश्वत लेता
अभी तक फँसा नहीं, कृपा बाबा की
हम नहीं खोजेंगे, हम नहीं लड़ेंगे
हम नहीं दो हाथ करेंगे जिंदगी से
रीढ़ छीज चुकी पूरी तरह सरजोर, सभी लाचार
बुवा के नाम जप का उच्चार बनाता बेहोश हमें।''

मन की व्याकुलता, अस्थिरता का सही उपाय अपने विचारों से ढूँढ़ लिया जा सकता है, लेकिन उसके विरुद्ध संघर्ष करने का मौका बुवा और बाबा देते ही नहीं हैं।

2. काल्पनिक खौफ

सामाजिक जीवन की रफ्तार जरूरत से अधिक तेज हो गई है। जीवन में भाग-दौड़ नहीं बल्कि जीवन ही भाग-दौड़ बन गया है। इसीलिए अचानक होनेवाली दुर्घटनाओं से दिल दहल जाता है। जैसे खचाखच भीड़वाली लोकल से पति रोज यात्रा करते हैं। उन्हें कुछ होगा तो नहीं ? बेटी अजनबी शहर में अकेली रहती है, उसे कोई छेड़ेगा, सताएगा तो नहीं ? आस-पास के घरों में रात में लूटमार होती है, आज रात मेरे घर का नंबर तो नहीं ? बेटे के दोस्त शराबी हैं, कहीं बेटे को यह बुरी आदत न लगे, ऐसी

अनेक चिंताओं की दीमक मनुष्य के मन को खोखला करती है। ऐसे समय जब वह काल्पनिक खौफ प्रत्यक्ष दिखाई देता है तब उसका सामना किया जा सकता है, लेकिन ऐसा न होकर तब 'डरो मत, मैं तुम्हारे साथ हूँ' कहनेवाले बाबा का आधार ही मन को उस खौफ से दूर करता है।

3. अतृप्त वासनाओं की पूर्ति

आधुनिक संसार में भौतिक सुखों का उपभोग करने के स्रोत और संभावनाएँ बढ़ गई हैं। नित नए आकर्षण लोगों को खींच रहे हैं। लेकिन प्रत्यक्ष उनकी प्राप्ति न के बराबर होती है। उसके लिए भ्रष्टाचार की नीति सभी को रास नहीं आती। ऐसे समय बाबा का सहारा लेकर 'अलीबाबा की गुफा' खोलने की संभावना को व्यक्ति आजमाता है। यह उसकी लालसा होती है।

4. मानसिक बीमारियाँ

गंभीर मानसिक बीमारियों का प्रमाण भारत में 1 प्रतिशत है। हलकी मानसिक बीमारी का प्रमाण 7 से 10 प्रतिशत है। मन की बीमारी अभी भी लोगों को अटपटी लगती है। मन की बीमारी यानी पागलपन यही उनकी मान्यता है। हमारे समाज में पागलपन व्यक्तित्व पर लगा एक कलंक माना जाता है। मानसिक इलाज की व्यवस्था हमारे देश में अपर्याप्त है। जो है, वह बहुत महँगी है। इन सारी पृष्ठभूमि पर मानसिक दृष्टि से हलकी अथवा गंभीर बीमारी से ग्रस्त होनेवाले लोगों को आध्यात्मिक बाबा-बुवा, गुरु, स्वामी अथवा 'बाहर की पीड़ा' को उतारनेवाले मांत्रिक-भगत सहजता से उपलब्ध होते हैं। मरीजों की परंपरागत विचारधारा के अनुसार, उनकी बीमारी पर यही इलाज प्रभावी होते हैं, इसीलिए साधुत्व के ढोंग को और प्रेरणा मिलती है।

5. मनोकायिक बीमारियाँ

अधिकांश समय बीमारियाँ शारीरिक लक्षणों के द्वारा व्यक्त होती हैं, जैसे—जबान बंद होना, लकवा मारना, दृष्टिहीन हो जाना आदि। ये बीमारियाँ प्राथमिक स्तर पर मानसिक होती हैं, तत्पश्चात् वे शारीरिक लक्षणों के द्वारा प्रकट होती हैं। इसे मनोकायिक बीमारी कहते हैं। ऐसा रोगी मानसोपचार विशेषज्ञ के इलाज से ठीक होता है। जिस बाबा पर श्रद्धा है, उसकी बातों को मानकर ऐसा रोगी स्वस्थ हो जाता है। 'मन चंगा तो कठौती में गंगा' उक्ति के अनुसार सभी शारीरिक बीमारियाँ भी धीरे-धीरे ठीक हो जाती हैं। मनोवैज्ञानिक कारणों से बाबा और भक्त मरीज दोनों अनजान होते हैं। इसलिए इन घटनाओं के लिए अनुकूल माहौल अपने आप तैयार हो जाता है।

6. शारीरिक स्वास्थ्य संबंधी सुविधाओं का अभाव एवं खर्चीला इलाज

अनेक कारणों से बीमार पड़नेवाले लोगों की इस देश में भारी संख्या है। इन बीमारियों के इलाज, सुविधाएँ तथा उसके लिए आवश्यक खर्च बहुत से लोगों के लिए सामर्थ्य से बाहर होता है। विकल्प ढूँढ़नेवाले ऐसे लोगों को शरीर पर चादर डालकर, फर्श पर सिर रखकर हाथ से शल्यक्रिया करनेवाले बाबा अधिक भरोसेमंद लगते हैं।

7. निरर्थकता की भावना से पीड़ित महिलाएँ

हमारे समाज में महिलाएँ अनेक कारणों से निरर्थकता की भावना को लेकर जी रही हैं। उनके मन को शांति देनेवाली, मानसिक आधार देनेवाली कोई भी अधिकृत व्यवस्था समाज में नहीं है। परिवार से बेसहारा हुई स्त्री को समाज में संतुलित जीवन जीना एक चुनौती होती है। न ससुराल, न मायका—ऐसी स्थिति में वह बाबा, बुवा, स्वामी, गुरु के सत्संग, सहवास एवं सेवा का आधार लेती है, क्योंकि ऐसे गुरुगीरी समाजमान्य होते हैं, जहाँ पर सुरक्षित होने का एहसास होता है।

8. आत्मा, परमात्मा, ब्रह्म, परब्रह्म, मोक्ष, मुक्ति शब्दों का मायाजाल

भारत के अधिकतर हिंदूधर्मीय जनमानस पर उपर्युक्त शब्दों की मुहर लगी मिलती है। बचपन से ही उसने आत्मा-परमात्मा की (न समझनेवाली) चर्चा सुनी होती है। माया और ब्रह्म, परब्रह्म, आत्मा जैसे शब्द उसके दिमाग में बचपन से ही डाले जाते हैं। जीवन का लक्ष्य मोक्ष अर्थात् 'मुक्ति को प्राप्त करना है और उसके लिए संसार का भवसागर पार करना होगा'—ऐसे विचार उसके मन में घर कर लेते हैं। इनमें से किसी का भी अर्थ उसे पता नहीं होता। परंतु ये शब्द और उसके अर्थ बहुत महान, पवित्र, उदात्त हैं, ऐसे संस्कार उसके अबोध मन पर पड़ते हैं। बाबा-बुवा, गुरु, स्वामी—इन शब्दों का उपयोग अधिकारवाणी से करते हैं इसीलिए वे भी दिव्य, पवित्र और महान बन जाते हैं।

9. विश्व का नियंत्रण करनेवाली शक्ति और अवतारवाद

इस विश्व का नियंत्रण करनेवाली कोई अलौकिक एवं दैवी शक्ति है, ऐसा बहुसंख्य लोग मानते हैं। अवतारवाद की भावना हिंदू संस्कृति में परंपरा से है। इसीलिए बाबा साक्षात् ईश्वर का अवतार ही हैं। वे हमारे विघ्नहर्ता हैं, तकदीर के मालिक हैं, यह मानसिकता बाबा की शरण में उनको ले जाती है।

10. संभाव्य-असंभाव्यता का सिद्धांत

अपना भविष्य जानने के लिए लोग बाबा के पास जाते हैं। जीवन में अच्छे दिन आने के लिए बाबा अपनी दैवी शक्ति का उपयोग करें, ऐसी याचना करने के लिए ये

लोग उनके पास जाते हैं। बाबा की महिमा का रसभरा वर्णन सुननेवालों को भी बाबा महान लगते हैं। प्रत्यक्ष प्रश्नों के अचूक उत्तर बाबा कैसे देते हैं? प्रश्न होते हैं—गर्भवती स्त्री को लड़का होगा या लड़की? चुनाव में दो उम्मीदवारों में से कौन जीतेगा? इनके उत्तर बहुविकल्पीय होते हैं। इसीलिए जो भी उत्तर बाबा देते हैं, उसके औसत नियमानुसार अचूक होने की 50 प्रतिशत संभावना होती है। लड़का या लड़की में से कोई भी एक जन्म लेता ही है। (सोनोग्राफी की सुविधा के कारण अब बाबा इस प्रश्न से हाथ धो बैठे हैं।) दो उम्मीदवारों में से एक की विजय निश्चय ही होती है। बाबा इतने तो बुद्धिमान होते ही हैं कि प्रत्येक संभाव्य अथवा असंभाव्यता के नियम के अनुसार उत्तरों का अनुमान कर लेते हैं। जिनके बारे में उत्तर सही नहीं होते, वे उसे अपने भाग्य का फेर समझते हैं। लोग मान लेते हैं कि नसीब में यही था।

11. सांस्कृतिक दृष्टि से व्यक्त होने की जरूरत

व्यक्ति सामाजिक होता है इसीलिए सांस्कृतिक दृष्टि से उसे समूह में व्यक्त होने की जरूरत होती है। गाँव में संयुक्त परिवार पद्धति होती है। वहाँ के मान-अपमानों को सिर पर उठाकर रहना पड़ता है। शहरों में फ्लैट संस्कृति में प्रत्येक व्यक्ति स्वयं तक सीमित हो गया है। पड़ोस में कौन रहता है, पता नहीं। एक-दूसरे के सुख-दुख में शामिल होने की जरूरत नहीं महसूस की जाती। इसीलिए हम भी किसी समूह का हिस्सा हैं, यह भावना मनुष्य को सुरक्षा प्रदान करती है। बाबा-भगतों के भक्तगणों के समूह में यह भावनात्मक संतोष मिलता है। वहाँ पर सभी एक-दूसरे को बाबा के भक्तों के रूप में मिलते हैं। शहरी-गँवार, गरीब-अमीर, शिक्षित-अनपढ़, स्त्री-पुरुष—सभी एक मानसिक स्थिति में होते हैं।

12. अंधविश्वासी मन

समाज में यथार्थ घटित होता है और मनुष्य उस पर सोचनेवाला प्राणी समझा जाता है। अच्छा-बुरा, सच-झूठ को तय करने के लिए उसमें सजग दृष्टि होनी चाहिए। लेकिन समाज की मानसिकता इसके विरुद्ध नजर आती है। वह अंधविश्वासी होता जा रहा है। बाबा-भगत के प्रभाव में उसका मन इतना श्रद्धालु और अंधविश्वासी बन जाता है कि ऐसे ढकोसलों के पनपने के लिए वह उपजाऊ जमीन तैयार करता है।

13. सामाजिक प्रतिष्ठा का लाभ

गुरु का शिष्य बनने में—स्वामी और शिष्य के रूप में राजनीतिक हस्तियों का—दोनों का फायदा होता है। बाबा के पास बड़ा अनुयायी वर्ग होता है। गुरु से आदर

और कृपा मिलना अनुयायी वर्ग में ऊँची प्रतिष्ठा का विषय होता है। दूसरी ओर शिष्य बाबा की तारीफों के पुल बाँधते नहीं थकते। यह सब कथित सिद्ध साधकों की चतुराई होती है।

14. पैसा, सत्ता, जनसंचार माध्यम और गुंडों का आतंक

ढकोसले का धंधा अत्यधिक किफायती और बिना पूँजी लागत का होता है। किसी भी धंधे की सुरक्षा के लिए नैतिक-अनैतिक व्यवस्था होती है। वैसी ही गुरुगीरी के ढकोसले की सुरक्षा में वह सक्रिय रहती है। बाबा, भगत, गुरु कितनी भी उदात्तता की भाषा क्यों न बोलते हों लेकिन उनके विरुद्ध बोलना, छापना अर्थात् उनके नकाब को उतारने का प्रयत्न बिलकुल सहन नहीं किया जाता। बाबा के विरुद्ध लिखनेवाले, खबरों को छापनेवाले पत्रकार तथा अखबारों के सामने चीख-पुकार की जाती है। उन्हें धमकियाँ दी जाती हैं। उनके विरुद्ध मानहानि का दावा भी किया जाता है। उनके घरों पर धावा बोल दिया जाता है, उनसे मारपीट की जाती है। बाबा ऐसा आतंक फैलानेवाली फौज पहले से ही तैयार रखते हैं। पैसों का बीज बोकर सद्भावना को खरीदा जाता है। विरोधियों का मुँह बंद रखने के लिए अर्थनीति अपनाई जाती है। खेद इस बात का है कि जनसंचार माध्यम भी ऐसी अर्थनीति के गुलाम बनते जा रहे हैं। बाबा की महिमा के वर्णन पूरे पन्नों में 'अर्थपूर्ण' शीर्षकों के साथ छपवाए जाते हैं। अपने क्षेत्र की राजनीतिक अथवा पूँजीवादी सत्ता अपने समर्थन में ही रहे, इस बात का पूरा ध्यान रखा जाता है। इस प्रकार अध्यात्म का दावा करनेवाले लोग वास्तव में नगद नारायण का व्यवहार करते हैं।

15. दैवी आतंक

कोई दुष्ट शक्ति षड्यंत्र रचाकर सतानेवाली होती है, ऐसी गलत भावना लोगों को आतंकित करती रहती है। मांत्रिक-तांत्रिकों के संदर्भ में भी ऐसा ही आतंक लोगों में होता है। ऐसे व्यक्ति की दुश्मनी मोल लेने का साहस लोगों में नहीं होता। कभी-कभी बाबा और समय आने पर उनके चेले भी धमकियाँ देने से पीछे नहीं हटते। दैवी आतंक से सामान्य लोग घबराते हैं। उन्हें कितने भी कटु अनुभव क्यों न हो, लेकिन वे उसके विरुद्ध बातें जाहिर करना ठीक नहीं समझते।

16. धंधे का रैकेट

बाबा का बहुत बोलबाला रहता है। मांत्रिकों के दैवी इलाज के लिए लोगों की लंबी कतारें लगती हैं। इन सबसे धंधे की एक श्रृंखला तैयार होती है। भक्त और जरूरतमंदों को लाने-छोड़नेवाले वाहनों का धंधा जोरों पर रहता है। भीड़-भाड़

वाले इलाकों में छोटी-मोटी जरूरतों को पूरा करनेवाले उद्योग चलने लगते हैं। चायपान, भोजन, निवास, फोटो, नारियल, फूलों की मालाएँ आदि चीजों को बेचनेवाले दुकानदार फायदे में रहते हैं। बाबा का धंधा उनके धंधों को हमेशा चालू रखता है।

17. राज्यमान्यता-लोकमान्यता

बुवा-बाबा को जो धन मिलता है, वह उसकी मुफ्त की कमाई होती है। भौतिक सुखों की रेलपेल उनके पास हमेशा रहती है। लेकिन कमाई का कुछ हिस्सा वे सामाजिक कार्यों में खर्च करते हैं। इससे उन्हें अपने आप लोकमान्यता मिल जाती है। इधर राज्यसंस्थाओं का भी सहयोग मिलता है। इसीलिए उनकी ओर से भी राज्यमान्यता मिलती है। 'तू चुप, मैं भी चुप' समझौते पर सब कुछ बिना रोक-टोक के शुरू रहता है।

18. अफवाहों का मानसशास्त्र

जो बाबा-भगत अपनी दैवी शक्ति के लिए चर्चित रहते हैं, उनके कर्तृत्व से होनेवाले चमत्कारों की कथाएँ निरंतर फैलाई जाती हैं। बाबा की शक्ति से लाभान्वित हुए मरीज, दिवालिया निकले रईस अपनी प्रतीति के अनुभव बढ़ा-चढ़ाकर बयान करते हैं। लेकिन जाँच-पड़ताल के बाद केवल अफवाहें ही सामने आती है।

19. साहसी वृत्ति का अभाव एवं उदासी वृत्ति

भारतीय जनमानस लड़ाकू वृत्ति का नहीं है। उसमें जुझारू बनने की इच्छा नहीं दिखाई देती। नया कुछ ढूँढ़ने, उत्साह, प्रसन्नता से रसिक जीवन जीने, नए क्षितिजों में उड़ान भरने जैसी मानसिकता बहुत कम लोगों में होती है। 'भगवान ने जैसा रखा है, वैसे ही रहो' जैसी यथास्थितिवादी मानसिकता का प्रभाव लोगों पर अधिक है। इसे सींचनेवाले साधुओं के क्या कहने!

20. स्त्रियों का असंतुष्ट काम-जीवन

बाबा बनने पर स्त्रियों से सहवास की अनुकूलता सहज ही प्राप्त होती है। लेकिन जिस मात्रा में महिलाएँ बाबा की अनुयायी बन जाती हैं, उसे देखकर हैरानी होती है। महिलाएँ ऐसा क्यों करती हैं? उत्तर के रूप में यह बात सामने आती है कि बाबा के दैवी प्रभाव की ओर वह आकर्षित होती है। अपने आप वहाँ की वासना का वह शिकार बनती है। फिर बदनामी के डर से चुप रहती है। दूसरी संभावना यह बताई जाती है कि स्त्री के अंतर्मन की अतृप्त कामवासना इसका एक कारण हो सकती है। स्त्री अपनी कामवासना को दबाती है। अनेक कारणों से वह बता नहीं सकती। इस

संदर्भ में उसका अज्ञान भी होता है। लेकिन इस संदर्भ में बोलना वह अनैतिक समझती है। स्त्री-पुरुष के संबंधों में पुरुष की कामतृप्ति शीघ्र होती है और पूर्ति का एहसास भी उसे होता है। वह इस क्रीड़ा से जल्दी दूर हो जाता है। बेशक स्त्री न बोलती हो लेकिन उसके विरुद्ध बोलना, छापना अर्थात् उसके नकाबों को उतारने का प्रयास बिलकुल सहन नहीं करती। वह आंतरिक स्तर पर व्याकुल होती है, दुखी होती है। वह सामाजिक बंधनों के बोझ तले दबी होती है। पुरुष अपनी इच्छापूर्ति अनेक मार्गों से करता है, लेकिन स्त्री के पास ऐसा विकल्प नहीं होता। अपने बच्चे की परवरिश करना, नामजप, भगवान की पूजा, कथित अध्यात्म जैसे विकल्पों से स्त्री अपने आप पर नियंत्रण रखती है। विवाहेतर संबंधों का विकल्प उसके लिए बहुत भारी होता है। भारतीय सामाजिक जीवन में वह बहिष्कृत बन जाती है। उसे व्यभिचारी कहा जाता है। लेकिन बाबा, बुवा के इर्द-गिर्द कथित धार्मिक-नैतिक शक्ति होती है। लोकप्रियता होती है। इसीलिए उनके सहवास के बारे में लोगों में चर्चा की गुंजाइश नहीं होती। यह परिणाम परंपरागत जनमानस में जड़ें जमाई हुई श्रद्धा के रसायन का है। इसीलिए बाबा से सहज ही शारीरिक संबंध स्थापित होते हैं। जिस बाबा के केवल दर्शन के लिए लोग घंटों तरसते हैं, अधिकार से मिला उसका सहवास भी एक कारण हो सकता है। वाघमारे बाबा जैसे सामान्य रूप के बाबा की ओर महिलाएँ भारी संख्या में जाती थीं। एक ही परिवार की सास-बहू, बेटी और माँ के साथ उसके संबंध गवाहसहित प्रस्तुत किए गए थे। इसका मामला अभी चल रहा है। लेकिन ऐसा भयावह यथार्थ इस क्षेत्र में पाया गया है। स्त्री शरीर-संबंधों की अपेक्षा अपनापन और प्यार के संबंधों से अधिक जुड़ी होती है। अपवाद के रूप में ही कुछ स्त्रियाँ शारीरिक संतोष के लिए बाबा की ओर आकर्षित होती हैं। अधिकांश स्त्रियों का उद्‌देश्य होता है कि बाबा की कृपादृष्टि और हस्तस्पर्श से उनकी पारिवारिक व्यथा-वेदनाओं का शमन हो। आज के भारतीय समाज की अधिकांश महिलाएँ आध्यात्मिक उद्‌देश्य से बाबा के पास जाती हैं। उन्हें पूरी तरह से वासनापूर्ति से जोड़ना महिलाओं पर अन्याय ही होगा, इस बात पर भी गौर करना चाहिए।

21. व्यावसायिक रचना

ढकोसले के मामलों में आधुनिक उच्च तंत्रों का उपयोग किया जाता है। योगशास्त्र, काम-जीवन, आध्यात्मिक उन्नति, व्यक्तित्व विकास, आदि बातों पर अंग्रेजी में भाषण देना बाबा ने आत्मसात् किया जो उच्चवर्ग की मानसिकता के अनुकूल होता है। आराधना या साधना के अनेक प्रकार नृत्य, संगीत अथवा क्रीड़ा के स्वरूप में होते हैं। ऐसा आभास निर्मित किया जाता है कि ये सारी बातें जीवनावश्यक हैं। संपर्क, शोहरत, अनुवर्तन (Follow-up) के संदर्भ में मौजूद व्यवस्था अधिकांश

समय 'कॉर्पोरेट' स्तर की होती है। बाबा के पास जाने पर लोगों का मन आश्वस्त होता है। उसके अनेक कारण होते हैं :

1. **विरेचन**—शरीर और मन की भाग-दौड़ करने की पद्धति।
2. **एंडारफीन**—जैव रासायनिक और तरल पदार्थ से दिमाग को सुकून मिलने की आशा होना।
3. **सूचनावर्तित्व**—मन को सूचना देकर मनोशारीरिक बीमारियों का इलाज हो जाता है, जिसका श्रेय बाबा को जाता है।
4. **मानसिक प्रभाव (प्लासिबो इफेक्ट)**—बाबा की कृपा से मार्ग मिलना और ठीक होने की भावना निर्मित होना, यह मानसिक प्रभाव होता है।
5. **स्वयंनियंत्रित बीमारी (सेल्फ क्यूरेबल डिसीज)**—कुछ बीमारियाँ निश्चित समय के बाद अपने आप ठीक हो जाती हैं। इस दौरान अगर बाबा का आशीर्वाद लिया हो तो श्रेय बाबा को जाता है।
6. **समुपदेशन**—बाबा के साथ सलाह-मशवरा एवं चर्चा लोगों को एक समुपदेशन लगता है। इस काउंसलिंग का उन पर प्रभाव पड़ता है। इसका श्रेय भी बाबा की दैवी शक्ति को मिलता है।
7. **स्पांटनियस रिग्रेशन**—अचानक रोग-प्रतिकार शक्ति बढ़ जाती है। उससे बीमारी थम जाती है। यह रोग-प्रतिकार शक्ति एकदम कैसे बढ़ गई, इसका अविलंब उत्तर विज्ञान के पास भी नहीं होता। ऐसी सूरत में कथित चमत्कार बाबा के प्रभाव एवं कृपा-प्रसाद का कारण बन जाता है।
8. **मनुष्य की समुदायप्रियता**—मनुष्य की शोधवृत्ति समूह में शिथिल हो जाती है। उचित-अनुचित, सच-झूठ का चयन करनेवाली विवेक-बुद्धि छुप जाती है। बाबा के पास जनसमुदाय हमेशा रहता है—बाबा के असाधारण हुनर का गुणगान करते हुए। व्यक्ति को 'अब मेरी समस्याओं का हल निकलने ही वाला है' जैसा विश्वास होने लगता है।

ढकोसले की मानसिकता का रुझान दो प्रमुख बातों से होता है—एक नसीब अथवा दैववादी कल्पना और दूसरी है चमत्कार।

कर्म-सिद्धांत

साधुत्व की ढकोसले की फसल हरी-भरी होने के कारण इस देश की मनोभूमिका की निगरानी नियति, नसीब, दैव तथा प्रारब्ध इन कल्पनाओं के आधार पर होती है। इन सभी शब्दों के संदर्भ थोड़े भिन्न-भिन्न हैं, लेकिन साधुओं को उससे कोई फर्क नहीं पड़ता। मनुष्य को अपने उचित-अनुचित कर्मों के फल भुगतने पड़ते हैं। इस विचार को ही कर्म-सिद्धांत कहा जाता है। उसके अनुसार, कर्मों का अनुकरण किया जाता है। ये वर्ग हैं—क्रियमाण, संचित और प्रारब्ध। क्रियमाण, हम जो काम करते

हैं, वे कर्म। उनका संग्रह होता है और पूर्व संचित कर्म में मिल जाता है। इस संचित कर्मों के फल भुगतने के लिए मनुष्य को वर्तमान जन्म मिलता है। उसे प्रारब्ध-कर्म कहा जाता है। भारतीय दर्शन ने कर्म-सिद्धांत को स्वीकार किया है। चार्वाक दर्शन इसका अपवाद है। इसीलिए कर्म-सिद्धांत भारतीय तत्त्वज्ञान का एक विशेष सिद्धांत माना जाता है। कर्म-सिद्धांत विश्व का ही नियम माना जाता है।

यह कर्म-सिद्धांत भारतीय मानस पर कुंडली मारकर बैठा है। आज भी जीवन में घटी अच्छी घटना को नसीबी और बुरी घटना को कमनसीबी माना जाता है। बहुसंख्य भारतीय ऐसा मानते हैं कि 'समय से पहले और भाग्य से अधिक' किसी को कुछ नहीं मिलता। जीवन के दुखों, समस्याओं की ओर 'नियति का खेल' इस दृष्टिकोण से देखा जाता है। इसके विरुद्ध संघर्ष तो होता है लेकिन दैव की अनुकूलता भी जरूरी समझी जाती है। 'अच्छे कर्म के फल आज नहीं तो कल' अवश्य मिलेंगे और 'बुरे कर्मों के बुरे परिणाम भुगतने पड़ेंगे'—ये कर्म-सिद्धांत के विचार हैं। अगर वास्तव में ऐसा होता है, तो चिंता की बात नहीं, लेकिन ये निष्कर्ष केवल इच्छा तक सीमित रहते हैं। सत्य पर आधारित नहीं होते। न्याय प्राकृतिक बात नहीं है। समाज-स्थापना के बाद मनुष्य ने इसे केवल तीन-चार हजार वर्षों पूर्व ही स्थापित किया। उससे पहले न्याय-अन्याय का अस्तित्व नहीं था। आज भी उसका अस्तित्व भरोसेमंद नहीं है। कर्म-सिद्धांत का पक्ष लेकर दी गई दलीलें अत्यधिक दुर्बल एवं अप्रचलित हैं। यह सिद्धांत निराधार है, अन्यायी भी है। सुखात्मक अनुभव सत्कर्म के फल होते हैं, दुखात्मक अनुभव दुष्कर्म के फल होते हैं—ऐसा अगर बताया जाता है तो फिर सत्कर्म कौन से और दुष्कर्म कौन से, यह समझने की क्षमता भी प्रत्येक में होनी चाहिए। कर्मविपाक सिद्धांत में ऐसा कोई तत्त्व नहीं है। यह बात न्यायतत्त्व के विरुद्ध है। अपराधी को अगर यह पता नहीं चलेगा कि किस कर्म के लिए उसे दंड मिला है और कौन से सत्कर्म के लिए इनाम मिला तो फिर वह अच्छे कर्मों को दोबारा कैसे करेगा और बुरे कर्मों को कैसे टालेगा ? ऐसे फैसले को न्याय नहीं कहा जा सकता। ऐसे निरर्थक कर्मकांड के जरिए प्रकृति के नैतिक शासन का प्रदर्शन किया जाता है। इस टीस के बावजूद भारतीय जनमानस के संदर्भ में यह सही है। नीति कल्पनाएँ और नैतिक नियम-स्थल कालसापेक्ष होते हैं। इसीलिए अनेक कर्मों के संदर्भ में अच्छे या बुरे का निर्णय असंभव है। भिन्न नीति संहिता के अनुसार ही कर्म अच्छा अथवा बुरा तथा वर्जित अथवा स्वीकृत हो सकता है। कहा जाता है कि यह कर्म-सिद्धांत आदिकाल से, सृष्टि की उत्पत्ति के समय से ही अस्तित्व में है। लेकिन बंदर से मनुष्य बनने में लाखों वर्षों का समय बीत चुका है। उस समय मनुष्य में नैतिकता की विवेक-बुद्धि नहीं थी। धीरे-धीरे वह उसमें विकसित हुई। अभी भी मनुष्य में पशु का अंश सुप्त रूप में है। इन सारी बातों का कर्म-सिद्धांत से कोई मेल नहीं होता। कर्म-सिद्धांत के दर्शन से मनुष्य में निहित उद्यमशीलता, परिवर्तन की

इच्छा, जीवन में अमंगल को नष्ट करने की प्रेरणा मानो नष्ट हो जाती है। उसके स्थान पर उदासवृत्ति एवं निष्क्रियता नजर आती है। यह वैचारिकता ढकोसले का पोषण करती है।

आदिमानव बहुत ही कमजोर और निर्बल प्राणी था। इसीलिए वह किसी भी होनी-अनहोनी को नियति मानकर चलता। मनुष्यों के प्रयत्नों में बार-बार आनेवाली असफलता और अनपेक्षित घटनाओं के कारण उसका कर्म-सिद्धांतों पर विश्वास दृढ़ होता है। लेकिन आदिमानव की नियति का प्रमाण देना असंभव है। इसके लिए भविष्य की घटनाओं का पता होना चाहिए और वह अचूक भी होना चाहिए। अब समस्या यह है कि इसके लिए भविष्य की कल्पना को सच मानना पड़ेगा। जिस प्रकाश अंतराल में कुछ प्रदेश नजदीक होता है, बाकी दूर होते हैं, कुछ अंतराल पार करने पर ही दूर के प्रदेश नजदीक लगते हैं—यही बात काल-परिणाम के बारे में भी लागू होती है; अर्थात् भविष्य का अस्तित्व होता ही है लेकिन धीरे-धीरे वह पता चलता है। लेकिन काल में केवल वर्तमान काल का अस्तित्व क्षणिक होता है। दूसरे क्षण वह भूतकाल बन जाता है। उसके स्थान पर एक भविष्य, लेकिन वास्तविक वर्तमान आकार लेता है। मतलब भविष्य का अस्तित्व अगर न माना जाए तो किसी भी मनुष्य को वह दिखाई कैसे देगा ? नियति की दृढ़ कल्पना को देश के बहुसंख्य लोग मानते हैं। कमजोर लोग ऐसी कल्पनाओं का शिकार होते हैं तथा आतंकित होते है। कर्म-सिद्धांत को सत्य पर आधारित सिद्धांत मानते हैं। इसीलिए अपने शोषण को तकदीर मानकर खुद को ही सांत्वना देते हैं। प्रारब्ध-पूर्वसंचित कर्म पर निर्भर होता है, उससे छुटकारा पाना कठिन होता है, लेकिन बाबा की कृपा से यह आसान हो जाता है, ऐसी मान्यता होती है। क्योंकि वे तो साक्षात् ईश्वर होते हैं। इस प्रकार शोषण का मुख्य कारण सामाजिक और भौतिक परिस्थितियों में ढूँढ़ने की बजाय पूर्वसंचित कर्म-कार्य में ढूँढ़ा जाता है। सामाजिक शोषण से मुक्ति प्राप्त करने के लिए ऐसे बाबा ढूँढ़ लिये जाते हैं। कर्मविपाक के सिद्धांत से साधुत्व के आडंबर को प्रेरणा मिलती है इसीलिए लोगों की इस गुलामी को खत्म करने के लिए कर्म-सिद्धांत और दैव कल्पनाओं की तर्कदुष्टता लोगों को बतानी चाहिए।

चमत्कार

चमत्कार बाबा का महत्त्वपूर्ण हाथियार है। इस देश के लोगों की मानसिकता चमत्कार में शरण लेती है। यह विश्व कार्य-कारण भाव से बद्ध है। यह दृष्टिकोण भले ही उन्होंने स्वीकार किया हो, लेकिन उनके मन में ये भावनाएँ रहती हैं। इस कार्य-कारण भाव को पार करके जानेवाली दैवी शक्ति इस विश्व में है। बाबा, बुवा, स्वामी, गुरु किसी-न-किसी प्रकार का चमत्कार करते हैं। वे बड़ी होशियारी से काम लेते हैं। वे स्वयं अपने चमत्कार का दावा नहीं करते, लेकिन उनके भक्त अपने

चमत्कारपूर्ण अनुभवों का ढिंढोरा पीटते हैं। इस पर बाबा की टिप्पणी होती है—'मैं इस संदर्भ में कुछ नहीं कहना चाहता, भक्तों की अनुभूति उनका अपना प्रश्न है।' सत्य साईं बाबा जैसे लोग 'मेरे चमत्कार मेरी दैवी शक्ति के आविष्कार हैं'; ऐसा बताते हैं। 'पापियों के उद्धार के लिए ईश्वर ने मुझे भेजा है, मैं उसका दूत हूँ, आपको इस बात का भरोसा देने के लिए उसने मुझे यह विजिटिंग कार्ड दिया है', ऐसा वे दावा करते हैं।

सर्वसामान्य रूप से असंभव, अतर्क्य लगनेवाली घटनाओं को चमत्कार कहा जाता है। यह मानवीय बुद्धि के आकलन से परे होती है। इसीलिए उन्हें अलौकिक कहा जाता है। जनमानस में इस संदर्भ में कमाल का कौतूहल और जिज्ञासा होती है। उनके मन में चमत्कार करनेवाले व्यक्ति के प्रति बहुत आदर, श्रद्धा एवं श्रेष्ठत्व की भावना होती है। ऐसे व्यक्ति साक्षात् ईश्वर का अंश हैं और उन्हें भूत-भविष्य जानने की शक्ति प्राप्त है, ऐसी उनकी धारणा होती है। लोगों की इस मानसिकता का अध्ययन कर ऐसे चमत्कारों का मायाजाल फैलाया जाता है। विज्ञान हमेशा इस बात को स्पष्ट करता आया है कि इस सृष्टि में कोई क्रिया अपने आप नहीं घटती। उसके पीछे होनेवाले कारणों का पता लगने पर कोई घटना चमत्कार नहीं रहती। चमत्कार—मतलब सामान्य मनुष्य को धोखा देने हेतु धूर्त लोगों द्वारा की गई विभिन्न करतूतें होती हैं। लेकिन बहुसंख्य लोग जानकर भी अनजान बनने की कोशिश करते हैं। अगर सामान्य जनता इस धोखाधड़ी को मानने के लिए तैयार हो जाए तो अपने आप उनका शारीरिक, आर्थिक एवं लैंगिक शोषण भी रुक जाएगा। लेकिन भक्तों की भोली कल्पना यह होती है कि 'चमत्कार पर एतराज करने पर बाबा डरेंगे नहीं बल्कि ऐसा करनेवालों का जीना मुश्किल कर देंगे।' जबकि वास्तव में स्थिति विपरीत होती है। कोई-न-कोई कारण बताकर बाबा चुनौती से मुँह फेर लेते हैं। भक्तों के मन में दैवी शक्ति और चमत्कारों के बारे में आशंकाएँ आने लगती हैं। चमत्कारों को चुनौती देना आंदोलन का एक रोमांचक कार्य रहा है। लेकिन जनजागृति का उद्देश्य इस कार्य के पीछे हमेशा रहा है। चमत्कारों पर विश्वास कर उनका प्रचार करना, यह भारतीय संविधान के अनुसार भारतीय नागरिक का अपने कर्तव्य से पलायन है, वैज्ञानिक दृष्टिकोण के विरोधी कार्य हैं, इसीलिए समिति इसका विरोध करती है।

उपर्युक्त शास्त्रीय विवेचन के पश्चात् व्यक्ति और समाज यथार्थ की ओर अलग ही दृष्टिकोण से देखते हैं। एक बार समिति ने गंभीर बीमारियों का इलाज करने का दावा करनेवाले बाबा को चुनौती दी। चुनौती की लिखित प्रक्रिया तय हो गई। 10 गंभीर मरीज बाबा को इलाज के लिए दिए गए। अखबार में भी इस चुनौती को घोषित किया गया। अनेक स्थानों से हमें फोन आने लगे कि 'हमारा फलाँ रिश्तेदार इस बीमारी से त्रस्त है, अपने प्रयोग में उसे शामिल करने की कृपा करें।'

समिति ने उन्हें बहुत समझाने की कोशिश की कि 'अपना कीमती समय बरबाद कर, स्पेशल गाड़ी का टिकट लेकर, मरीज को परेशान मत करें। बाबा के पास उसका कोई इलाज नहीं होगा।' लेकिन वे अपनी जिद पर अड़े रहते, 'सारे इलाज तो हम कर चुके हैं, कोई फायदा नहीं हुआ। देखें, इससे कुछ फर्क पड़ता है या नहीं! किस्मत में होगा तो वह ठीक होगा, वरना हमने तो इस बीमारी के सामने घुटने टेक दिए हैं।'

इस मानसिकता का अर्थ यह है कि चमत्कारों पर रखा जानेवाला विश्वास स्वयं से ही एक शुभेच्छा जताना है। जब तक दुनिया में दुख, दीनता, लोभ-लालसा है तब तक चमत्कार होते रहेंगे। 5000 वर्ष पूर्व विज्ञान विकसित नहीं था, तब भी चमत्कार होते थे। आज विज्ञान का विकास हर क्षेत्र में हो गया है फिर भी चमत्कार का महत्त्व कम नहीं हुआ है क्योंकि लोगों की मानसिकता वही पुरानी, दकियानूसी है। चमत्कार के प्रति उसका आकर्षण कम नहीं हुआ है। किसी बाबा पर से विश्वास उठने पर भी चमत्कार पर उनका विश्वास कायम रहता है। 'बाबा झूठे थे, लेकिन अन्य कोई है, जो सच्चाई में ऐसे चमत्कार करता हो?' उनका मन उन्हें ऐसा विश्वास दिलाता है। ऊपरी तौर पर हमें भी कभी-कभी यह सच लग सकता है, लेकिन ऐसा नहीं है। मनुष्य और वासनाओं का संबंध अटूट है। उनकी पूर्ति के लिए वह हिम्मत जुटाकर अपना पुरुषार्थ, कर्तृत्व, शायद भ्रष्टाचार और अपराध के मार्ग भी अपना सकता है, वरना अपनी इच्छापूर्ति के लिए किसी अज्ञात के हाथों कठपुतली बनना, उसकी दैवी शक्ति को मानकर उसकी शरण में जाना मनुष्य निश्चित ही टाल सकता है। हमारे युग की शिक्षा-व्यवस्था में ऐसा वैज्ञानिक दृष्टिकोण देने की क्षमता और संभावना भी है। यह दृष्टिकोण उसकी महत्त्वपूर्ण इकाई है। मूल्य-शिक्षा में भी उसका समावेश है लेकिन चमत्कारों के विरुद्ध कितनी ठोस भूमिका अपनानी चाहिए, इसका संस्कार अथवा शिक्षा यहाँ के छात्रों को नहीं दी जाती। पल भर के लिए यह मान भी लिया जाए कि मनुष्य अपने स्वभाव के अनुसार कामनापूर्ति के पीछे भागता ही रहेगा। यह उसकी कमजोरी है। तब उसे बदलना मानो आसमान से तारे तोड़ने का प्रयास होगा। ऐसे समय प्रश्न उपस्थित होना चाहिए कि क्या लोगों की इस व्याकुलता अथवा अतृप्ति को किसी बाबा द्वारा अपने धंधे का उसूल बनाना उचित है?

चमत्कारों के बारे में एक और प्रश्न उपस्थित किया जाता है कि चमत्कार करनेवाले 99 प्रतिशत लोग बदमाश होते हैं। यह ठीक है लेकिन वे 100 प्रतिशत या सारे-के-सारे बदमाश ही होते हैं, ऐसा निष्कर्ष क्या अशास्त्रीय नहीं है? इसका सीधा उत्तर है कि जिस तर्क के आधार पर 99 प्रतिशत लोगों की बदमाशी साबित होती है, उसी के आधार पर 1 प्रतिशत लोगों की जाँच होनी चाहिए। इसमें कोई संदेह अगर नजर आता है तो मानना पड़ेगा कि ऐसे कथित चमत्कारों से ठोस इनकार करनेवाला पर्याप्त प्रमाण आज उपलब्ध नहीं है। भलाई इसी में है कि प्रमाण की

खोज निरंतर जारी रखी जाए। लेकिन व्यवहार का सूत्र प्रमाणित बातों के आधार पर ही तय होना चाहिए। इस कथित चमत्कार की सच्चाई भी उसी पद्धति से आज नहीं तो कल अवश्य उजागर हो जाएगी जिससे अन्य अनगिनत रहस्यों की हो चुकी है, ऐसा विश्वास रखना जरूरी है। ऐसा मानना और उसी पद्धति से अपना जीवनयापन करना आधुनिक मनुष्य का लक्षण है।

आध्यात्मिक गुरुगीरी

अनेक कथित बाबा कोई चमत्कार नहीं करते। फिर भी लोगों की भीड़ उनके पीछे मानो सम्मोहित अवस्था में चलती है। इसका कारण जान लेना जरूरी है। भारतीय समाज में गुरु परंपरा को असाधारण महत्त्व प्रदान किया गया है। अपने समकालीन गुरु को ढूँढ़कर पूरे भक्तिभाव के साथ उनकी शरण में रहने की सीख कबीर और नानक जैसे मध्ययुगीन संतों के विचारों की देन है। उनके अनुसार व्यक्ति की आत्मा को ईश्वर से जोड़ने में गुरुभक्ति और गुरुकृपा दोनों का बहुत बड़ा योगदान है। संत ज्ञानेश्वर ने 'ज्ञानेश्वरी के अमृतानुभव' में और अपने अभंगों में गुरुभक्ति का वर्णन किया है। अनेक संप्रदायों में गुरुभक्ति का स्तोत्र (स्तुति–पाठ) मिलता है। अपने-अपने बुवाबाबा को गुरु के रूप में देखने की मानसिकता का मूल ज्ञानेश्वरी के छठे अध्याय के अंत में नजर आता है। ज्ञानेश्वर ने एक सुंदर रूपक के जरिए गुरु की प्रशंसा की है। ज्ञानेश्वरी के दसवें अध्याय के आरंभ में गुरु के अनुग्रह को गणेश मानकर उसकी प्रशंसा की गई है। बारहवें अध्याय में सद्‌गुरु की कृपादृष्टि का स्तवन है। पंद्रहवें अध्याय में श्री गुरु के चरणों की मानसपूजा करने का उल्लेख है और सोलहवें अध्याय के प्रारंभ में सद्‌गुरु की प्रशंसा चित्सूर्य कहकर की गई है। सत्रहवें और अठारहवें अध्याय में भी गुरु–प्रशंसा का भरपूर वर्णन है; अर्थात् ज्ञानेश्वर के अनुसार गुरु को ढूँढ़ने की जरूरत नहीं। ईश्वर के प्रति समर्पित बुद्धि से कर्म करने पर सद्‌गुरु अपने आप मिल जाते हैं; अर्थात् हमारी परंपरागत गुरुभक्ति किसी बाबा के रूप में प्रकट होती है। लोग बुद्धि की शरण में जाने की बजाय, बाबा की शरण में जाने को आनंद की अनुभूति मानते हैं। अपनी स्वतंत्र सोच, अपने प्रश्नों के लिए स्वयं संघर्ष करने को भक्त लोग जीवन में मामूली बात समझते हैं। गुरु के स्थान पर बाबा का उदात्तीकरण करना, उसे सद्‌गुणी मानना, उससे एकरूप होना, मन की ये सुप्त क्रियाएँ बाबा की शरण में जाते समय अपने आप होती हैं। सद्‌गुणी बाबा के सत्संग में मन के उदास भावों के दूर होने और मन के उत्साहित होने जैसे अनुभवों के कारण भक्तों की बाबा पर श्रद्धा और भी बढ़ जाती है। प्रार्थना, भजन, प्रवचन, गुरु की महिमा का प्रचार, नाम–जप आदि के माध्यम से शिष्य संसार की चिंता से मुक्त हो जाता है। फिर वह मानने लगता है कि गुरु के कारण ही उसे अपनी समस्याओं का समाधान मिला। यह हमारी गुरुप्रधान संस्कृति के संस्कारों का हिस्सा

है। कोई गुरुभक्त अन्य अनेक लोगों को अपने गुरु या बाबा के पास चलने के लिए प्रेरित करता है। ऐसी मानसिकता को निम्नलिखित पंक्तियों में बहुत अच्छी तरह से स्पष्ट किया गया है :

'जय-जय श्री गुरुदेव, तुम ब्रह्मस्वरूप हो, तुम्हारी काया सगुण है।
दैवी शक्ति और कृपा के लिए तुम्हारे रूप में ईश्वर प्रकट हो गए हैं।
सद्गुणी के चरणों को धोनेवाला जल, सभी तीर्थों का सार है।
सद्गुणी वह है, जिसके मौन से भी आत्मज्ञान की धारा बहती है।'

भक्त अपने गुरु अर्थात् बाबा को ब्रह्म का स्वरूप मानता है। अब ब्रह्म क्या है, इसका पता न होने के कारण वे सगुण-साकार के रूप में कैसे प्रकट हो गए, यह भी पता नहीं चलता। अपने बाबा के पाँव धोने के बाद जो पानी मिलता है, वह पवित्र तीर्थक्षेत्रों की समग्र पवित्रता है, यह मान्यता भी बौद्धिक दिवालियापन को जाहिर करती है। सद्गुरु कुछ नहीं बोलते, मौन में बैठे हैं, फिर भी उसके द्वारा आत्मज्ञान निरंतर प्रसारित होता रहता है। ऐसा मानने का मतलब मानव द्वारा अपनी स्वाभाविक प्रज्ञा का खुशी से त्याग कर देना है। इसका मतलब है कि बुवा-बाबा के पास जाते समय अपनी बुद्धि गिरवी रख दी जाती है।

आज के महाराज गुरु की कल्पना के संदर्भ में कहते हैं—जिस प्रकार हम अच्छा स्कूल, अच्छा अध्यापक, अच्छा डॉक्टर ढूँढ़ते हैं उसी प्रकार प्रत्येक व्यक्ति को अच्छा गुरु भी ढूँढ़ना चाहिए। 'स्कंदपुराण' में ऐसे गुरु के संदर्भ में शिव ने पार्वती को गुरुमहिमा बताई है। गुरु अपने शिष्य का सारा संशय मूल से ही नष्ट कर देते हैं। उसके डर को भगा देते हैं। जीवन-मृत्यु के चक्र से उसे निकालते हैं। ऐसे गुरु को ही सद्गुणी कहते हैं। गुरु के केवल दर्शन से ही सभी विकार नष्ट हो जाते हैं और अक्षय आनंद का खजाना मिल जाता है। ऐसे गुरु पूर्वजन्म के संचित पुण्य से ही प्राप्त होते हैं। गुरु अपने भक्तों के दुख तीन प्रकारों से दूर कर सकते हैं :

1. ध्यान, प्राणायाम, मंत्र जैसे आध्यात्मिक मार्गों से,
2. बौद्धिक स्तर पर सत्संग करके,
3. स्पंदनों के द्वारा लोगों की बीमारियाँ ठीक करने से लेकर आनंद की लहरें करोड़ों लोगों तक पहुँचाकर।

अंधविश्वासी बनकर गुरु के पैरों पर अपनी बुद्धि को गिरवी रखे बिना ऐसी गुरुकृपा मिलना बहुत कठिन है।

बाबा को अपना तारणहार माननेवाले भक्तों की मानसिकता को ठीक से समझे बिना गुरुगीरी के विरोध में चलनेवाली वैचारिक लड़ाई का अर्थबोध नहीं हो सकता।

किसी चमत्कार को न दर्शानेवाले तथा जिनमें अन्य लोगों को कोई विशेषता नजर नहीं आती, ऐसे बाबा, गुरु और स्वामी के पास बहुसंख्य शिष्य और भक्तों का

जमघट होता है। 'आप बाबा की भक्ति क्यों करते हैं?' ऐसा पूछने पर वे उत्तर देते हैं, 'किसी लालच या अपेक्षा से नहीं, बल्कि केवल भक्ति के लिए उनके पास जाते हैं।' 'यह भक्ति किसलिए?' इसका उत्तर तत्काल मिल जाता है, 'इस भक्ति से जीवन सार्थक हो जाता है।' 'यह सार्थकता कैसे मिलती है?' उत्तर मिलता है, 'इस भक्ति से जीवन का आध्यात्मिक कल्याण हो जाता है।' 'आध्यात्मिक कल्याण होने के प्रमाण क्या हैं?' इस प्रश्न का उत्तर देने की बजाय उलटा प्रश्न किया जाता है, 'प्रमाण क्यों माँगते हैं आप? बाबा का अधिकार ही वैसा है।' आगे और पूछा जाता है, 'माता-पिता, गुरुजनों आदि के मामले में आप प्रमाण माँगते हैं, आइंस्टाइन जैसे महान वैज्ञानिक ने सापेक्षवाद का सिद्धांत प्रस्तुत किया जो बहुत कम लोग ग्रहण कर पाए, क्या आप उसे समझ पाए? फिर उसका प्रमाण क्यों नहीं माँगते?'

इन भक्तों का कहना होता है कि बाबा की कृपादृष्टि से मिलनेवाली आनंद की अनुभूति और उच्चस्तरीय आध्यात्मिक कल्याण जैसी बातें अनुभव से जानी जा सकती हैं। उन्हें प्रमाणों की आवश्यकता नहीं है। उन्हें पूछने की जरूरत भी नहीं है, क्योंकि ऐसा करने से श्रद्धा भंग हो जाती है।

संविधान में नागरिकों के कर्तव्य के संदर्भ में उल्लेखित वैज्ञानिक दृष्टिकोण का सूत्र यह है कि प्रमाण माँगा जाए, उसे ठीक से जाँच लिया जाए और उस सीमा में ही उस पर विश्वास रखा जाए। दैनिक व्यवहार में भी हम इस बात का खयाल रखते हैं। माँ पर हमारी श्रद्धा होती है, लेकिन ग्रहणकाल में उसकी सूचना के अनुसार दरवाजें-खिड़कियाँ बंद कर बैठना हम जरूरी नहीं समझते। पिता पर श्रद्धा होती है फिर भी लड़का उनके विचारों का विरोध कर अंतर्जातीय विवाह कर सकता है। एक विशिष्ट अवस्था में बड़े होनेवाले गुरुजी दूसरी अवस्था में उस शिष्य के सहायक बन सकते हैं। शायद उसे गुरु का पद प्रदान कर उसके कनिष्ठ भी बन सकते हैं। ज्ञान का विकास इस पर निर्भर होता है कि किसने और कितनी मात्रा में किया। आइंस्टाइन का सिद्धांत समझने के लिए पर्याप्त अध्ययन और श्रम करने की जरूरत होती है। तब कोई भी विनयशील व्यक्ति उसे समझ सकता है। महान वैज्ञानिक न्यूटन के सिद्धांतों की गलतियाँ आइंस्टाइन ने दूर कीं। उसके सिद्धांतों में खामियाँ दिखाने पर भी वैज्ञानिक विश्व में उसका समादर कम नहीं हुआ। प्रमाण माँगना और प्रश्न पूछना होशियारी और मानक व्यवहार है। यह मनुष्य को विकसित करता है।

बुवा, बाबा, स्वामी, गुरु जैसे व्यक्तियों के संदर्भ में आस्था ठोस अनुभव नहीं बल्कि श्रद्धा की अनुभूति का विषय बन जाती है। जिस बाबा पर, गुरु पर उनके चेलों की श्रद्धा होती है, उसे किसी बात की कोई आशंका नहीं होती बल्कि विश्वास होता है कि उसका कल्याण बाबा के हाथों सुरक्षित है। छोटे बच्चों की अपने माँ-पिता पर जो श्रद्धा होती है, वैसी ही यहाँ भी होती है। बच्चा जैसे ही बड़ा होता है उसका माता-पिता के साथ व्यवहार या श्रद्धा उसके विवेक से निर्देशित होने लगती

है। अनुकूल स्थिति में उसमें प्रेम, आदर और कृतज्ञता जैसी भावनाएँ होती हैं। लेकिन बचपन की श्रद्धा बड़ा होने पर पूर्ववत् नहीं रहती।

बालिग होने पर भी संतान यदि माता-पिता पर निर्भर रहेगी तो उसके बालिग होने पर शक होने लगेगा। श्रद्धालु बाबा के पैर पर अपने जीवन को समर्पित कर देनेवाले भक्तों के संदर्भ में भी यही होता है, लेकिन श्रद्धा का स्वरूप थोड़ा पेचीदा है। बिना प्रमाण के जो सत्य के रूप में साबित नहीं हुआ हो, उस विधान को स्वीकारना विवेकसम्मत नहीं माना जा सकता। लेकिन बाबा के संदर्भ में दो उदाहरणों को लिया जाए तो इसकी जटिलता समझ में आएगी। फलाँ कर्मकांड करने पर निश्चित फलाँ लाभ होगा, बाबा के ऐसे शब्दों को प्रमाण मानना अथवा बाबा की दैवी शक्ति से नोटों की संख्या दुगुनी हो जाएगी, ऐसा मानना भी पूर्णतः अविवेक है। लेकिन किसी गुरु, स्वामी या बाबा के समर्थक प्रचारित करते हैं कि उनके कारण मनुष्य का अंतिम कल्याण होता है, इसीलिए उनकी सूचनाओं के अनुसार आचरण करना चाहिए, तो इस प्रचार पर गहनता से सोचने की जरूरत है। वे लोग श्रद्धा का रूप इस प्रकार बताते हैं :

(अ) कुछ सत्य ऐसे होते हैं, उनका ज्ञान मनुष्य की ज्ञानशक्ति से परे है।

(आ) लेकिन वह मनुष्य के सर्वश्रेष्ठ कल्याण के लिए आवश्यक है।

(इ) वह ज्ञान अधिकारी व्यक्तियों के जरिए लोककल्याण के लिए ईश्वर की कृपा से प्रकट होता है।

(ई) मेरे बाबा, स्वामी या गुरु एक ऐसे ही अधिकारी व्यक्ति हैं।

(उ) इस ज्ञान की सत्यता या असत्यता साबित करना मनुष्य के बस की बात नहीं है।

(ऊ) अधिकारी पुरुषों पर श्रद्धा रखकर ही इस ज्ञान को प्राप्त किया जा सकता है और अपना कल्याण किया जा सकता है।

उपर्युक्त व्यवस्था की ठीक से जाँच करने पर इसमें निहित अंतर्विरोध स्पष्ट होता है :

(अ) सत्य मनुष्य के ज्ञान से परे है, फिर भी उसका ज्ञान मनुष्य को हो सकता है, ऐसा मानना अपनी ही खाल से बाहर छलाँग लगाने जैसा काम है।

(आ) यदि यह ज्ञान व्यक्ति के सर्वश्रेष्ठ कल्याण के लिए आवश्यक है तो इस बात का प्रमाण भी आवश्यक तौर पर मिलना चाहिए। लेकिन यहाँ सिर्फ श्रद्धा से स्वीकारने की दलील दी जाती है जो जाहिर है, अपर्याप्त है।

(इ) ऐसा ज्ञान स्वयं ईश्वर ने बाबा को दिया है। यदि यह बात सच है तो उस व्यक्ति या बाबा को संबंधित क्षेत्र का अधिकारी ज्ञाता नहीं माना जा सकता। यदि उस व्यक्ति को अधिकारी मानें तो ईश्वर या अन्य किसी शक्ति ने उसे ज्ञान दिया है, यह बात तर्कसंगत नहीं रह जाती।

(ई) ऐसा ज्ञान देनेवाली शक्ति यदि असीम है तो वह सर्वत्र होगी। लेकिन कहा जाता है कि केवल बाबा ही सर्वज्ञ हैं। इस स्थिति की पड़ताल के लिए भक्त का सर्वज्ञ होना जरूरी है। और ऐसा हो नहीं सकता इसीलिए यह सर्वज्ञता भी श्रद्धा से ही स्वीकार की जाती है।

(उ) ईश्वर है अथवा नहीं और मानवी शक्ति से परे सत्य है या नहीं, इस बात का ज्ञान न होते हुए भी दावा किया जाता है कि फलाँ व्यक्ति उस ज्ञान का अधिकारी है। ऐसा मानना अनुभव, तर्क और प्रमाण से परे छलाँग लगाने की कोशिश है।

उपर्युक्त सारा विवेचन समझने के बाद भी भक्त वास्तव में अपने-अपने बाबा, गुरु, स्वामी पर श्रद्धा रखकर कुतर्क करते हैं। उनका उत्तर यह होता है कि शक्की मिजाजवाले लोग जैसा प्रमाण माँगते हैं, वैसा हमारे पास नहीं है। लेकिन परमतत्त्व का स्पर्श कहिए, ईश्वर की कृपा कहिए या ज्ञानेंद्रिय से परे सत्य समझिए, यह सब कुछ अधिकारी व्यक्ति के जीवन में ही है क्योंकि उसके संकेत देखे गए हैं। इसलिए उन पर निर्भर होकर उनकी सेवा में स्वयं को समर्पित करना ही ठीक है। इसीलिए श्रद्धा में दृढ़ निश्चय का महत्त्व होता है। ऐसा समर्पण मानवीय समाज में युगों से देखा गया है।

गुरुगीरी के विरुद्ध सक्रिय आंदोलन की दृष्टि से महत्त्वपूर्ण प्रश्न अगले मोड़ पर उठ खड़ा होता है। प्रश्न ऐसा है कि परमतत्त्व का स्पर्श जिस व्यक्ति को हुआ है, उसके पहचान की कौन सी निशानियाँ होती हैं? एक बात तय है कि ये बाबा, स्वामी, गुरु सामान्य जनता से अलग होते हैं। यह अलगाव दो प्रकारों का होता है :

(अ) ऐसे व्यक्ति जो भविष्य बताते हैं, वह सच होता है। विज्ञान के नियमों के बंधन से परे वे चमत्कार भी करते हैं। उनके बोले गए शब्द अपने आप सत्य बन जाते हैं।

(ब) दूसरे प्रकार में ये व्यक्ति चरम सद्‌व्यवहारी, सद्‌गुणी एवं सज्जन होते हैं। उनका जीवन अलग स्तर का होता है। बुद्ध, तुकाराम अथवा गाडगेबाबा ऐसे ही थे। उपर्युक्त दोनों प्रकारों के लक्षणों को संबंधित व्यक्तियों में ढूँढ़ने का आकर्षण बहुसंख्य लोगों में होता है। उस मानसिकता से ही गुरुगीरी अथवा ढकोसले का जन्म होता है और वह कायम रहता है।

विवेकवाद का सार इस तत्त्व में ही है कि 'जिनके साक्ष्य मिलते हैं, उन बातों को ही सत्य मानना चाहिए।' उसमें श्रद्धा का कोई स्थान नहीं है। ऐसी श्रद्धा के बिना मनुष्य उत्तम, सृजनशील, नि:स्वार्थी जीवन जी सकता है, यह साबित हो चुका है। दूसरी ओर ऐसी मान्यता है कि श्रद्धा मनुष्य की वैकासिक अवस्था में उत्पन्न उसके मन की एक धारणा है। उस श्रद्धा का रूप अगर विकृत, स्वार्थी, अविवेकी हो तो उसके विरुद्ध संघर्ष करना चाहिए। मनुष्य का सभ्य अथवा सुसंस्कृत होने का

मतलब अन्य जीवों से और प्रकृति से अपने नैतिक संबंधों के विकल्प के अनुसार ही व्यवहार करना है। यह विकल्प अनेक जीवन प्रकारों को सामने लाता है। उनका सम्मान करना चाहिए। इस अर्थ में मनुष्य की श्रद्धा एक अलग मानसिकता के रूप में प्रस्तुत हो सकती है जिसे मान्य किया जा सकता है। लेकिन व्यक्ति, समूह और प्रकृति के संदर्भ में तथा उनके परस्पर संबंधों का ज्ञान मनुष्य के नैतिक जीवन से संगत होना चाहिए। इस 'एक्स-रे' की जाँच-पड़ताल से ही जाना जा सकता है कि बाबा के प्रति व्यक्त या प्रचारित श्रद्धा का वास्तविक आधार क्या है।

निर्मल और पवित्र जीवन जीना एक उच्च लक्ष्य है। लेकिन उसे साधने के लिए बाबा की शरण में जाना किसी भी दृष्टि से फायदेमंद नहीं है। व्यक्ति को अपने मन की इच्छाएँ, अभिलाषाएँ एवं कामवासनाओं का ईमानदार एहसास होना चाहिए। व्यक्ति की स्वतंत्रता, समता, मूल्य और प्रश्न पूछने की स्वतंत्रता को महत्त्व दिया जाना चाहिए। स्वतंत्रता एवं निर्णय-क्षमता से ही व्यक्ति अपना आत्मसम्मान कायम रखकर जीवन का आनंद लेता है। ऐसी जीवन-पद्धति में स्वैराचार आने पर किसी बाबा या महाराज के आध्यात्मिक दर्शन पर लगाम जरूरी नहीं है। जिस आत्म-साक्षात्कार के लिए आध्यात्मिकता का प्रयत्न किया जाता है, उसके लिए मन की स्वतंत्रता आवश्यक है, किसी की संपूर्ण शरणागति की नहीं।

जिस आध्यात्मिक कल्याण के लिए लोग बाबा के पास जाते हैं, उसकी कोई एक व्यवस्था या स्वरूप नहीं है। इस संबंध में एकात्मकता भी नहीं है। फिर भी 'जहाँ पर विज्ञान खत्म होता है, वहाँ पर अध्यात्म शुरू होता है' जैसे चमकदार मगर कपटपूर्ण वचन सुनाए जाते हैं। आध्यात्मिक सफल जीवन ही जीवन की सार्थकता है, ऐसा ढिंढोरा पीटा जाता है। उसके लिए अपने गुरु, बाबा, स्वामी का आशीर्वाद एवं सत्संग आवश्यक है। प्रत्येक धर्म, पंथ एवं गुरु का अध्यात्म अलग-अलग होता है। बहुत बार वह परस्पर विरोधी भी होता है। इन सारी बातों पर गौर करने से भी अनुभव ऐसा है कि केवल बौद्धिक प्रतिवाद से व्यक्ति के मन में मौजूद कथित अध्यात्म का प्रतिवाद करना कठिन होता है। इसीलिए अध्यात्म का परंपरागत एवं सर्वमान्य अर्थ लगाकर भी उचित प्रतिवाद किया जा सकता है।

अध्यात्म का सर्वमान्य एवं परंपरागत अध्ययन यह बताता है कि विश्व के प्रत्येक सजीव में एक आत्मा होती है। परमात्मा विश्वव्यापक है। व्यक्ति के जीवन में ब्रह्म होता है तथा विश्व में भी परब्रह्म होता है। आत्मा और परमात्मा, ब्रह्म और परब्रह्म जब एक-दूसरे से मिलते हैं, तब ब्रह्मानंद सहोदर की अवस्था होती है; सच्चिदानंद की प्राप्ति होती है; अर्थात् स्वयं का सत्य, शाश्वत तथा अखंड आनंदमयी स्वरूप प्राप्त होता है, उसकी प्रतीति होती है। अब सहज ही प्रश्न उठता है कि 'अब जीवन में और क्या चाहिए ?' लेकिन यह तो केवल शब्दाडम्बर है। प्रत्यक्ष आध्यात्मिक पुरुष को कैसे पहचाना जाए ? बिलकुल सरल निशानी है। ऐसा आध्यात्मिक व्यक्ति

जीवन में सदाचार और संयम को अपनाता है। अपनी खुशी से त्याग को स्वीकार करता है। वह भौतिक सुखों से परे जीवन को पसंद करता है। ऐसे जीवन को वह लाख गुना अच्छा मानता है। लेकिन इन सबका वह दूसरों के सामने प्रचार करता नहीं चलता। वह करुणा-दृष्टि से मानवीय कार्य करता है। जिस प्रकार शारीरिक कसरत बाह्य शरीर को मजबूत रखती है, वैसे ही अध्यात्मवृत्ति भी व्यक्ति के आंतरिक मानसिक विकास का साधन होती है। इसीलिए ऐसे व्यक्ति के जीवन में सादगी, पवित्रता और करुणा का अपने आप प्रवेश हो जाता है। अन्य लोग भी इसे महसूस कर सकते हैं। वस्तुतः जो आचरण में होता है, वह अध्यात्म है, बाकी सब केवल जबानी जमाखर्च! व्यवहार में जो नैतिकता को जाग्रत् रखता है, वह सच्चा नाम-स्मरण होता है। इन निकष पर सच्ची आध्यात्मिकता का पता चलता है। अध्यात्म के सच्चे और झूठे रूपों को स्पष्ट करनेवाले उदाहरण इसी भूमि में मौजूद हैं। निर्मला माता देवी कुंडलिनी जाग्रत् कर अध्यात्म की आराधना करती हैं, लेकिन देश-विदेशों में उनके संगमरमर के भव्य महल खड़े किए गए हैं। नरेंद्र महाराज 'जियो और जीने दो' का आध्यात्मिक उपदेश देते हैं, और अपने व्याख्यानों में बेधड़क इल्जाम लगाते हैं कि 'अंनिस की समिति ईसाई मिशनरियों से पैसे लेकर धर्मांतरण का काम करती है'। एन.डी. पाटिल और नरेंद्र दाभोलकर के हाथ-पैर तोड़ देने की धमकी सरेआम देते हैं और इस संदर्भ में सवाल पूछने पर 'मैंने ऐसा कब कहा?' कहकर पलायन करने लगते हैं। हवाई-जहाज की यात्रा के नियमानुसार उन्हें धर्मदंड नीचे रखने के लिए कहा गया तो उन्होंने अपने अनुयायियों के द्वारा एयरपोर्ट का नुकसान करवाया, जो राष्ट्रीय संपत्ति होती है। सत्य साईं बाबा के नाम में ही सत्य है लेकिन उसके आधार पर अपनी दैवी शक्ति की जाँच-पड़ताल के लिए वे कभी तैयार नहीं हुए। उनके ही भक्तों ने जब उन पर हमला किया तब बाथरूम में जाकर छिप गए। हमलावर जब उस कमरे में पहुँचे तब उन सभी पर गोलियाँ चलाकर उन्हें मरवाया गया। इस संदर्भ में कोई बोलना नहीं चाहता। दीर्घकाल तक उनके पास रहनेवाले विदेशी भक्तों ने उन पर समलिंगी संबंधों के गंभीर आरोप लगाए। इस पर भी चुप्पी साधी गई। ऐसे अनेक उदाहरण हैं। भक्तों की तरफ से प्राप्त चंदारूपी धन को भंडार के रूप में उनके अपने ही घरों में बंद रखा जाता है; अथवा नजदीकी अनुयायी के द्वारा बिलकुल गुप्त तरीके से व्यवहार में लाया जाता हैं। आलीशान गाड़ियाँ, करोड़ों की जायदाद, खुद का एयरपोर्ट जैसे अमीर शौक पालनेवाले रंगीले बाबा संयम, शी़ल, सदाचार, अपरिग्रह जैसी सच्ची आध्यात्मिकता की कसौटी पर तुरंत बेनकाब हो जाते हैं।

दूसरी तरफ महाराष्ट्र में गाडगेबाबा का उदाहरण है। उन्होंने करोड़ों रुपए जमा किए, समाजसुधार के लिए खर्च भी किए। उन्हें 'काला अक्षर भैंस बराबर' था, फिर भी वे एक-एक पैसे का हिसाब तरतीब से रखते थे। पूरे जीवन में उनकी कमाई

केवल एक छड़ी, पहनने के लिए फटे-पुराने कपड़े और सिर पर एक खपरैल का टुकड़ा—इतना ही था। जब उन्हें पता चला कि उनके द्वारा चंदा जुटाकर बनाई गई धर्मशाला में उनकी पत्नी और बेटी रहती हैं, तो उन्होंने दोनों को वहाँ से हटवा दिया। हर रोज वे गाँव में झाड़ू लगाते थे। अनेक गाँव उन्होंने साफ किए। अपने कीर्तन से उन्होंने जनजागृति का कार्य किया। अंधविश्वासी, आडंबरों पर प्रहार किया।

दूसरा उदाहरण विनोबा भावे का है। उन्होंने बारह वर्षों तक पूरे देश की दो बार पदयात्रा की। लोगों से आह्वान कर उनसे 42 लाख एकड़ जमीन उन्होंने दान में ले ली। यात्रा केवल धोती और अँगोछा पहनकर की। अनेक भाषाएँ सीख लीं। उन्हें दर्जन से अधिक भारतीय भाषाओं का ज्ञान प्राप्त था। आजीवन ब्रह्मचर्य का पालन किया और उनकी अपनी फूटी कौड़ी भी नहीं थी। ऐसे तेजोमय उदाहरण देखने पर सच्ची आध्यात्मिकता के सामने नकली आध्यात्मिकता का घटियापन 'दूध का दूध और पानी का पानी' की तरह स्पष्ट हो जाता है।

बुवाबाजी के विरुद्ध संघर्ष क्यों ?

ढकोसलों को जीवन में स्थान देने का मतलब अंधविश्वास के खतरे को मोल लेना है। जहाँ पर प्रत्यक्ष शोषण होता है, वहाँ पर लोग इस बात को मानते हैं। आज भी गाँवों के लोग काला जादू, भानमती के विषय को लेकर एक-दूसरे से लड़ते-झगड़ते हैं। खूनखराबा होता है। हजारों रुपयों की क्षति भी होती है। इसे रोकना जरूरी हो गया है। देश में स्वास्थ्य संबंधी सुविधाओं की बहुत कमी है। इसके विरुद्ध आवाज उठाने की बजाय लोग दैवी इलाजों के जरिए अपना शारीरिक और मानसिक नुकसान तो कर ही लेते हैं, साथ ही समाज में एक गलत संदेश भी पहुँचाते हैं। मानसिक बीमारियों के कारण तो और भी गंभीर हालात पैदा होते हैं। 'मन बीमार होता है' की बात देश के लोग हजम नहीं कर पाते और व्यक्ति के 'विचित्र व्यवहार' को 'बाहर की पीड़ा' समझा जाता है। स्वाभाविक रूप से इस पीड़ा का इलाज बाबा, बुवा और गुरु के पास ही किया जाता है। अमूल्य समय, बुद्धि, पैसा एवं स्वास्थ्य तक की बरबादी हो जाती है। मरीज ठीक होने की बजाय और बीमार हो जाता है। जीवन की निरर्थकता की भावना से पीड़ित महिलाएँ बाबा के भुलावे में आ जाती हैं। परिणामस्वरूप उनके चरित्र पर आँच आ जाती है। ढकोसले के कारण पहले ही अंधविश्वासी बना मन और भी बौरा जाता है। प्रारब्ध, नियति, दैवी दंड जैसी कल्पनाओं का प्रभाव सामाजिक जीवन पर गहराई से पड़ता है। 'गुनाहों का देवता' बने बाबा की व्यवस्था में संचित धन, सत्ता, जनसंचार माध्यम एवं गुंडों का आतंक स्वस्थ सामाजिक जीवन को हानि पहुँचाता है। राजनीतिक एवं सामाजिक प्रतिनिधि जब बाबा को साष्टांग नमस्कार करते हैं तब जनतंत्र ही

धोखे में आ जाता है। यह यथार्थ है और इससे जो मानसिक गुलामी फैलती है, वह अधिक गंभीर समस्या बनती है।

प्रत्येक बाबा, गुरु, स्वामी अपने अनुयायी को आश्वस्त करते हैं कि 'तुम्हारी भलाई किस बात में है, यह तुम नहीं, मैं जानता हूँ। बिना आशंका के मेरी शरण में आ जाओ। मुझ पर श्रद्धा रखो, सब कुछ ठीक हो जाएगा।' ऐसा आश्वासन हर व्यक्ति को अपने बचपन में माता-पिता से मिलता है क्योंकि सभी स्तरों पर वह उन पर ही निर्भर होता है। जैसे वह बड़ा होने लगता है, वैसे आत्मनिर्भर बनने लगता है। प्रगल्भ होने पर भी अगर वह जीवन के फैसले दूसरों के विचारों से लेने लगे तो फिर यही मानना पड़ेगा कि उसकी अब तक की परवरिश में कुछ कमी रह गई है। इस तर्क के आधार पर कह सकते हैं कि जो गुरु अपने शिष्य को दृष्टि देता है, उसे अपने पैरों पर खड़ा करता है, जीवन में संकटों का सामना करने की हिम्मत देता है, वह सच्चा नि:स्वार्थी गुरु होता है। लेकिन जो गुरु भक्त के जीवन की सार्वकालिक जिम्मेदारियाँ लेने का दावा करता है, वह भक्तों को कमजोर बना देता है। उसे मानसिक पंगु बना देता है। इसका एक कारण गुरु-महिमा का अतिशयोक्तिपूर्ण वर्णन भी है। 'गुरु शिष्य की आशंकाओं को मूल से ही नष्ट कर देता है। उसके भय को दूर भगा देता है। उसे जीवन-मृत्यु के चक्र से मुक्त करता है। ऐसे गुरु के दर्शनमात्र से ही वासना एवं विकार छूट जाते हैं और अक्षय आनंद मिलता है।' लेकिन यह सब गुरु करता कैसे है? इस प्रश्न के उत्तर में तीन मार्ग बताए जाते हैं : (1) ध्यान, प्राणायाम, मंत्र जैसे आध्यात्मिक मार्ग, (2) बौद्धिक स्तर पर सत्संग, (3) गुरु की इच्छाशक्ति एवं उसके आस-पास का वलय, गुरु से निर्मित होनेवाले दैवी स्पंदन आदि। इसमें सच क्या है? व्यक्ति हर रोज, हर पल आर्थिक, सामाजिक, शारीरिक शोषण का सामना करता है। वहाँ पर योग, ध्यान और मंत्र कुछ काम नहीं आते। शायद उनसे मन को कुछ क्षणों तक शांति मिले लेकिन दुख का निवारण नहीं होता। कथित गुरु, स्वामी एवं बाबा के सत्संग के विचार असंगत एवं अशास्त्रीय होते हैं। उनके आस-पास कोई दैवी वलय, कोई स्पंदन नहीं होता जो लोगों की बीमारियाँ ठीक कर सके। स्पष्टत: ऐसे निरर्थक विचारों को फैलाना साधुत्व का ढोंग है।

बुवा और बाबा के संदर्भ में अध्ययन करने पर कौन सा चित्र सामने आता है? इस देश में संत-महात्माओं ने धर्म के माध्यम से मानवता एवं करुणा का मार्ग बताया और कृति भी की। बुवा, बाबा, गुरु, संत साहित्य का उपयोग अपनी सुविधा के लिए करते हैं। मुँह से संतों की वाणी का खुश्क उच्चारण करनेवाले ये लोग बड़े मतलबी और आत्मकेंद्रित होते हैं। उनका रहन-सहन मानो व्यक्ति की महिमा बढ़ानेवाला तंत्र ही होता है। बाबा के भक्त विशिष्ट रंगों के वस्त्र पहनते हैं। गले में मालाएँ पहनते हैं। सीने पर गुरु की छविवाला बिल्ला लटकाकर घूमते हैं। जेब में लटकी कलम पर भी

बाबा का फोटो होता है। गुरु इन लोगों को जो छोटा-मोटा मंत्र देते हैं, उन्हें वह जीवन का उद्धार करनेवाले सांकेतिक वचन लगता है। यह माहौल लोगों में एकता का निर्माण करता है। उसमें संतोष एवं सामर्थ्य होता है। धीरे-धीरे भक्त इस माहौल के आदी हो जाते हैं। एकाध इस माहौल से थोड़ा बाहर जाने की कोशिश करता है तो उसे चौखट से बाहर न झाँकने की हिदायत दी जाती है। यह सब कुछ एक खुफिया माहौल तैयार करता है। बाबा या साधु आश्रम में रहते हैं। आश्रम चाहे नरेंद्र महाराज का हो या स्वयं को भगवान माननेवाले ओशो का, प्रक्रिया समान ही होती है। इस प्रक्रिया में अटके लोगों को एकमात्र भक्ति ही जीवन का अंतिम कर्तव्य लगती है। गुरु का विरोध करना महापाप समझा जाता है। विरोधी दुर्जन लगते हैं और उनका सर्वनाश पुण्य का काम माना जाता है। गुरु के अनुग्रह से जीवन का कल्याण होगा और संसाररूपी भवसागर को पार किया जा सकेगा, ऐसे संदेश भक्तों के मन पर कुरेदे जाते हैं। तब भक्त एक कट्टर सैनिक बन जाता है। गुरुगीरी के ढकोसले मानो अभेद्य चक्रव्यूह बन जाते हैं। इसे मजबूत बनाने के लिए निरंतर ब्रेन वाशिंग एवं कंडिशनिंग जारी रहती है। भक्त सम्मोहित होते हैं। ऐसी अवस्था में उनकी चौकन्नी वृत्ति शिथिल हो जाती है। गुरु, बाबा पर तीव्र भक्ति और प्रीति के कारण सम्मोहन की अवस्था में भक्त शीघ्र ही पहुँचते हैं। संवेदनाओं के भ्रम तैयार होते हैं। आस-पास कुछ न होते हुए भी चंदन की खुशबू आने लगती है। देवताओं के मधुर स्वर कानों में गूँजने लगते हैं। भाग्यवान भक्तों को अपने महाराज के रूप में देवता के दर्शन होते हैं। दैवी साक्षात्कार का गवाह बनने का पुण्यलाभ होता है। बाबा के शब्द मानो मोक्ष का मार्ग खोल देते हैं। मंत्रमुग्ध कर देनेवाले वातावरण में तल्लीन हुए भक्तों से एक ही संदेश मिलता है, 'हमारे जीवन की पूरी जिम्मेदारी बाबा ने ली है, यह भाग्य खुल जाने का संकेत है। जीवन की सारी चिंताएँ मिट गई हैं। सुख, शांति, संतोष, संपन्नता के महाद्वार खुलनेवाले हैं। बाबा के आशीर्वाद से हमें एक ही समय में भौतिक, भावनात्मक, आध्यात्मिक, पारलौकिक अधिकार प्राप्त हो गए हैं।'

यह मानसिकता एक गूढ़ वातावरण तैयार करती है जिसमें मनुष्य प्रश्नों को सुलझाने के लिए जरूरी विवेक खो देता है। वह अपनी और समाज की बुद्धि, श्रम और समय को मुफ्त गँवा देता है।

अंनिस चमत्कारों का विरोध करती है। क्योंकि वे उपर्युक्त मानसिकता के निर्माण में कलियुग का नारद बनते हैं, ऐसे भक्तों को विवेकानंद का उदाहरण देना चाहिए। अमेरिकन अखबारों ने विवेकानंद से चमत्कार दिखाने की विनती की। उसका इनकार करते हुए विवेकानंद दहाड़े, 'मैं कोई चमत्कार दिखानेवाला जादूगर नहीं। पंचेंद्रियों को अजब लगनेवाली घटनाएँ घटती रहती हैं जो प्रकृति के नियमानुसार होती हैं। मंत्रमुग्ध मन की समझ में ये खेल नहीं आते। लेकिन सुशील लोग ऐसे झमेलों में नहीं पड़ते।'

ढकोसले और चमत्कारों का शिकार बना मन मानसिक गुलामी को जन्म देता है। भारतीय समाज की रचना अथवा व्यवस्था मूलत: दैववाद की बुनियाद पर खड़ी है। कोई भी छोटा–बड़ा संकट उनके लिए भाग्य का फेर होता है। लोग मानते हैं कि दैवी शक्ति को प्राप्त किए बाबा हमें संकटों से मुक्ति दिलाएँगे। समस्याओं का मुकाबला करने की बजाय चमत्कार के अंधविश्वासी लोग ढकोसले की ओर मुड़ते हैं। हमारा समाज ईश्वर, अनिष्ट रूढ़ियाँ, कर्मकांड जैसे अंधविश्वास के चक्रव्यूह में फँसा हुआ है। इसीलिए वह संवेदनाशून्य एवं डरपोक बन गया है। आत्मविश्वास के साथ, प्रयत्नों के साथ एकाध समस्या का सामना करना अथवा साहस से किसी कर्तव्य को पूरा करना इन लोगों के बस में नहीं होता। कठिन यथार्थ से डरकर लोग अपनी बुद्धि और स्वाभिमान को ओझा–गुनी या बाबा के पास गिरवी रख देते हैं। बाबा का प्रभावी हथियार चमत्कार ही होता है। इसीलिए समाज को स्वाभिमानी, प्रयत्नवादी एवं निडर बनाने के लिए उनके चमत्कारों का विरोध करना जरूरी है।

धर्म और परंपरा की मान्यता है कि यह चमत्कार सिद्धि के कारण संभव होते हैं। ऐसी सिद्धि बाबा को उनकी शक्ति से प्राप्त होती है, लेकिन हमारी धर्म–परंपरा यह भी कहती है कि इन सिद्धियों के मोहजाल में नहीं फँसना चाहिए, उनकी उपासना नहीं करनी चाहिए, क्योंकि यह बहुत क्षुद्र होती है। संत–महात्माओं ने भी बहुत बार सचेत किया है कि सिद्धि–चमत्कार के मायाजाल में जो फँस जाएगा, उसकी अवनति होगी। जिनके मन में सच्चा धर्मभाव है, वे हमेशा से ही चमत्कार के विरोधी रहे हैं। संत साहित्य ने हमेशा ही ऐसे लोगों को दुत्कारा है। जो चमत्कारों के जरिए शिष्यों की भीड़ जमा करते हैं, ऐसे चमत्कार करनेवाले गुरु से दूर रहने के लिए कहा गया है। पल भर के लिए मान लेते हैं कि हाथ से सोने की अँगूठी अथवा चेन निकालनेवाले सत्य साईं बाबा के पास अद्‌भुत शक्ति थी तो यह प्रश्न हम पूछ सकते हैं कि आर्थिक समस्याओं से घिरे अपने देश के लिए उन्होंने क्या किया? एकाध वर्ष बारिश न होने के कारण अकाल पड़ जाता है। कभी अधिक बारिश होने से बाढ़ आती है, ऐसे समय बाबा अपना चमत्कार क्यों नहीं दिखाते? अकाल पड़ने पर बारिश लाना और बाढ़ आने पर उसे रोक देने का चमत्कार क्यों नहीं किया जाता है? अपनी इस दैवी शक्ति का उपयोग वे कभी भी लोककल्याण अथवा समाजहित के लिए नहीं करते; अर्थात् ऐसी कोई क्षमता इन बाबाओं में नहीं होती है। ऐसे लोगों से दूर रहना ही अक्लमंदी है क्योंकि धर्म के आचरण से इनका कोई संबंध नहीं।

चमत्कारों को माननेवाले लोग धर्म की ओर क्यों जाते हैं? वे वासना और स्वार्थ का त्याग करने के लिए नहीं जाते। उदात्त और पवित्र होने के लिए भी वे नहीं जाते; बल्कि उन्हें किसी लाभ की आवश्यकता होती है। किसी को नौकरी की इच्छा होती है, किसी को नौकरी में पदोन्नति की इच्छा होती है। कोई काले धंधे से निर्दोष छूटना चाहता है। अपने दुष्कृत्यों की टीस लोगों के मन में हमेशा बनी रहती है। पाप के

कारण होनेवाले लाभ का त्याग नहीं किया जाता, लेकिन विवेकबुद्धि की टीस से मुक्त होने के लिए लोगों को बाबा और बुवा के पास जाना आसान और सुरक्षित लगता है। अपनी दैवी शक्ति का करिश्मा दिखानेवाले बाबा तथा उच्च आध्यात्मिक उद्घोषणा करनेवाले बाबा लोगों के अधिक समीप होते हैं। यह मानना गलत है कि धार्मिक प्रवृत्ति के लोग ढकोसले के पीछे चलते हैं। इसके विरुद्ध नैतिकता की दृष्टि से अधार्मिक भक्त अपनी भ्रष्टता को सुरक्षित रखने के लिए बाबा या साधुओं के पीछे पड़ते हैं। इस प्रकार भ्रष्ट मानसिकता का ढकोसले के माध्यम से पोषण होता है।

भारतीय संविधान में यह स्पष्ट किया गया है कि 'प्रत्येक भारतीय नागरिक का यह कर्तव्य है कि वह वैज्ञानिक दृष्टिकोण, शोधक बुद्धि, सुधारवाद एवं मानवतावाद का प्रसार करे।' वैज्ञानिक दृष्टिकोण का अर्थ यह विश्वास होता है कि समूचा विश्व कार्य-कारण भाव से बद्ध है। शोधक बुद्धि का अर्थ सजग दृष्टि से यथार्थ की ओर देखना है, अथवा उसके लिए प्रयत्न करना है। सुधारवाद का अर्थ है, जो परंपरा से हो रहा है, उसका आधुनिक दृष्टि से जायजा लेकर उसमें निहित वैयक्तिक और सामाजिक हित जैसी बातों का चयन करना। मानवतावाद का अर्थ बंधुत्व की वैश्विक भावना है। भारतीय संविधान का बताया हुआ यह कर्तव्य और ढकोसले के कारण पनपी मानसिकता एक-दूसरे से असंगत है। इसका अर्थ यह है कि ढकोसले की शरण में जानेवाला मन अपने संवैधानिक कर्तव्य को टालता है।

बाबा और बुवा के ढकोसलों के साधन बने चमत्कारों का विरोध करने पर उनके समर्थकों को संत-महात्माओं के किए चमत्कार याद आते हैं। सैकड़ों वर्ष पूर्व जो बातें हुईं, उनका कोई प्रमाण आज उपलब्ध नहीं है, इसीलिए उनकी शास्त्रीय जाँच-पड़ताल भी असंभव है। ऐसे चमत्कारों के संदर्भ में उन्हें 'सत्य' समझकर महत्त्व देना असंगत है। ऐसा समझनेवालों को निम्नलिखित विचारों पर गौर करना चाहिए।

आधुनिक काल के संत तुकडोजी महाराज ने चमत्कारों के दुष्परिणामों को बताने की कोशिश इन शब्दों में की है :

चमत्कारों के पीछे पड़कर, अनेक हो गए हैं बरबाद, हे सज्जनो,
अब न करो किसी चमत्कार का वर्णन। गाँव में आकर,
भोले-भाले लोगों के पीछे पड़कर, ये ढोंगी इन्हें लूटते हैं।
लोग प्रयत्नों का मार्ग छोड़ते हैं। थोड़े में लाभ चाहते हैं।
चमत्कारियों के भुलावे में आकर अनेक हो गए हैं बरबाद!

चमत्कारों पर विश्वास करना और उसे प्रेरित करनेवाले बाबा एवं बुवा को सराहने में नुकसान यही है कि लोग प्रयत्न और पुरुषार्थ से विश्वास खो बैठते हैं। वे दूसरों की हालत भी ऐसी ही बनाते हैं। चमत्कारों के संदर्भ में यह पलायनवादी भूमिका बिलकुल स्पष्ट नजर आती है। चमत्कारों से व्यक्तिगत और सामाजिक

जीवन में केवल नुकसान ही होता है। ऐसी परिस्थिति में चमत्कारों को साबित करने की जिम्मेदारी, उसके दावेदार बुवा-बाबा पर ही सौंपनी चाहिए। तब भारतीय संविधान द्वारा बताया हुआ वैज्ञानिक दृष्टिकोण बिलकुल आसानी से सामान्य जनता समझ पाएगी। तभी यह समझ में आएगा कि कार्य-कारण भाव को छोड़कर कोई चमत्कार नहीं होता। चमत्कारों के जरिए साधुत्व का ढोंग करनेवाले, गुरुगीरी रचानेवालों को भी झटका लगेगा। लोगों की वर्तमान ढकोसलों को माननेवाली प्रवृत्ति चिंताजनक है। विडंबना यह है कि आडंबर एवं ढकोसलों को चुनौती देनेवाली महाराष्ट्र अंधश्रद्धा निर्मूलन समिति को ही अपराधियों के कठघरे में खड़ा किया जाता है। ऐसे में फिर अंधविश्वास उखाड़ने के लिए कानून बनाने की बात लोगों को नहीं जँचती।

मनुष्य का सबसे करारा शस्त्र उसकी बुद्धि है। मानवीय संस्कृति का विकास उसकी प्रज्ञा के विकास से संबद्ध रहा है। 'बुद्धि से जाँच लूँगा और साबित होने पर ही मान लूँगा'—यह शास्त्रीय दृष्टिकोण की प्रतिज्ञा होती है। उस प्रतिज्ञा को भुलाकर ही चमत्कारों पर विश्वास किया जा सकता है। चमत्कारों को स्वीकार करना मानसिक गुलामी की शुरुआत होती है। ढकोसले के कारण यह गुलामी और भी मजबूत होती है। एक उदाहरण के जरिए यह स्पष्ट हो जाएगा कि ढकोसलों को माननेवाले लोगों के विचार कितने मजेदार हैं :

तरडगाँव, जि. सतारा (महाराष्ट्र) में रहनेवाला विलासबाबा पानी से आग जलाकर यज्ञ करता था। सिक्कों से विभूति पैदा करता था। उसके इस चमत्कार को सरेआम घोषित करने के लिए हमने उसके विरोध में उसके ही गाँव में सभा का आयोजन किया। भारी भीड़ जमा हो गई। हमने चमत्कारों के प्रयोग शुरू किए। पानी से आग जलाई, सिक्कों से विभूति निकाली। अन्य चमत्कारों की ओर मुड़ने से पहले ही विलासबाबा के पचासों भक्त मंच पर दौड़ते आ गए और चिल्लाए, 'आप जो कर रहे हैं, वे मामूली प्रयोग हैं। रासायनिक पदार्थों का थोड़ा-सा ज्ञान रखनेवाले स्कूल के बच्चे भी ये प्रयोग कर सकते हैं। विलासबाबा की बात अलग है, उनके चमत्कार दैवी शक्ति के कारण होते हैं।'

ऐसा स्पष्टीकरण आगे की बात को अपने आप स्पष्ट करता है।

सत्य साईं बाबा एवं अन्य ऐसे बाबाओं-महाराजों की अपेक्षा जादूगर सौ गुना प्रभावी चमत्कार दिखाते हैं, लेकिन इस वजह से कोई उन्हें महाराज समझकर उनके पैर नहीं छूता। जीवन के प्रश्नों का उत्तर उनसे कोई नहीं पूछता। जादूगर मनोरंजन करनेवाला कलाकार होता है। उसके चमत्कार ही उसकी कला का आविष्कार होते हैं। लेकिन चमत्कार करनेवाले बाबा एवं बुवा की बात ही अलग होती है। खाली हैट से जिंदा खरगोश निकालनेवाले जादूगर के पापी पेट का सवाल होता है। लेकिन अपने ही खाली हाथ से थोड़ी विभूति निकालनेवाला बाबा परम पूजनीय होता है।

बाबा के दिए हुए चुटकी भर भस्म से जीवन की मनोकामनाएँ पूरी हो जाएँगी, ऐसा भ्रम भक्त अपने मन में पालते हैं। कोर्ट में मुकदमे का सामना करते समय अपराधी के कठघरे में खड़ा भक्त बाबा की विभूति लेकर खड़ा रहता है। इधर-उधर देखकर चुपचाप पलक झपकते उस विभूति को फूँक देता है। उसका मन कहता है कि विभूति के दो कणों के फरियादी के गवाह तक पहुँचने से उसकी गवाही अपने पक्ष में आ जाएगी। दो कण वकील तक पहुँच जाएँ तो उसका विरोध अथवा प्रतिवाद प्रभावी नहीं रहेगा और बाबा के पावन स्पर्श से प्राप्त उस विभूति का एक कण भी जज तक पहुँचेगा तब तो वह केस ही जीत जाएगा। लेकिन इन सभी खयालों का प्रमाण क्या है ? एकाध व्यक्ति अच्छा भाषण देता है, इसका मतलब यह नहीं कि वह अच्छा गाना गाता है अथवा नृत्य करता है। ऐसा कहना जितना निरर्थक है, उतनी ही अर्थशून्यता भस्म को दैवी शक्ति का प्रतीक मानने में है। लेकिन इन प्रश्नों को पूछना मना है क्योंकि ढकोसलों के प्रभाव से बनी मानसिक गुलामी मनुष्य की बुद्धि को पंगु, कमजोर और अंधा बना देती है। इसकी गिरफ्त में आए मनुष्य का व्यक्तित्व टूट जाता है। वह बुवा, बाबा, स्वामी और गुरु की अलौकिक शक्ति के हाथ में अपने आपको सौंप देता है। मनुष्य जीवन के लिए सबसे महत्त्वपूर्ण बुद्धि-वैभव, निर्णय-क्षमता, विवेकी विचारों की क्षमता ढकोसले के पास गिरवी पड़ जाते हैं। व्यक्ति पराश्रित बन जाता है। आखिरकार परिवर्तन की लड़ाई बहुत कठिन बन जाती है। कोई भी बाबा अथवा बुवा समाज-व्यवस्था में सकारात्मक परिवर्तन की बात नहीं करता। स्वयं की शरण में भक्त आ जाए, ऐसा आदेश देता है। वह भक्तों के कल्याण का मार्ग बताता है। भक्तों के लिए बाबा का शब्द ब्रह्मवाक्य और नैतिक होता है। विरोध में बोलनेवालों के लिए धमकी से लेकर मारपीट तक के मार्ग अपनाए जाते हैं। अपने आश्रितों को उनके कल्याण का आश्वासन दिया जाता है। उनके लिए सिर्फ एक शर्त रखी जाती है कि वे अपनी बुद्धि का इस्तेमाल न करें। इस प्रकार ढकोसले के सभी पंथ, उपपंथ फासीवाद के लिए अनुकूल आधार निर्मित करते हैं।

ढकोसले के विरुद्ध संघर्ष महाराष्ट्र में कोई नई बात नहीं है। सन् 1935 में महाराष्ट्र में किर्लोस्कर मासिक बहुत चर्चित हो गया था। उसके जरिए ढकोसले के विरुद्ध 'ढकोसले का सर्वनाश' संघ स्थापित किया गया। उस संघ के सदस्यों को दिए जानेवाले प्रवेश पत्रक का नमूना ऐसा था—'मेरे समाज में बुवा एवं महाराज के पीछे दीवाने स्त्री-पुरुषों की संख्या बहुत है। ये बुवा जल्द ही बुवाशाही को पैदा करते हैं जो मनुष्य को निष्क्रिय बनाता है। लोग बुवा की कृपा से सब कुछ प्राप्त करने की होड़ में शामिल होते हैं, जबकि बुवाशाही समाज एवं राष्ट्र की उन्नति में बाधा बन जाती है। वह पूरी तरह से नष्ट हो जाए, ऐसा मेरा मानना है, इसीलिए मैं इस संघ का सदस्य बनने जा रहा हूँ।'

मनुष्य और पशु में आहार, निद्रा, भय और मैथुन की प्रेरणाएँ समान हैं। मनुष्य के पास पशु से अधिक बुद्धि नामक प्राकृतिक देन है, जिसे हम विवेक कहते हैं। यह मनुष्य को भले-बुरे का ज्ञान देता है। लेकिन ढकोसले में अटका व्यक्ति स्वयं ही अपनी बुद्धि की हत्या करता है, उसमें और पशु में कोई अंतर नहीं रह जाता। 'मुद्राराक्षस' नाटक में आर्य चाणक्य ने कहा है, कि 'मेरे सगे-संबंधी चले गए, लोभी बनकर आए लोग चले गए, सैनिक गए, धन गया, कोई परवाह नहीं, लेकिन मेरी बुद्धि मुझे धोखा न दे।' हमारे देश में धर्म और समाज के क्षेत्र में बौद्धिक गुलामी अधिक थी और आज भी उतनी ही है। परंपरा से चली आ रही चीज ठीक है, उसके संदर्भ में तथा अन्य बातों के संदर्भ में आशंका न हो फिर सुधार की बात क्या खाक की जा सकती है ? कोई भी परिवर्तन ईश्वर के अवतार से ही होगा, ऐसी अवतारवाद की भावना समाज में दृढ़ है। इसीलिए अपनी करनी से ही कुछ प्राप्त करने की बजाय स्वतंत्र प्रज्ञा को त्यागकर किसी विभूति की शरण में जाने का ऐब समाज में व्याप्त है। ऐसी विभूतियाँ बुवा, स्वामी, गुरु के रूप में मौजूद हैं। लोग भी अपने परिवार एवं राष्ट्र को उपेक्षित रखकर अपना तन-मन बाबा के पास गिरवी रखते हैं। बाबा-बुवा और उनकी बिरादरी में बुद्धि-हत्या की ऐसी फैक्टरियाँ खुली हुई हैं। उससे समाज कैसे बचेगा, यह एक सामाजिक प्रश्न है। बहुसंख्य बाबा बताते हैं कि जग मिथ्या है, माया है, क्षणिक है, तो फिर समाज के प्रति जिज्ञासा रखकर क्या होगा ? ऐसे में अपने आप निरर्थकता की मानसिकता बढ़ती है; साहस और उत्साह शेष नहीं रहता; दैववाद और अंधविश्वास का बोलबाला रहता है। अन्याय के प्रति चिढ़, प्रतिकार करने की तीव्र इच्छा, परिवर्तन की पुरुषार्थी वृत्ति ढकोसले की बुनियाद को खोखला कर सकती है लेकिन समाज ढकोसले में ही तल्लीन है।

साधुत्व के ढोंग से दूर रहने के लिए ऐसा संकल्प करना चाहिए कि मैं अपने आत्मविश्वास को खोने नहीं दूँगा। मेरे प्रश्नों को सुलझाने का मार्ग वैज्ञानिक दृष्टिकोण एवं विवेकवाद ही दे सकता है। सर्वसामान्य नीति-संकेतों का पालन करने से आचरण निर्विवाद बनता है। अपनी ही मर्यादा में रहकर, इनसानियत के आधार पर, धीरज के साथ जीने में ही मनुष्य की प्रतिष्ठा है। स्वयं साधुत्व के ढकोसले से दूर रहने में ही जीवन की सार्थकता है। जो गुरु अथवा बाबा भक्तों के सभी प्रश्नों के उत्तर देने की आजीवन जिम्मेदारी लेता है, वह उसे अज्ञान एवं अंधकार की खोह में धकेल देता है। सच्चा गुरु भक्त को आत्मनिर्भर बनाता है, संघर्ष में लड़ने की हिम्मत देता है। उसे सजग एवं मजबूत बनाता है। अपनी विवेक-बुद्धि के रूप में ऐसा गुरु प्रत्येक मनुष्य के पास होता है, जो ढकोसले से और गुरुगीरी के आडंबर से हमें मुक्ति दिलाता है।

अंधश्रद्धा निर्मूलन समिति और हिंदू धर्म विरोध

'अंधश्रद्धा निर्मूलन समिति' के कार्यकर्ताओं को हताश करने तथा उनके बारे में जान–बूझकर दुष्प्रचार करने के लिए यह प्रश्न पूछा जाता है कि वह हिंदू धर्म का विरोध क्यों करती है। केवल महाराष्ट्र में ही नहीं बल्कि पूरे देश में अंधविश्वासों के खिलाफ सक्रिय विवेकवादी आंदोलन के संदर्भ में ऐसा ही प्रश्न पूछा जाता है। इसका मतलब है, समिति के कार्य में प्रत्यक्ष अथवा अप्रत्यक्ष रूप से धर्म की चिकित्सा होती है। जिन लोगों को धर्म के आधार पर अपना काम पूरा करना है, उन लोगों को तथा 'सच्चे धर्म को मान लेना चाहिए' का आग्रह करनेवालों को अंधश्रद्धा निर्मूलन समिति के लोकमानस को चौकन्ना कर देनेवाले कार्य से डर सताने लगता है। उन्हें लगता है कि ऐसा सजग लोकमानस भविष्य में धर्म के संदर्भ में भी चौकन्ना रहेगा। इसीलिए समिति के कार्य के बारे में जान–बूझकर दुष्प्रचार करने के लिए ऐसा प्रचार किया जाता है कि 'समिति केवल हिंदू धर्म की विरोधी है'। इस संदर्भ में सच्चाई यह है :

1. अंधविश्वास श्रद्धा के क्षेत्र का काला बाजार है। काले धंधे करनेवाले लोगों को धर्म देखने की जरूरत नहीं होती। समिति उसे कभी देखती भी नहीं है। अंधविश्वास को बढ़ानेवाले और शोषण करनेवाले ढकोसलों एवं कर्मकांडों का विरोध समिति समय–समय पर करती आई है। समिति ने मुस्लिम धर्म के ढकोसलों के विरोध में जो संघर्ष किया, उसके ब्योरे समिति की विगत बीस वर्षों की पत्रिकाओं में दर्ज हैं। प्रार्थना के कारण अंधे लोग देख सकते हैं, गूँगे बोल सकते हैं और पंगु चल सकते हैं, ऐसा दावा ईसाई धर्मोपदेशकों ने किया था, जिसका समिति ने विरोध किया है। जैन धर्म के खर्चीले और निरर्थक कर्मकांड, स्वयं को बौद्धधर्मीय कहते हुए गाँव के मंदिरों पर सिर टकराने की फलटण (महाराष्ट्र) की रूढ़ि के विरुद्ध समिति ने संघर्ष किया है। इन बातों की कोई भी जाँच कर सकता है।
2. समिति अंधविश्वास के जितने मामलों की पड़ताल या विरोध करती है, उनमें बहुसंख्य मामले हिंदू के होते हैं। यह वस्तुस्थिति है। इसका

कारण यह है कि भारत में 82 प्रतिशत लोग हिंदू धर्म को माननेवाले हैं। दूसरे शब्दों में, समिति की ओर से जाँच-पड़ताल के लिए लिये गए मामलों में से 82 प्रतिशत मामले हिंदुओं के ही हैं। इसीलिए वे ज्यादा नजर आते हैं।

3. समाज में आज भी एक धर्म में मौजूद अंधविश्वास के बारे में दूसरे धर्म के लोग कोई टिप्पणी नहीं करते। एक जाति के अंधविश्वास के बारे में दूसरी जाति के लोग कुछ प्रतिक्रियाएँ नहीं देते, क्योंकि ऐसा करने पर हो-हल्ला होता है। ब्राह्मणों के उपनयन-संस्कार, मराठा जाति में विधवा पुनर्विवाह पर पाबंदी, गड़रिया समाज के मेले में होनेवाली पशुहत्या के बारे में हिंदू धर्म के ही अन्य किसी सदस्य ने कुछ सुझाया तो उसे केवल नाराजगी नहीं बल्कि सामूहिक क्रोध का सामना करना पड़ता है। समाज में अगर 82 प्रतिशत हिंदू हैं तो 'अंनिस' के हिंदू कार्यकर्ता भी उतनी ही मात्रा में हैं। स्वाभाविक रूप से इन कार्यकर्ताओं के मुस्लिम अंधविश्वासों के बारे में बोले गए कटु वचन सहे नहीं जाते।
4. हिंदू धर्म में जितनी विस्तृत जाति-व्यवस्था है उतनी अन्य किसी धर्म में नहीं। हिंदू धर्म में साढ़े छह हजार जातियाँ हैं। इसीलिए इस धर्म की महत्त्वपूर्ण इकाई जाति है। प्रत्येक जाति के अलग-अलग कर्मकांड हैं, रूढ़ियाँ और परंपराएँ हैं। उनका प्राचीन रूप शायद उचित हो लेकिन आज वह केवल अंधविश्वास बनकर रह गया है। हिंदू धर्म बहुत प्राचीन धर्म है। उसका एक ही धर्मग्रंथ नहीं बल्कि अनेक हैं। उसमें बहुदेववाद है। इसकी अपेक्षा ईसाई धर्म केवल 2000 वर्ष पुराना है, उसका धर्मग्रंथ एक ही है। मुसलमान धर्म की आयु केवल 1400 वर्ष की है। वे भी एक ही अल्लाह को मानते हैं। उनका धर्मग्रंथ भी एक ही है। उपर्युक्त विवेचन से स्पष्ट होता है कि परंपरा से आए हिंदू धर्म में अंधविश्वासों को पनपने के लिए पर्याप्त समय था।
5. एक अत्यधिक महत्त्वपूर्ण बात पर ध्यान देना चाहिए कि हिंदू धर्म की यात्रा में अंधविश्वासों की कठोर जाँच-पड़ताल करनेवाले समाजसुधारक भी पैदा हुए। साढ़े तीन हजार वर्ष पूर्व उत्पन्न हुई चार्वाक और लोकायत की परंपरा इस बात का प्रमाण है। महात्मा फुले, राजर्षि शाहू महाराज, लोकहितवादी आगरकर, डॉ. बाबासाहब आंबेडकर, सावरकर, प्रबोधनकार ठाकरे, गाडगेबाबा जैसे अनेक समाजसेवकों की बड़ी सूची हिंदू धर्म में नजर आती है। वास्तव में इन महामानवों की इनसानियत की सीख किसी विशेष धर्म के लिए नहीं थी। लेकिन परिस्थिति की अनिवार्यता

में वह हिंदू धर्म की बन गई। जिन्हें हिंदू हृदयसम्राट माना जाता है, ऐसे स्वातंत्र्य वीर सावरकर ने धर्मग्रंथों की कठोर छानबीन की है। उनके स्पष्टीकरण को देखने पर यह पता चलता है कि अंधश्रद्धा निर्मूलन की बहुत बड़ी परंपरा हिंदू धर्म के लिए उन समाजसेवकों ने ही दी है। हिंदू-धर्म के सुधारवादी संप्रदायों ने, जैसे—प्रार्थना समाज ने माना है कि ईश्वर एक है, उसे किसी कर्मकांड की जरूरत नहीं है अथवा किसी ग्रंथ या किसी प्रमाण की भी जरूरत नहीं है।

6. सभी धर्मग्रंथों के बारे में सावरकर का मत इस प्रकार है—'जिस मनुष्य को धर्म का केवल 'दूरध्वनि-यंत्र' या भोंपू नहीं बनाना है, मनुष्य के रूप में उसे स्वयं का बुद्धिनिष्ठ मत चाहिए तो उसे शब्दनिष्ठा का उन्मूलन कर वेद, अवेस्ता, बाइबल और कुरान जैसे सभी प्रतिष्ठित ग्रंथों को मानवरचित मानना होगा और ऐसे ठोस विचारों को सामाजिक बनाना होगा। ...चार सदियों पूर्व यूरोप धर्म की अपरिवर्तनीय सत्ता का ऐसा ही गुलाम बन गया था, लेकिन उसने बाइबल को दूर हटाकर विज्ञान का हाथ पकड़ लिया। श्रुति-स्मृति पुराणों की बेड़ियाँ तोड़कर आधुनिक बन गया, अप-टू-डेट बन गया और विगत चार सौ वर्षों में हमारे चार हजार वर्ष आगे निकल गया। त्रिखंड-विजयी बन गया। हमारे राष्ट्र को अगर ऐसा बनना हो तो पुराने ग्रंथों को बंद कर प्राचीन श्रुति-स्मृति पुराणों का शासन लपेटकर रखना होगा अथवा केवल ऐतिहासिक ग्रंथों के रूप में संग्रहालयों में सम्मान से उन्हें रखकर विज्ञानयुग का पन्ना पलटना होगा। उन ग्रंथों का महत्त्व केवल 'कल क्या हुआ था?' प्रश्न के उत्तर तक ही सीमित रखना होगा। आज क्या उचित है, यह सप्रमाण बताने का अधिकार प्रायोगिक विज्ञान का है। आधुनिकता में अतीत के अनुभवों का सार तो कहीं न कहीं होता ही है लेकिन श्रुति-स्मृति पुराणोक्तियों में आधुनिक ज्ञान कतई नहीं होता। इसीलिए अप-टू-डेट बनने में अक्लमंदी है। आज के बाद अच्छा-बुरा, उचित-अनुचित आशंकाओं के उत्तर प्रत्यक्षत: एक ही कसौटी पर परखने होंगे। उसे शास्त्र का आधार है या नहीं, ऐसे प्रश्न की अब नौबत ही न आएगी।

7. भारत में और महाराष्ट्र में हिंदू के नाम पर अपनी स्वार्थी राजनीति चलानेवाली कुछ धार्मिक शक्तियाँ मौजूद हैं। उन्हें ऐसा लगता है कि वे हिंदू-कल्याण के ठेकेदार हैं। हिंदुओं को क्या करना चाहिए और क्या नहीं, इस धर्म में कौन से सुधार आवश्यक हैं अथवा नहीं, यह केवल उनके मतानुसार ही तय होना चाहिए।

अंधश्रद्धा निर्मूलन समिति एक प्रगतिवादी संगठन है। प्रगतिवादी कार्यकर्ता स्वयं कभी भी जाति और धर्म के लेबल लगाकर नहीं घूमते। धर्म के बारे में बातें नहीं करते। धर्म को वे नजरअंदाज करते हैं, जिसका गलत लाभ धर्मरक्षण के नाम पर चलनेवाले हिंदू संगठन उठाते हैं और उपदेश देने लगते हैं, बल्कि उन उपदेशों के पालन को अनिवार्य बतलाते हैं। वे धर्म के स्वयंघोषित रक्षक होते हैं। ऐसी तानाशाही को समिति ठुकराती है। इसका कारण यह है कि स्वयं को धर्मरक्षक माननेवाले ये लोग उदात्त, नैतिक हिंदू धर्म के नुमाइंदे कभी नहीं थे और रहेंगे भी नहीं। दूसरी बात, अंधश्रद्धा निर्मूलन समिति के बहुसंख्य कार्यकर्ताओं ने हिंदू माता-पिता की कोख से जन्म लिया है, और उन्होंने धर्म नहीं बदला है, इसीलिए वे हिंदू ही हैं और यही यथार्थ है। इसीलिए हिंदू धर्म की अंधश्रद्धाओं के बारे में बोलने का उन्हें पूरा अधिकार है। वह कथित हिंदुत्ववादियों को देने का कोई मतलब ही नहीं है।

8. पल भर के लिए मान लिया जाए कि अंधश्रद्धा निर्मूलन का जो काम समिति करती है, वह हिंदुओं के लिए ही है। लेकिन मुद्दा यह है कि यह काम अच्छा है या बुरा? उचित है या अनुचित? सामाजिक हित के लिए है या उसके नुकसान के लिए? समिति के अनुसार, यह कार्य केवल उचित ही नहीं बल्कि आवश्यक भी है। मजे की बात यह है कि हिंदुत्ववादी लोग भी ऐसा ही कहते हैं और वे ही पूछते हैं कि यह कार्य केवल हिंदुओं के लिए ही क्यों करते हैं? उनके मन की उधेड़बुन ऐसे समय स्पष्ट नजर आती है। अंधविश्वास घर का कूड़ा-करकट है। पल भर को मान लें कि हमारा देश 10 कमरों का एक घर है। स्वाभाविक रूप से 82 प्रतिशत जनसंख्या वाले धर्म के पास 8 कमरे होने चाहिए। तकरीबन 12-13 प्रतिशत जनसंख्या वाले मुस्लिम धर्म के पास 10 में से 1 ही कमरा होना चाहिए। शेष एक कमरा अन्य धर्म के लिए खुला होगा। अब सोचिए, समिति जान हथेली पर रखकर 10 कमरेवाले अहाते के 8 कमरे अगर साफ करती है तो बहुसंख्य कमरे अर्थात् कुल अहाते से ही कूड़ा-करकट बाहर निकलेगा। ऐसे समय अगर कोई यह धमकी देता है कि 9वें कमरे से पहले 8 कमरों की सफाई का काम हाथ में लिया तो खबरदार, यह समझना कठिन नहीं है कि वह अड़ियल भूमिका पर उतर आया है या वह पागलपन है या फिर वह नहीं चाहता कि 8 कमरों में रहनेवाले लोगों को कूड़े-करकट से, गंदगी से मुक्ति मिले और उनका जीवन सुंदर हो। अंधश्रद्धा निर्मूलन समिति का कार्य निश्चित ही हिंदुओं के हित में जाता है और उसका विरोध करना समाज के

दुश्मन का ही काम हो सकता है। उपर्युक्त दलीलें देने में एक गलत धारणा छिपी होती है कि अंधविश्वास नष्ट होने पर हिंदू कायर बन जाएँगे और अंधविश्वासी मुसलमान कट्टर और ताकतवर बन जाएँगे। ऐसा होने पर कट्टर मुसलमान कायर हिंदुओं पर जीत हासिल कर लेंगे। वर्तमान आधुनिक युग में जनतांत्रिक जमाने में इतनी भ्रामक और घटिया दलीलें देनेवालों पर सचमुच तरस आता है।

अंधविश्वास उन्मूलन | आचार (खंड-II)

इस दूसरे खंड में पाखंड-फंडी (बुवाबाजी) के पर्दाफाश के अंतर्गत समिति द्वारा किया भंडाफोड़ शब्दबद्ध किया गया है। इसमें 'साहबजादी का जारण-मारण' (करनी), 'कमअली दरवेश का चमत्कार', 'लंगर का चमत्कार', 'मीठाबाबा', 'कुशिरे के गुरव बंधु का नेत्र उपचार' जैसे प्रसंगों-प्रयासों का विवरण है। भूत से साक्षात्कार कराने की चुनौती का भी इसमें विवेचन है, जिसमें आपको ओझा की पोल खुलती नजर आएगी।

अंधविश्वास उन्मूलन | सिद्धांत (खंड-III)

तीसरा खंड सैद्धांतिक विवेचना का है। यह खंड असल में विचार-मंथन का जरिया है। ईश्वर, धर्म, अध्यात्म, धर्मनिरपेक्षता जैसे विषयों पर विवेकवादी चिंतकों ने समय-समय पर दुनिया भर में अपने विचार स्पष्ट किए हैं। उनमें मतभेद तथा मत-मतान्तर हैं। आंदोलन के अनुभव के आधार पर तथा अपने व्यक्तिगत चिंतन से इस संदर्भ में राय व्यक्त की गई है।

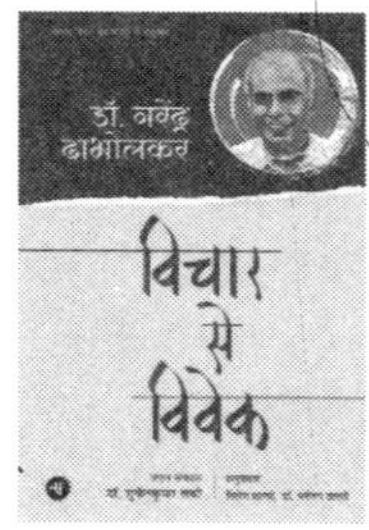
डॉ. नरेंद्र दाभोलकर
विचार से विवेक

डॉ. नरेंद्र दाभोलकर
सोचिए तो सही

डॉ. नरेंद्र दाभोलकर
अंधश्रद्धा की गुत्थी
डॉ. नरेंद्र दाभोलकर
प्रो. प.रा. आर्डे
अंधविश्वास
प्रश्नचिह्न और पूर्णविराम

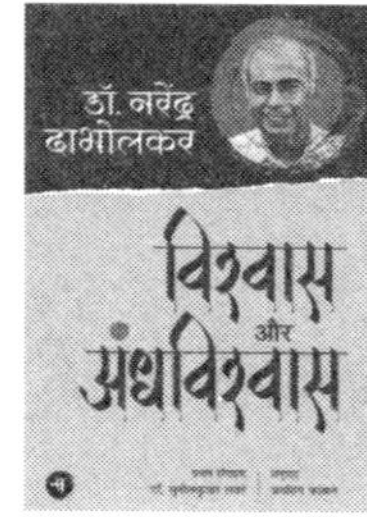
डॉ. नरेंद्र दाभोलकर
विश्वास और अंधविश्वास

डॉ. नरेंद्र दाभोलकर
ऐसे कैसे पनपे पाखंडी

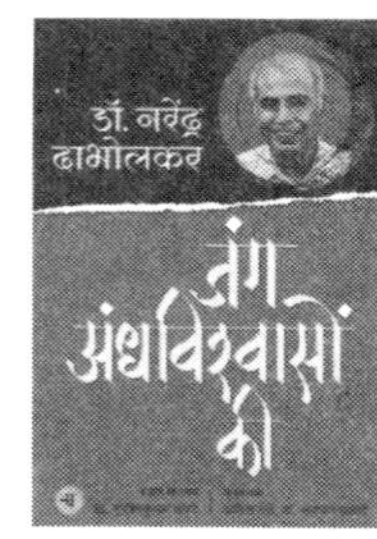
डॉ. नरेंद्र दाभोलकर
जंग अंधविश्वासों की

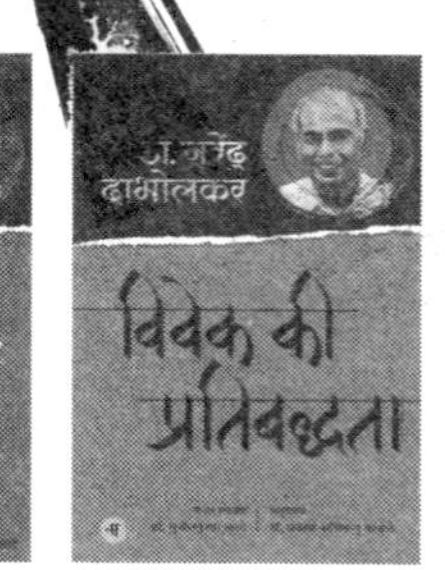
डॉ. नरेंद्र दाभोलकर
विवेक की प्रतिबद्धता

डॉ. नरेंद्र दाभोलकर
डॉ. हमीद दाभोलकर
मन-मन के सवाल
मानसिक स्वास्थ्य तथा मनोविकारों की सुलझन

विवेकवादी डॉ. नरेंद्र दाभोलकर

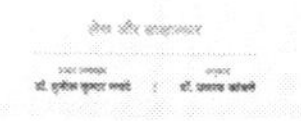

भ्रम और निरसन

विवेक की आवाज
डॉ. नरेन्द्र दाभोलकर

अन्धविश्वास उन्मूलन पर दस भाषण

आओ विवेकशील बनें

डॉ. नरेंद्र दाभोलकर